北方民族语言与历史丛书

丛书主编　宫海峰

域外文献与蒙古史研究

魏曙光　著

科学出版社

北京

内 容 简 介

清末外交官洪钧出使俄国，适逢俄国学者贝勒津刊布《史集》及瑞典历史学家多桑利用波斯文、阿拉伯文史料出版《蒙古史》，他获得这些资料后，著《元史译文证补》三十卷。从此中国学者开始了解到波斯文《世界征服者史》《史集》《瓦萨夫史》和阿拉伯文《全史》《札兰丁传》等域外文献的重要性。洪钧开创的运用中外文献进行互证互补研究的新方法也为后世学者所继承。本书即以《史集》《世界征服者史》《马可波罗行纪》等域外文献为研究对象，注重运用中外文献进行互证互补和审音勘同之法，进一步探讨了域外文献与蒙古史、元史研究中的诸多问题。

本书可供历史学及相关专业师生阅读和参考。

图书在版编目（CIP）数据

域外文献与蒙古史研究 / 魏曙光著. —北京：科学出版社，2018.11
ISBN 978-7-03-058828-9

Ⅰ. ①域… Ⅱ. ①魏… Ⅲ. ① 中国历史-研究-元代Ⅳ. ①K247.07

中国版本图书馆 CIP 数据核字（2018）第 213616 号

责任编辑：任晓刚 / 责任校对：孙婷婷
责任印制：张 伟 / 封面设计：楠竹文化

科学出版社 出版
北京东黄城根北街 16 号
邮政编码：100717
http://www.sciencep.com
北京虎彩文化传播有限公司 印刷
科学出版社发行 各地新华书店经销
*
2018 年 11 月第 一 版 开本：720×1000 1/16
2022 年 1 月第三次印刷 印张：13 1/2
字数：252 000

定价：98.00 元

（如有印装质量问题，我社负责调换）

转 写 说 明

一、波斯文字母转写说明

本书使用弗朗西斯·斯坦因噶斯（Francis Joseph Steingass）的《波斯语英语综合词典》（A Comprehensive Persian-English Dictionary）的转写系统。由于本书附有波斯语原文，为了印刷方便，笔者对波斯语中一音多形字母均用一个拉丁字母转写，具体见表 0-1。

表 0-1　波斯文字母转写表

波斯文	拉丁文
ص	s
ض	z
ط	t
ظ	z
ع	ʻ
غ	gh
ف	f
ق	q
ک	k
گ	g
ل	l
م	m
ن	n

续表

波斯文	拉丁文
و	w,ū
ه	h,a
ی	ī,y
آ	ā
ا	a
ب	b
پ	p
ت	t
ث	s
ج	j
چ	ch
ح	h
خ	kh
د	d
ذ	z
ر	r
ز	z
ژ	zh
س	s
ش	sh

二、蒙古文转写说明

蒙古文字母的转写，参考亦邻真：《〈元朝秘史〉及其复原》，《亦邻真蒙古学文集》，呼和浩特：内蒙古人民出版社，2001 年，第 713—746 页，具体情况见表 0-2。

表 0-2　畏兀体蒙古文字母转写表

序号	词首	词中	词末	拉丁转写
1	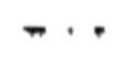			a　e
2				i
3				o　u

续表

序号	词首	词中	词末	拉丁转写
4	ᠥ	ᠥ · ᠦ	ᠥ · ᠦ	ö ü
5	ᠨ	ᠨ	ᠨ	n
6	ᠪ	ᠪ	ᠪ	b
7	ᠬ	ᠭ	ᠭ	q γ
8	ᠬ	ᠭ	ᠭ	k g
9	ᠮ	ᠮ	ᠮ	m
10	ᠯ	ᠯ	ᠯ	l
11	ᠰ	ᠰ	ᠰ	s š
12	ᠲ · ᠳ	ᠳ · ᠲ	ᠲ · ᠳ	t d
13	ᠵ	ᠵ · ᠶ	ᠶ	ǰ y w f
14	ᠴ	ᠴ		č
15		ᠩ	ᠩ	ng
16		ᠷ	ᠷ	r
17	ᠸ	ᠸ	ᠸ	w f

丛书总序

宫海峰

众所周知，我国作为一个多民族国家，是经过长期历史发展的结果。历史上，匈奴、鲜卑、柔然、突厥、契丹、党项、蒙古等民族先后在北方地区建立过大小不等的政权，其中蒙古族和满族还建立过全国性统一的大帝国。他们与祖国大家庭的其他成员共同创造了灿烂多彩的中华文明，对我国多元一体格局的形成做出了重要贡献。所以，对北方民族语言和历史的研究是不容忽视的。

毋庸讳言，游牧文明和农耕文明之间有很大的不同，历史上两种文明之间既有交流，又有碰撞，影响了中国社会的发展历程和社会转型。从秦始皇统一全国到清朝灭亡的两千多年时间中，一次又一次的民族迁徙、文化融合，最后形成了中华民族多元一体的稳定格局。这种格局不仅有丰富的内涵，更有强大的生命力。在这一格局的形成过程中，既有其必然性和规律性的一些东西，又有过成功的经验和深刻的教训，这些都是值得我们深思的问题。

此外，北方民族长期生活在祖国的北部边疆，历史上对我国北部边疆的开发和建设，与域外国家和民族的交往，对中华文明的远播和影响都有过重要贡献。探讨北方民族的语言、历史，对了解北方民族文化发展的历史轨迹，对探索丝绸之路上的民族交流，对揭示北方民族与农耕民族接触和融合的发展过程都有重要的历史意义。近几年，国家提出与相关国家共建“一带一路”的倡议，旨在借用丝绸之路的历史符号，高举和平发展的旗帜，积极发展与沿线国家的经济合作关系，共同打造政治互信、经济融合、文化包容的命运共同体。因此，对北方民族的语言、历史的研究，具有重要的现实借鉴意义。

语言是文化的载体，在对北方民族的研究中，语言的重要性是不容忽视的。但由于种种原因，北方民族语言的资料相对较少，加之历史的原因，解读和理解难度很大，随着各种条件的改善，对北方民族语言进行研究和利用的可能性也在提高。此外，由于北方民族在历史上与域外民族交往频繁，深入挖掘和利用域外文献也是研究北方民族语言与历史的一项重要内容。

基于以上几点的思考，结合我们研究工作中取得的点滴成果，在科学出版社任晓刚先生的大力支持和几位中青年学者的积极努力下，我们计划出版这套《北方民族语言与历史丛书》，在前人研究成果的基础上，分为若干子课题，对北方民族语言与历史进行一些基础性的探索和研究，希望能为北方民族的相关研究献出一点绵薄之力。由于我们的学术水平有限，缺点和错误在所难免，诚恳希望得到学界的批评与指正。

前　　言

古代蒙古史的研究经历了两次重要的发现，第一次是蒙古文文献《元朝秘史》（又称《蒙古秘史》）、《元典章》、《长春真人西游记》的发现，清代乾嘉时期，著名学者钱大昕将其应用于蒙古史和元史研究，极大地拓展了蒙古史和元史的史料范围。第二次是波斯文《世界征服者史》《史集》《瓦萨夫史》和阿拉伯文《全史》《札兰丁传》等域外文献的发现。清末外交官洪钧的《元史译文证补》一书将域外文献引入蒙古史和元史研究，开创了运用中外文献进行互证互补研究的新方法，也为后世学者所继承。本书即以域外文献为研究对象，分为上下两编。

上编为域外文献探研。《元朝秘史》记载蒙古人的祖先是孛儿帖赤那和豁阿马阑勒，《史集》是伊利汗国宰相拉施都丁[①]（Rashīd al-Dīn）主编的以蒙古史为主的世界通史著作，拉施都丁将孛儿帖赤那和豁阿马阑勒理解为人名，明朝初年的翰林译员将其翻译为“苍狼”和“白鹿”两种动物。本书通过对相关文献记载的考辨，认为拉施都丁的理解是正确的。根据《史集》的记载，成吉思汗的中军是御前千户，拉施都丁指出中军兵力不超过一千人，而在成吉思汗的征服战争中，中军具有很强的战斗力，这不是一千人的兵力所能做到的，故本书认为这一记载是错误的。另外，拉施都丁错误的将察罕和益德分为两个人。

① 有的学者又将其译为拉施特、剌失德、剌失德丁。

《元朝秘史》记载拖雷和他的兄长术赤、察合台、窝阔台都得到了分封，而《史集》则记载拖雷继承了成吉思汗的斡耳朵、汗位和军队。本书根据志费尼《世界征服者史》等史料的记载，认为《元朝秘史》的记载是正确的，拖雷之妻唆鲁禾帖尼的营地是成吉思汗赐予的，拖雷继承的是成吉思汗的禹儿惕和斡耳朵，而伊利汗国的开创者旭烈兀和元世祖忽必烈都是拖雷之子，拉施都丁站在拖雷家族的立场上对拖雷受封一事进行了粉饰。

元宪宗蒙哥即位后，派其弟忽必烈南征，企图征服南宋、吐蕃、大理等国，《史集》对蒙哥征服的记载较为全面。蒙哥从东、西道诸王军队中每十人抽出两人参加远征，这些人并不是忽必烈和旭烈兀的“份子”，拉施都丁对志费尼的记载进行了改动。拉施都丁记载忽必烈远征云南的目的是为了获取粮食，这能够得到《马可波罗行纪》[①]《元史》等其他文献的印证，说明他的记载是可靠的，但忽必烈没有达到获取粮食的目的，蒙哥解除了他的兵权。《史集·成吉思汗纪》详细记载了成吉思汗的生平事迹，是研究成吉思汗及蒙元帝国的重要史料。本书将其序言部分从波斯文译为中文，并加以注释，以期为读者提供一个更加可靠的译文。

《马可波罗行纪》是 13 世纪时意大利威尼斯商人马可波罗游历世界的见证，他在书中对自己在地中海、欧亚大陆、印度洋等地的见闻予以记述，风靡一时，成为当时欧洲了解东方的主要信息来源。冯承钧将《马可波罗行纪》中提到的一种记录预言的小册子“Tacuin”音译为“塔古音”，并解释为波斯语历书，本书据相关蒙元史料对其进行研究。法国东方学大师伯希和（Paul Pelliot）以蒙古与教廷往来文件为基础，撰成《蒙古与教廷》（Les Mongols et la Papauté），法文原本收录了《大汗贵由致教皇英诺森四世书》的照片及波斯语录文，但此书的汉译本未附照片及录文，本书将波斯语录文进行转写翻译并附上照片。

下编为基于域外文献的蒙古史研究。忽都合别乞是 12 世纪末至 13 世纪初的斡亦剌部领袖，在他的盟友札答阑部札木合及乃蛮部太阳汗相

---

① 有的学者又将此书译为《马可波罗游记》。

继失败后，归附了成吉思汗，帮助成吉思汗追讨蔑儿乞部残众和征服林木中百姓，并与成吉思汗家族联姻。成吉思汗在蒙古草原地区实行的分封措施后来又被他的子孙继承，推广到中原、西域、江南等农耕区域，逐渐形成了元朝的分封制度，本书通过研读和考辨波斯文《史集》和《世界征服者史》中的相关记载，重新探讨成吉思汗建国后的分封问题，并将《史集》中的重要记载由波斯文译为中文，并加以注释。

1251年，蒙哥成为蒙古帝国的统治者，按照惯例，各地的军政长官都要前往觐见。作为呼罗珊地区长官的阿儿浑，在失烈门刺杀阴谋败露后，不得不前往蒙古觐见蒙哥。当他走到别失八里时，蒙哥恰好派遣不怜吉歹进驻该地。作为窝阔台的家臣，阿儿浑遭到了审讯，《世界征服者史》对此事并未提及。蒙哥在确定阿儿浑没有参与阴谋后，召他前往汗廷，并加以委任，给旭烈兀西征做后援。

波斯文《史集》中记载了元代上都与大都之间的三条驿道，由于汉译本是根据俄译本和英译本翻译的，译文有不确之处。本书根据相关波斯文原文，对“禁地”、“Joju”和“Sing-Ling”三个地名进行考释，然后考证出现在《元朝秘史》《史集》《元史》等文献中的合剌温只敦。学术界对其地望的考证结论不尽相同，本书对学者们的相关考证进行分析之后，认为合剌温只敦指大兴安岭和今河北张家口边墙以北的山岭。

本书在研究《史集》时，注重文本研究，主张从波斯语原义理解《史集》原文。《史集》从波斯语译为法语、英语、俄语等欧洲语言，再从欧洲语言重译为中文，会发生以下两种情况：一是译文出现错误，有的是欧洲语言译本没有错误，而汉译本出现错误，有的是欧洲语言译本出现错误，而汉译本也跟着错下去。二是译文正确，但史料所包含的信息量会有所损失。为了防止上述两种情况出现，本书尽力从波斯语原文出发，深度挖掘史料所包含的历史信息。本书各章内容，如有不妥之处，敬请方家批评指正。

目　录

上篇　域外文献探研

下　篇　基于域外文献的蒙古史研究

上篇

域外文献探研

第一章 《史集》蒙古祖先传说记载研究

《元朝秘史》（又称为《蒙古秘史》）是记录蒙古族兴起历史的宝贵史料，也是研究蒙古人草原文化、社会制度的宝藏。《元朝秘史》原用畏兀体蒙古文写成，到了明朝初年，翰林译员拿它来做教授蒙古语的教材，用汉字音写，并加上了旁译和总译。其书一开始就讲述了蒙古人的起源，根据明朝初年翰林译员的旁译，蒙古人是苍狼（旁译作“孛儿帖赤那”）和白鹿（旁译作“豁阿马阑勒”）的后代。后世学者大多根据明代翰林译员的译法，认为蒙古人是狼鹿结合产生的后代，但也有学者根据明代蒙古文《蒙古黄金史》等史书的记载，认为孛儿帖赤那和豁阿马阑勒应该当作人名①。这两个人名也出现在拉施都丁主编的《史集》中，早在1943年，邵循正先生在《语言与历史—— 附论〈马可波罗游记〉的史料价值》这篇演讲稿中就指出拉施都丁将“孛儿帖赤那”和“豁阿马阑勒”看作人名是正确的，但邵先生生前并未将其观点正式发表，也未展开具体论证②。邵先生的观点并未引起《元朝秘史》研究者

① Igor de Rachewiltz, *The Secret History of the Mongols: A Mongolian Epic Chronicle of the Thirteen Century*, Boston: Brill Academic Publisher, 2006, P224; 札奇斯钦：《蒙古秘史新译并注释》，台北：联经出版事业公司，1979 年，第 3 页。

② 邵循正：《语言与历史—— 附论〈马可波罗游记〉的史料价值》，《邵循正历史论文集》，北京：北京大学出版社，1985 年，第 112 页。

的关注，本章在邵循正先生的研究基础上，对《史集》蒙古人祖先传说的相关记载进行研究。

一、蒙古人起源的传说

在蒙古族兴起以前，生活在一望无际大草原上的是突厥人，由于信奉萨满教，他们认为人类是由蓝色的天和褐色的大地共同创造的。在突厥人看来，自然界最神秘的力量就是茫茫大地之上的苍天，风雨雷电都显示了苍天的威严。蒙古人和突厥人一样信奉萨满教，对苍天是非常崇拜的，称之为“长生天”。当成吉思汗取得战争胜利时，他经常说：“天地佑护着”。而到西域觐见成吉思汗的全真教掌教丘处机，被蒙古人称为“天人”（腾吃利蒙古孔）。1234—1235 年，南宋官员徐霆出使蒙古，他出居庸关到达草地见到了窝阔台合罕，而在他之前的南宋使臣彭大雅也到达了蒙古草地。两人回南宋后著有《黑鞑事略》，书中关于蒙古人对“长生天”的崇拜有着详细的记载：“其常谈必曰托着长生天底气力皇帝底福荫，彼所欲为之事，则曰天教恁地，人所已为之事，则曰天识著。无一事不归之天，自鞑主至其民无不尽然。”①元代圣旨开头常作“长生天底气力里，大福荫底护助里”。正是在“长生天”的崇拜下，蒙古人将自己的祖先与“天”联系起来，《元朝秘史》载②：

① 王国维：《黑鞑事略笺证》，《王国维遗书》第 13 册，上海：上海古籍书店，1983 年，第 11 页。

② 《元朝秘史》第 1 节，呼和浩特：内蒙古人民出版社，1980 年校勘本，第 1 页；拉丁转写参考了 Paul Pelliot,*Histoire Scerète des Mongols: Restituion du Texte Mongol et Traduction Française des Chapitres I a VI*,Paris:Librairie d'Amérique et d'Orient Adrien-Maisonneuve,1949.

成吉思中合罕讷　忽札兀儿
名　　皇帝　根源
Činggis-qahan-u　huja'ur
迭额舌列　腾格舌里　额扯　札牙阿秃　脱舌列克先　孛儿帖赤那　阿主兀
上　天　处　命有的　生了的　苍色　狼　有
de'ere　tenggeri　eče　jaya'atu　töreksen　Börte-Čino　aju'u
格儿该　亦讷　中豁阿马舌阑勒　阿只埃　腾汲思　客秃勒周　亦舌列罢
妻　他的　惨白色　鹿　有来　水名　渡着　来了
geregei　inu　Qo'ai-Maral　aji'ai　tenggis　ketüljü　irebe
斡难沐舌涟讷　帖舌里兀捏　不峏中罕中合勒敦纳　嫩秃黑剌周　脱舌列克先
河名河的　源　行　山名　行　营盘做着　生子的
Onan-müren-ü　teri'ün-e　Burqan-qaldun-a　nuntuqalju　töreksen
巴塔赤中罕　阿主兀
人名　有来
Batači-qan　aju'u

总译：当初元朝人的祖，是天生一个苍色的狼，与一个惨白色的鹿相配了，同渡过腾吉思名字的水来，到于斡难名字的河源头，不儿罕山名字的山前住着，产了一个人，名字唤作巴塔赤罕。

在上述记载中，明朝初年翰林译员的旁译和总译均把孛儿帖赤那译为“苍色的狼”，把豁阿马阑勒译为“惨白色的鹿”。《元朝秘史》是元宪宗二年（1252），由草原史学家在克鲁伦河畔写成的①。1300 年，拉施都丁开始编纂《史集》，记载了弘吉剌部的起源传说：

روایت می کنند که نسب ایشان چنان است که از بستوی زرین سه پسر در وجود آمده اند

riwāyat mi kanand ki nasb-i īshān chinān ast ki az bastū-ye zarīn

① 余大钧：《〈蒙古秘史〉成书年代考》，《中国史研究》1982 年第 1 期；姚大力：《“成吉思汗”，还是“成吉思合罕”？——兼论《元朝秘史》的成书年代问题》，《北方民族史十论》，桂林：广西师范大学出版社，2007 年，第 202—219 页。

sih pisar dar wajūd āmada-and

据说他们的起源是从黄金壶出生的三个儿子。

و این سخن همانا رمز و اشارات باشد

wa īn sukhun hamānā ramz wa ishārāt bāshid

此话明显是比喻。

و مراد آن بود که شخصی که آن پسران از او در وجود آماده اند

wa marād ān būd ki shakhsi ki ān pisarān az o dar wujūd āmada-and

他希望有许多儿子出生。

ذاتی عاقل و کامل و بسیار آداب و فرهنگ بوده و او را به بستوی زرین نسبت کرده اند

zātī ‘āqil wa kāmil wa bisyār ādāb wa farhang būda wa o rā ba bastū-ye zarīn nisbat karda-and

此人是明智、完美、礼貌和伟大的，人们把他看成黄金壶。

خصوصا که این عبارت نزد مغولان مستعمل است

khusūsān ki īn ‘ibārat nazd Mughūlān musta‘mal ast

特别地此项解释适用于蒙古人。

چه عادت دارند که پادشاه را دیدن می گویند روی زرین پدشاه دیدیم و بدرون زرین فهم کرد

chi ‘ādat dārand ki pādshāh rā dīdan mi gūyand rūy-i zarīn-i padshāh dīdīm wa ba-darūn-i zarīn fahm kard

他们有以下风俗，当看到国王时，他们说我们见到了国王金色的面颊，它是用金色的心理解的。

و در میان دیگر اقوام همین استوارت و عبارت هست

wa dar miyān dīgar aqwām hamīn isti‘ārat wa ‘bārat

在其他部落中也存在相同的解释。

چه زر جوهری شریف و محتاج الیه و عظیم صافی و پاک است

chi zar jauhari-ye sharīf wa muhtaj alyat wa ‘azīm sāfī wa pāk ast

金子是珍贵、神圣、急用和纯洁的宝物。

ظاهر آنکه این معنی خواسته باشند و الا زادن آدمی از بستوی زرین دور از

عقل و بغايت مبتدع است

zāhir ānki īn ma‘nī khwāsta bāshand wa illā zādan-i ādamī az bastū-ye zarīn dūr az ‘aqal wa ba-ghāyat mubtada‘ ast①

显然他们是这个意思，但是人类从黄金壶诞生是不合情理和极其异端的。

黄金、白银作为天然的贵金属，自古就受到各民族的喜爱。568年，东罗马帝国曾经遣使西突厥，见到室点密坐在两轮金椅的上面，出行时用一匹马驾驶。可汗接见使臣时，卧在金床上，一间房子里陈放着金瓶、金瓮，另一间房子里有金柱。突厥人喜欢金银器，近来也得到考古资料的印证，毗伽可汗墓的挖掘中，出土了大量金银器。②蒙古人也非常喜欢金器，金国灭亡后，南宋使臣徐霆出使蒙古，成吉思汗也设立金帐作为最高规格接待他。在钟爱金器的情况下，弘吉剌部认为黄金壶能够产生人类也就很正常了。这种观点正如拉施都丁所说，也得到其他蒙古人的认可。然而由于文化上的差异，笃信伊斯兰教的拉施都丁并不认同这一传说，他认为从黄金壶中生人是远离智慧和凭空捏造的。因此，他宁肯把"黄金壶"看成是具有黄金品质一样的人。蒙古人根据萨满教信仰创造出自己的祖先是奉天命而生的传说，拉施都丁同样没有接受，他转述了蒙古人起源传说的另一说法：

مورخان اتراک صادق القول چنان تقریر می کنند که تمامت اقوام مغول از نسل آن دو شخص اند که در ارگنه قون رفته بودند

Muwarrikh-i atrāk-i sādiq alqaul chinān taqīr mi kanand ki tamāmat aqwām-i Mughūl az nasl ān dū shakhs and ki dar Argna Qūn rafta budand

可信的突厥历史学家们声称：蒙古部落全体是那两个人的后代，他们走进了额儿古捏昆。

و از آن جمله که از آنجا بیرون آمد اند امیری معتبر بوده مقدم و سرور

① Rashīd al-Dīn,*Jāmi‘al Tawārīkh*,Printed Text by Muhammad Rawshan and Mustafa Mūsavī,Tehran: Nash-i Alburz,1994-1995,p.157.

② （宋）徐梦莘：《三朝北盟会编》卷 18，上海：上海古籍出版社，1987 年，第 128 页。

بعضی اقوام بورته چینه نام که دوبون بایان که شوهر الان قوا بود و چند قوم
دیگر از نسل وی اند

wa az ān jumla ki az ānjā bīrūn āmad and amīri-ye mu'tabar būda maqdam wa sarwar ba'ze aqwām Būrta Chīna nām ki Dūbūn Bāīān ki shauhar-i Alān Qūā būd wa chand qaum-i dīgar az nasl-i wi and

在那以后，所有人都从那里走出来，一些部落的异密和首领名为孛儿帖赤那，阿兰豁阿的丈夫朵奔伯颜和其他几个部落都是他的后代。

و خواتین و فرزندان بسیار داشته و از خاتون بزرگتر قوا مرال نام پسری
آورده که مقبل ترین فرزندان او بوده و به مرتبه پادشاهی رسیده نام او بتچی
قان

wa khātīn wa farzandān bisyār dāshta wa az khātūn buzurgtar Qūā Marāl nām pisari āwarda ki muqbal tarīn farzandān-i o būda wa ba martaba-i pādshāhi rasīda nām-i o Btchī Qān

他有许多妻子和孩子，长妻是豁阿马阑勒，她的一个儿子是他的后代中最先到来的并登上王位，名为巴塔赤罕①。

根据以上记载，从额儿古捏昆走出来的部落首领孛儿帖赤那，他娶的长妻豁阿马阑勒，后来生了唤作巴塔赤罕的儿子。所谓“可信的突厥历史学家们声称”的用法，是古代阿拉伯历史编纂学的传统，“一本书的发表，往往不为著者个人的亲自创造，而作为传述世系中的一个环节。著者把自己的人称隐藏在有声望的权威者和前代传述者行列之中”。②可见“可信的突厥历史学家们声称”其实就是拉施都丁自己的看法，他把“孛儿帖赤那”和“豁阿马阑勒”当成人名用波斯文字母音写出来，并没有翻译成波斯语中的狼（gurg）和鹿（gawazn）。拉施都丁和明代初期翰林译员在“孛儿帖赤那”和“豁阿马阑勒”是人名还是

① Rashīd al-Dīn,*Jāmi'al Tawārīkh*,Printed Text by Muhammad Rawshan and Mustafa Mūsavī,Tehran: Nash-i Alburz,1994-1995,p.218.

② （美）伯纳德·刘易斯著：《历史上的阿拉伯人》，马肇椿、马贤译，北京：华文出版社，2015年，第134页。

动物的理解上并不相同。

二、尼鲁温蒙古起源的传说

孛儿帖赤那的后代中有个叫朵奔篾儿干的人，他的妻子是阿兰豁阿。朵奔篾儿干在世时，阿兰豁阿生了两个儿子，唤作别勒古讷台和不古讷台。朵奔篾儿干死了以后，阿兰豁阿在没有丈夫的情况下，又生了三个儿子，唤作不忽合塔吉、不合秃撒勒只和孛端察儿。别勒古讷台和不古讷台就怀疑他们的母亲与家奴私通，阿兰豁阿辩解到①：

雪你惕 不舌里 超坚 失舌刺 古温 格舌仑 额舌鲁格 朵脱中合因

夜 每 明 黄 人 房的 天窗 门额 的

Sünit büri čeügen šira gü'ün ger-ün erüge dotoqa-yin

格格额儿 斡舌罗周 客额里 米讷 必里周 格格延 亦讷 客额里

明里 入着 肚皮 我的 摩着 明 他的 肚皮

Gege-'er oroju ke'eli minu biliju gege'en inu ke'eli

突儿 米讷 升格古 不列额 中合舌鲁舌仑 纳舌阑 撒舌刺因

里 我的 透 有来 出时 日 月 的

tür minu šinggegü büle'e qarurun naran sara-yin

乞里 耶儿 失舌刺 那中孩 篾图 拭察班勒札周 中合儿中忽 不列额

透入 光里 黄 狗 般 爬着 出 有来

kili yar šira naqai metü šičabaljaju qarqu büle'e

迭列篾 也勤 鸣诂列惕塔 挑兀别儿 兀中合阿速 忝迭克 亦讷

这次 如何 说 您 为那般 省呵 明白 他的

deleme yekin ügület ta tewü-ber uqa'sau temdek inu

腾吉舌里因 可兀惕 备由者 中合舌刺 帖舌里兀秃 古温 途儿

① 《元朝秘史》第21节，呼和浩特：内蒙古人民出版社，1980年校勘本，第19、20页。

天 的 子 有也者 黑 头 人 行

Tenggiri-yin kö'üt büyü-je qara teri'ütü gü'ün-tür

中合你勒中罕 也勤 鸣诂列惕塔 中合木中浑 中合惕 孛鲁阿速

比着 如何 说 您 普的 帝 王 做呵

qanilqan yekin ügület ta qamuq-un qat bolu'asu

中合舌剌除思 田迭 兀中合惕者 客额罢

下民 那里 省 说了

qaračus tende uqat-je ke'ebe

总译：您不知道，每夜有黄白色人，自天窗门额明处入来，将我肚皮摩挲。他的光明透入肚子里去时，随日月的光，恰似黄狗般爬出去了。您休造次说。这般看来，先是天的儿子，不可比作凡人。久后他每做帝王呵，那时才知道也者。

阿兰豁阿为了消除儿子们的疑惑，编造了感天光受孕的故事，说后面生的三个儿子是天之子（tenggiri-yin kö'üt）。由别勒古讷台、不古讷台繁衍而成的部落，称为迭列列斤蒙古（一般的蒙古人）；不忽合塔吉、不合秃撒勒只、孛端察儿（又译为孛端叉儿）繁衍而成的部落总称为尼鲁温蒙古（纯洁出生的蒙古人）。

《元史·太祖本纪》也记载了这个传说："其十世祖孛端叉儿，母曰阿兰果火（即阿兰豁阿——笔者注），嫁脱奔咩哩犍，生二子，长曰博寒葛答黑，次曰博合睹撒里直。既而夫亡，阿兰寡居，夜寝帐中，梦白光自天窗中入，化为金色神人，来趋卧榻。阿兰惊觉，遂有娠，产一子，即孛端叉儿也。孛端叉儿状貌奇异，沉默寡言，家人谓之痴。独阿兰语人曰：'此儿非痴，后世子孙必有大贵者。'"①忽必烈即位后，命国史院修纂《元太祖实录》，此书在元朝灭亡后落入明朝人手中。宋濂等人编修《元史》，其《太祖本纪》即取材于《元太祖实录》。据《太祖本纪》所记，阿兰豁阿感天光仅生一子——孛端察儿，与《元朝

① 《元史》卷1《太祖本纪》，北京：中华书局，1976年，第1页。

秘史》的记载不同。

1300年，拉施都丁受命编修《史集》，他查阅了伊利汗国宫廷秘藏的《金册》（Altan Debter），又参考了志费尼所著《世界征服者史》和各民族史书，并从各民族显贵那里广泛征集口头传说。关于阿兰豁阿感天光生子的故事，《史集》亦有记载：

بنبار این مقدمت تقریر می کنند والعهدة علی الراوی که الان قوا بعد از مدتی که بی شوهر ماند وقتی در خانه خفته بود از روزن خرگاه نوری در آمد و به شکم او فرو رفت

binār īn muqaddamāt taqdīr mi kanand wal'uhdat 'ali alarrawi ki Alān Qūā ba'd az muddati ki bi shūhar mānid waqti dar khāna khafta būd az rauzan-i khar-gāh nūri dar āmad wa ba shikam-i o firo-raft

人们按照这些前提，阿兰豁阿在丈夫死后一段时间，有一次，当她在家中睡觉，从帐篷的烟囱中，一束光线照进来，进入她的腹中。

از آن معنی شعجب بماند و بترشید و آن را با کس نیارسد گفتن بعد از مدتی ادراک کرد که حامله شده بود

az ān ma'nī muta'ajjib ba-mānd wa tarsīdan wa ān rā bā kas niyārasid gaftan ba'd az mudati idrāk kard ki jāmula shuda būd

由于那种情况，使她惊恐、害怕，她没有把这件事同任何人讲，过了一段时间，她发现怀孕了。

چون وقت وضع حمل نزدیک کشت برادران و خویشان شوهر او جمع شدند و گفتند چگونه شاید که زنی بی شوهر باشد و در خفیه شوهری بادید کند تا حامله شود

chūn waqt-i waz'-i haml nazdīk kasht barādarān wa khweshān-i shūhar-i o jum' shudand wa gaftand chigūna shāyid ki zani bi shūhar bāshid wa dar khufya shūhari bā-dīd kanid tā hāmila shūd

当她临近分娩时，她的一些兄弟和丈夫的男亲属聚在一起且说没了丈夫的妇人怎么可能呢？她秘密地寻找丈夫直到怀孕。

الان قوا در جواب گفت چون بی شوهر بچه آورده ام هرآینه تصور به جایگاه

باشد و ظنی که برید ظاهرا صواب

Alān Qūā dar khāb gaft chūn bi shūhar bacha āwarda-am har-āyina tasauwur ba jāy-gāh bāshid wa zanni ki barīd zāhiran sawāb

阿兰豁阿答道：由于没有丈夫我生了孩子，曾经有关于住所的你们的观点，表面上怀疑是合理的。

لکن شبهت نیست که ان بعض الظن اثم و من چگونه فعلی نا پسندیده که موجب خجالت باشد کرده باشم

lākin shubhat nīst ki in ba‘zi alzzin ism wa man chigūna fa‘l nā-pasandīda ki mūjab khijālat bāshid karda bāsham

毫无疑问“这些怀疑是罪过的”，我怎么会有感到羞耻的、不令人赞赏的行为呢？

بلی هر شب در خواب چنان می بینم که شخصی اشقرانی اشهل نرم نرم نزدیک من همی آید و آهسته آهسته باز می گردد به چشم می بینم

bali har shab dar khāb chinān mi bīnam ki shakhsi ashqarani ashhar narm narm nazdīk-i man hamī āyid wa ahista ahista bāz mi girdid ba chashim mi bīnam

的确，我每晚在床上看到这样一个人，他脸色洁白红润，眼睛是灰白色的，我用眼看到他悄悄地来到我的周围，又悄悄地转了回去。

بیرون از این حال هر گمان که در حق من برید

bīrūn az īn hāl har gumān ki dar haqq man barīd

任何对我所见的怀疑实际上是错误的。

باطل است این پسران که آورده ام از نوعی دیگر اند چون بزرگ شوند و عموم خلایق را پادشاه و خان کردند آن زمان شما را و سایر اقوام قراچو را معین و محقق شود که حال من چگونه بوده

bātil ast īn pisarān ki āwarda-am az nau‘ dīgar and chūn buzurg shuand wa ‘umūm khalā’iq rā pādshāh wa khān kardand ān zamān shumā sā’ir aqwām-i qrāchū rā ma‘īn wa muhqqaq shūd ki hāl man chigūna būda

我所生之子都是其他种类，他们长大以后成为所有的国王和汗，那时您和其余哈剌出部落确信我是怎样的一个人。

و چون الان قوا بر این موجب تقریر کرد و از هرگونه نمودار ستر و عفت او ایشان را مقرر گشته بود

wa chūn Alān Qūā bar īn mūjab taqrīr kard wa az har-gūna namūdār-i satr wa ‘aflat-i o īshān rā muqqrrar gashta būd

由于阿兰豁阿以此理由声称，她的每种表象和贞节，她被人们确信。

بدو تعلقی نساختند و مزاحم نشدند که سخن او صدق و گفتار او راست است

bado ta‘alluq na-sākhtand wa muzāhim na-shudand sukhun-i o sadq wa guftār-i o rāst ast

人们不再对她怀疑和打搅，人们知道她的话是真的。

و از الان قوا سه پسر در وجود آمدند مهتر ایشان بوقون قتقی که تمامت اقوام قتقین از نسل وی اند و نام میانین بوقاتو سالجی که جد اقوام سالجیوت است و نام کهین بودنچر قاآن که خلاصه ثمر آن شجر بود

wa az Alān Qūā sih pisar dar wajūd āmadand mihtar-i īshān Būqūn Qatqī ki tamāmat aqwām-i Qatqīn az nasl-i wi and wa nām-i miyānīn Būqātū Sāljī ki jadd-i aqwām-i Sāljīūt ast wa nām-i kihīn Būdunchr Qāān ki khulāsa-ye samar ān shajr būd

阿兰豁阿生下了三个儿子，其中长子为不忽合塔吉，所有合答斤部落都出自他的氏族；次子名不合秃撒勒只，为撒勒只兀惕部落的始祖；幼子名孛端察儿合罕，他是那株树上果实的精华。①

《史集》所记阿兰豁阿生了三个儿子，这与《元朝秘史》所记相同；再如光线进入阿兰豁阿肚子中，《元朝秘史》中“肚子”原文作“客额里”（ke’eli），拉施都丁用波斯文“shikam”对译；《元朝秘史》中“下民”原文作“中合舌剌除思”（qaračus），拉施都丁则用“aqwām-i qrāchū”翻译。这说明《史集》这段记载参考了《元朝秘史》而非《元太祖实录》。与《元朝秘史》相比，《史集》这段记载显

① Rashīd al-Dīn, *Jāmi‘al Tawārīkh*, Printed Text by Muhammad Rawshan and Mustafa Mūsavī, Tehran: Nash-i Alburz, 1994-1995, p.223.

得更为生动、形象。拉施都丁编修《史集》时声称必须尊重各民族的口头传说和故事中所保存的一切信息。通过《史集》《元朝秘史》中所记“阿兰豁阿感天光生子故事”的比较，《史集》只是在《元朝秘史》的基础上增加了细节，而基本情节并未改动。拉施都丁为了保证传说的可靠性，采取转述当时显贵人物口头传说的办法，虽然蒙古人走出额尔古捏昆的传说仅见于《史集》，但由于拉施都丁声称此传说得自“可信的突厥历史学家们”，他对传说采取的审慎态度，使我们确信蒙古人走出额尔古捏昆的传说真实记录了当时蒙古人的观点。《史集》修成后，拉施都丁进呈完者都汗，完者都汗阅览后，大加称赞并赐书名，这一点也印证了“孛儿帖赤那”和“豁阿马阑勒”在蒙元时代对蒙古人来说，是人名而不是动物。

三、蒙古人对狼和鹿的认识

狼是草原上最常见的凶猛动物，突厥人把它看成图腾，《周书》中记载了两种有关突厥人起源于狼的传说，《旧唐书》《通典》等史料的记载也可以印证突厥人的“狼生”传说，从中文史料的记载可以看出突厥人认为自己是狼的后代。

蒙古人把狼看成凶残的动物，《元朝秘史》第 78 节载：

> 帖木真（铁木真——笔者注）、合撒儿回到家里，他母亲诃额仑见他两个孩儿的颜色，心里觉了，说道：“您初生时，手里握着黑血块生来，您每如吃胞衣的狗般，又如冲崖子的猛兽般，又如忍不得怒气的狮子般，又如活吞物的，蟒蛇般，又如影儿上冲得海青般，又如噤声吞物的大鱼般，又如咬断羔儿后跟的风驼般，又如靠风雪害物的狼般，又如赶不动儿子将儿子吃了的鸳鸯般，又如护巢的豺狼般，又如不疑贰拿物的虎般，又如妄冲物的禽兽般。您除影子外无伴当，尾子外无鞭子，泰亦赤乌惕兄弟每的苦受不得仇怎生般报得？思想间，您怎生过了，又这般做？”如此

将老人每的言语引证着，将他儿子每怪了。[①]

铁木真在父亲也速该死后，其家庭被泰亦赤兀惕部遗弃，在草原上过着艰难的生活。铁木真、合撒儿因庶弟别克帖儿抢夺他们的食物，心中不快，合伙将别克帖儿射死。母亲诃额仑知道后，引证老人们的话痛责铁木真、合撒儿的残忍行为。蒙古人也认识到狼是警惕性很高的动物。《元朝秘史》载："成吉思再对孛斡儿出（即博尔术——笔者注）、木华黎等说：'这忽难夜间做雄狼（gendü čino），日里做黑老鸦。依着我行，不曾跟随歹人。您凡事可与这忽难、阔阔搠思二人商量着行。我子拙赤（即术赤）最长，教忽难领着格你格思就于拙赤下做万户着。'"[②]铁木真建国后，赏赐功臣，忽难因日夜侍卫铁木真有功，铁木真把他喻为雄狼和黑老鸦，并委任他为术赤的万户。

鹿是草原上常见的草食动物，蒙古、俄罗斯及中亚等地广泛分布着鹿石和以鹿为题材的岩画，充分说明了鹿与北方民族的日常生活息息相关。鹿石在蒙古国分布最密集的地区是在于都斤山（今杭爱山东南），恰好是突厥帝国的统治中心。蒙古国巴彦洪戈尔省贷曼丘鲁乌有通鹿石，上面雕刻了盘着双腿的坐式人物雕像，腰带上面刻着突厥式剑的图案[③]。唐人段成式所著笔记——《酉阳杂俎》中，讲述了突厥人的祖先射摩骑着白鹿幽会舍利海神的故事[④]，或许是突厥人根据鹿石创造出来的。

蒙古人和突厥人一样，对鹿十分喜爱。成吉思汗的先祖朵奔篾儿干曾经跟一个出自兀良合部落的猎人索要鹿肉，途中遇到一个饥肠辘辘的人，"朵奔篾儿干问他：'你是什么人？'其人说：'我是马阿里黑·伯牙兀歹人氏。我而今穷乏，你将那鹿肉与我，我把这儿子与你去。'"[⑤]朵奔篾儿干遂用鹿的一条后腿换了那个人的儿子。铁木真的

---

① 《元朝秘史》第78节总译，呼和浩特：内蒙古人民出版社，1980年校勘本，第937页。引文中的帖木真即铁木真。

② 《元朝秘史》第210节总译，呼和浩特：内蒙古人民出版社，1980年校勘本，第1017页。

③ （俄）B.B.沃尔科夫：《蒙古鹿石》，王博、吴妍春译，北京：中国人民大学出版社，2007年，第165页。

④ 韩儒林：《突厥蒙古之祖先传说》，《穹庐集》，上海：上海人民出版社，1982年，第288页。

⑤ 《元朝秘史》第15节总译，呼和浩特：内蒙古人民出版社，1980年校勘本。按，鹿肉，原文作"戈舌劣额速 讷 米中合纳察（göre'asün-ü miqan-ača）"，旁译"野物的肉里"。

父亲也速该死后，篾儿乞人为了报也速该夺妻之仇，有一天突然袭击了铁木真一家，俘获了他的新婚妻子孛儿帖。铁木真一家侥幸逃入不儿罕山，篾儿乞人围了不儿罕山三天，也未能抓获铁木真一家。铁木真对不儿罕山的佑护之恩十分感激，说：

> 使豁阿黑臣（老）母，像鼬鼠般能听的缘故，像银鼠般能看的缘故，才使我身体能够躲避！骑着缰绳绊蹄的马，踏着牝鹿走的小径，拿着（丛茂的）柳条做遮蔽，爬上了不儿罕山来，不儿罕山佑护了我这微如虱蚤的性命！爱惜我唯一的一条命，骑着我仅有的一匹马，循着驯鹿走的小径，拿着劈开的树枝当掩护，爬上了不儿罕山来，不儿罕山荫庇了我这小如蝼蚁的性命！对不儿罕山，每天清晨要祭祀，每日白昼要祈祷！我子子孙孙，切切铭记！①

铁木真下山以后与札木合、汪罕联手击破篾儿乞人，在“篾儿乞惕，营盘里撇下一个五岁的小儿子，名字唤作曲出。那儿子生的好，眼中有光彩，穿着一件粉皮水貂鼠接来的衣裳，戴一个貂鼠皮帽，穿一双鹿蹄皮的靴。军马到时拾得，将来做人事，与了诃额仑母亲。”②

铁木真一家由于遭到了突然袭击，在慌不择路的情况下，他们只能循着牝鹿和驯鹿的蹄印逃入不儿罕山。由此可见鹿和深山对生活在复仇和掠夺中的牧民和猎人来说是非常重要的，他们跟随鹿的蹄印逃入深山才能躲过劫难。

12 世纪，蒙古草原各部为了争夺更多的财富和奴隶，控制更多的属民和土地，进行着无休止的战争。在这种极度混乱的社会状况下，不但蒙古百姓失去了安定的生活条件，蒙古草原各部首领也过着提心吊胆的日子。《元朝秘史》载：“初，客列亦种王罕（即汪罕——笔者注）与成吉思父也速该契交之故，因在先王罕将父忽儿察忽思·不亦鲁黑罕的

---

① 《元朝秘史》第 103 节，札奇斯钦：《蒙古秘史新译并注释》，台北：联经出版事业公司，1979 年，第 108—109 页。按，札奇斯钦译文中的“牝鹿”，原文作“不中忽因”（buqu-yin），旁译“鹿的”，为“不中忽”（buqu）的属格形式。

② 《元朝秘史》第114节总译，呼和浩特：内蒙古人民出版社，1980年校勘本。按，鹿，原文作“马舌阑仑”，旁译作“母鹿的”（maral-un），为“马舌阑勒”（maral）的属格形式。

诸弟杀戮，被叔古儿罕欲杀王罕，追至合剌温（即合剌温只敦——笔者注）之隘，只有百人。至也速该处，也速该却将古儿罕赶入合申地面，将原有的百姓收集还与王罕。其契交之故是这般。”[①]汪罕成为克烈部首领后，企图诛杀他的叔父，他的叔父起兵反抗，汪罕逃入哈剌温山（即合剌温只敦——笔者注）才逃过一劫。铁木真、汪罕逃入深山避难的故事在岩画中也得到体现，苏联考古学家奥克拉德尼科夫于 1960 年秋在乌兰巴托附近伊赫腾格里阿姆的博格多乌拉山一个山坡上发现了引人注目的铭文和图形，铭文和图形的墨色相同，应该属于同一时代。铭文是畏吾体蒙古文，道尔吉苏荣对铭文进行了释读：“托着永存苍天的气力，托洪福，让我们面对这石崖施礼吧！”铭文的旁边有一幅岩画：有一位妇女，一只鹿，两个类人型符号。岩画上的妇女头戴姑姑冠，奥克拉德尼科夫根据彭大雅、徐霆、鲁布鲁克等人的描述，确定她是 13 世纪时蒙古妇女的形象[②]。但他将这幅岩画解释为：一只神奇的扁角鹿——部落的祖先和保护人——引导各个部落前进，为他们走向新的地方指明道路。笔者并不同意他的解释，这幅岩画更像是讲述一位蒙古妇女带着她的两个孩子跟随鹿的蹄印，逃上山崖避难。他们成功躲过了劫难，才书写了祭祀山崖的铭文。

根据《周书》《旧唐书》《酉阳杂俎》等中文史料的记载，狼和鹿都与突厥人的祖先传说有关。而蒙古人自己的史书《元朝秘史》中也有多处关于狼和鹿的记载，但都与蒙古人的祖先传说无关，他们并未将自己看作“狼”和“鹿”的后代。

四、类似的蒙古语人名

清代学者钱大昕曾经总结过蒙古人起名字的规律，他说：

---

① 《元朝秘史》第 150 节总译，呼和浩特：内蒙古人民出版社，1980 年校勘本。合剌温之隘，那珂通世认为其地在土拉河与黑林之间，伯希和与培尔列认为在色楞格河附近，参见余大钧译注：《元朝秘史》，石家庄：河北人民出版社，2001 年，第 204 页。

② 陈弘法编译：《亚欧草原岩画艺术论集》，北京：中国人民大学出版社，2005 年，第 38—39 页。

> 元人以本国语命名：或取颜色，如察罕者白也，哈剌者黑也，昔剌者黄也，亦作失剌。忽兰者红也，孛罗者青也，亦作博罗。阔阔者亦青也。亦作扩阔。或取数目，如朵儿别者四也，亦作掇里班。塔本者五也，只儿瓦歹者六也，朵罗者七也，乃蛮者八也，也孙者九也，哈儿班答者十也，忽陈者三十也，亦作急嗔。乃颜者八十也，亦作乃燕。明安者千也，秃满者万也。或取珍宝，如按弹者金也，亦作阿勒坛。速不台者珠也，亦作碎不解。纳失失者金锦也，亦作纳石失。失列门者铜也，亦作昔剌门。帖木儿者铁也，亦作铁木尔，又作帖睦尔。或取形相，如你敦者眼也，赤斤者耳也。或取吉祥，如伯颜富也，只儿哈朗者快乐也，亦作只儿哈郎。阿木忽郎者安也，赛因者好也，也克者大也，篾儿干者多能也。一作默尔杰。或取物类，如不花者牯牛也，亦作补化。不忽者鹿也，亦作白忽。巴而思者虎也，阿尔斯兰者师子也，脱来者兔也，亦作讨来。火你者羊也，昔宝者鹰也，昂吉儿者鸳鸯也。或取部族，如蒙古台、唐兀台、逊都台、瓮吉剌歹、兀良合歹、塔塔儿歹、亦乞列歹、散术歹、亦作珊竹台。肃良合，亦作琐郎哈，谓高丽人也。皆取部族之名。亦有以畏兀语命名者，如也忒迷失者七十也，阿忒迷失者六十也，皆畏兀语。此外如文殊奴、普颜奴、观音奴、佛家奴、汪家奴、众家奴、百家奴、丑厮、丑驴、和尚、六哥、五哥、七十、八十之类，皆是俗语。或厌其鄙俚，代以同音之字，如“奴”之为“讷”、“驴”之为“闾”、“哥”之为“格”，不过游戏调弄，非有别义也。①

钱大昕所说以“物类”取名，即蒙古人以动物名用作人名，《元朝秘史》提到了多种动物，它们有的被蒙古人用作人名，如：

（1）阿儿思兰（arslan），旁译作“狮子”（第 77 节）。术赤后裔中有名为阿儿思兰者，其世系为术赤——唐兀惕——脱古思——阿儿思兰（《史集·术赤汗传》）。“阿儿思兰”在中文资料中又写作“阿思

① （清）钱大昕：《十驾斋养新录》，陈文和、孙显军校点，南京：江苏古籍出版社，2000 年，第 200—201 页。

兰”，有一人是冀宁路达鲁花赤（钱大昕《元史氏族表》）。

（2）昂吉儿（angqir），旁译作“鸳鸯”（第77节）。唐兀氏也蒲甘卜之子名为昂吉儿（《元史·也蒲甘卜传》）。

（3）巴儿思（bars），旁译作“虎”（第77节）。《元史·姚天福传》：“帝嘉其直，锡名巴儿思，谓其不畏强悍，犹虎也。”元世祖赐姚天福蒙古名“巴儿思”，裕宗、成宗也用“巴儿思”称呼他。延祐五年（1318）有进士名为八儿思不花（《秘书监志》卷10）。

（4）不中合（buqa），旁译作“强牛”（第106节）。中统二年（1261）中书右丞相名为不花（《元史·世祖纪》）。buqa 又有普华、溥华、卜花等异写形式。

（5）不中忽（buqu），旁译作“鹿”（第77节）。察合台第七子合答海有一子名为不忽（《史集·察合台汗传》）。

（6）不鲁中罕（buluqan），旁译作“貂鼠”（第96节）。成宗皇后名为卜鲁罕，伯岳吾氏（《元史·后妃传》）。

（7）赤那（čina），旁译作“狼”（第77节）。察剌合领昆取嫂为妻，生了两个儿子，一个名为坚都赤那，义为“公狼”，一个名为兀鲁克臣赤那，义为“母狼”（《史集·赤那思部落》）。

（8）中豁纫（qoni），旁译作“羊”（第19节）。窝阔台子合丹之子名为火你。（《元史·宗室世系表》。

（9）中忽阑（qulan），旁译作“野马”（第199节）。克烈部速哥有六子，第四子名为忽兰（《元史·速哥传》）。

（10）那中海（noqai），旁译作“狗”（第21节）。忙哥撒儿之父名为那海（《元史·忙哥撒儿传》）。

（11）升中豁儿（šinqor），旁译作“海青”（第63节）。成吉思汗先祖名为伯生豁儿多黑申（《元朝秘史》第47节）。

此外，《华夷译语》记录了多种动物的蒙古语名称，有的不见于《元朝秘史》，但也用作人名。如驴，额里只干（elǰigen），札剌亦儿氏博颜歹的祖父名为燕只哥（钱大昕《元史氏族表》）。鸦鹘，剌臣（lačin），术赤台祖先为剌真八都（《元史·术赤台传》）。羝羊，忽察（quča），成吉思汗子阔列坚子名为忽察，封河间王，定宗长子为忽察大王（《元史·宗室世系表》）。花豹，撒儿（sal）[1]，文宗时有大司徒名为撒里（《元史·文宗本纪》）。

明朝初年翰林译员将“孛儿帖赤那”翻译为“苍狼”，将“豁阿马阑勒”翻译为“白鹿”，按照钱大昕总结的上述规律，这两个名字属于“颜色+物类”的起名方法。这种组合式人名在元代文献中也较为普遍，如博罗不花（博罗普化、孛罗不花）、察罕不花、哈剌不花（合剌普华、呵剌卜花、匣剌不花、和礼普化等）、阔阔不花、失剌不花（昔剌不花）、哈剌那海等。不仅蒙古人使用“颜色+物类”这种组合式人名，而且哈剌鲁、畏吾儿、康里等色目人甚至汉人也效仿蒙古人起这种人名。这种组合式人名除了“颜色+物类”外，还有“珍宝+物类”，如按弹不花、哈剌帖木儿等，这些都是元代文献中常见的蒙古语人名。

五、结　论

《元朝秘史》中的“孛儿帖赤那”和“豁阿马阑勒”，明朝初年翰林译员译为“苍狼”和“白鹿”两种动物，但《元朝秘史》中提到的“狼”和“鹿”均与蒙古人的祖先传说无关，“孛儿帖赤那”和“豁阿马阑勒”亦是元代文献中常见的蒙古语人名。《元朝秘史》成书于1252年，大约半个世纪后，拉施都丁奉命编修《史集》，从“可信的突厥历史学家们”那里转述了蒙古人起源于额尔古捏昆的传说，在此传说中“孛儿帖赤那”和“豁阿马阑勒”均为人名，完者都汗对此亦予以认可。明代《蒙古黄金史》等蒙古文文献中，“孛儿帖赤那”和“豁阿马阑勒”亦作人名，显然是延续了元代蒙古人的观点。根据以上分析，拉施都丁《史集》将“孛儿帖赤那”和“豁阿马阑勒”理解为人名是正确的，而明朝初年翰林译员的翻译是错误的。

---

① 贾敬颜，朱风：《蒙古译语 女真译语汇编》，天津：天津古籍出版社，1990年，第34页。

第二章 《史集》成吉思汗中军记载考辨

千户制作为大蒙古国的一项基本制度，既是行政单位，也是军事组织。关于成吉思汗分封千户长的人数，《元史·术赤台传》记载有 65 个千户，《元朝秘史》记载有 95 个千户，而《史集》记载了 129 个千户。国内外学者对这些记载的研究，仍然是众说纷纭，没有定论。箭内亘认为《史集》记载成吉思汗的中军应是 10 000 人而非 1000 人。本田实信采用排除法，从《史集》129 个千户中减去建国后分封的数目，从而确定《元朝秘史》的记载是可信的。史卫民、晓克、王湘云认为《元朝秘史》95 个千户是拼凑起来的，存在同名异译、遗漏错载的情况，他们认为《元史》65 个千户更接近事实。史卫民研究了《史集》左右翼千户的记载，对拉施都丁记载的疏漏之处做了订正。姚大力将《元史》65 个千户、《元朝秘史》95 个千户、《史集》129 个千户看成三个序列，分别是癸亥甲子年间的千户建制、1206 年的千户建制、1219 年西征前的千户建制。金浩东指出大约 50 人见于《元朝秘史》而《史集》未载，这种情况可能与蒙哥即位后的大清洗有关[①]。本章在上述研究成果的基

① （日）箭内亘：《元代经略东北考》，陈捷、陈清泉译，上海：商务印书馆，1934 年，第 41—42 页；史卫民，晓克，王湘云：《〈元朝秘史〉“九十五千户”考》，《元史及北方民族史研究集刊》1985 年第 9 期；史卫民：《蒙古汗国时期蒙古左、右翼军千户沿袭归属考》，《西北民族研究》1986 年第 1 期；姚大力：《草原蒙古国的千户百户制度》，《蒙元制度与政治文化》，北京：北京大学出版社，2011 年，第 10—31 页；金浩东：《对于成吉思汗子弟分封的再探讨——以分析〈史集〉中的“千户一览”为中心》，《中央亚细亚研究》2004 年第 9 期。

础上，探讨拉施都丁对成吉思汗中军的记载。

一、《史集》的记载

《史集》载："其中豁勒（中军）为成吉思汗的御前千户，共一千人，由他的四大斡耳朵的全部侍臣与隶属于那些斡耳朵的人们组成。"①中军，波斯语原文作 qūl，指的是成吉思汗的御前千户（hazāra-ye khāss），波斯语 khāss 意为"私有的，专门的"，说明这部分人是成吉思汗的私有财产。这一千户所辖百户如表 2-1。

表 2-1　御前千户所辖百户表

序号	百户长	部族	身份	备注
1	察罕	西夏	成吉思汗义子	亦见于《部族志》（汉译本第 237 页）
2	燕帖木儿	雪你惕	隶属于孛儿帖斡耳朵，宝儿赤	亦见于《部族志》（汉译本第 163 页）
3	余剌乞	朵儿边	孛罗·阿合的父亲，隶属于孛儿帖斡耳朵，宝儿赤	据《部族志》（汉译本第 306 页），他是孛罗·阿合的祖父
4	兀勒带	札剌亦儿		《部族志》（汉译本 159 页）作兀勒都儿（aūldūr）豁儿赤
5	额勒别客儿	克烈	隶属于孛儿帖斡耳朵，宝儿赤	亦见于《部族志》（汉译本第 211 页）
6	者勒蔑·火札	篾儿乞	忽兰哈敦之弟	亦见于《部族志》（汉译本第 189 页）
7	大轻吉牙带	塔塔儿	也速仑哈敦之子	
8	也孙·秃阿	塔塔儿	隶属于孛儿帖斡耳朵，马夫	亦见于《部族志》（汉译本第 181 页）
9	缺			
10	缺			

1211 年，成吉思汗出征金国，以术赤、察合台、窝阔台统领右翼，哈撒儿、斡陈那颜等统领左翼，自己与拖雷统领中军，攻破金国中原许

① （波斯）拉施特主编：《史集》第一卷第二分册，余大钧、周建奇译，北京：商务印书馆，1983 年，第 363 页；Rashīd al-Dīn,*Jāmi' al Tawārīkh*,Printed Text by Muhammad Rawshan and Mustafa Mūsavī,Tehran:Nash-i Alburz,1994-1995,p.592.

多州县。1219年，成吉思汗组织了大约二十万人远征花剌子模，以术赤统领右翼，察合台、窝阔台统领左翼，自己与拖雷坐镇中军。在这次远征中，拖雷奉命攻取了呼罗珊地区许多城市，可见中军的战斗力是很强的，主要由两个军团组成：

（1）大中军。成吉思汗在建国以前，只有八十名宿卫、七十名散班、四百名箭筒士作为护卫。成吉思汗建国后，决定扩大护卫组织，《元朝秘史》载："以各千户选拔出来的，［编］成了八千散班，二千宿卫与佩带弓箭的护卫，共一万名护卫。成吉思可汗降圣旨说：'加强我们贴身的一万户护卫，作为大中军。'"[①]这一万名护卫是成吉思汗从各个千户中精心挑选的，他们是蒙古帝国军队的精锐，也是中军的主力，其身份为质子军，《元史》卷46《兵志》载："或取诸侯将校之子弟充军，曰质子军，又曰秃鲁花军。"[②]

（2）拖雷的军队。成吉思汗建国后分给拖雷五千军队，并委派忙忽惕部的者台那颜和札剌亦儿部的八剌那颜做千户，八剌那颜参加过西征，《史集》载："接着成吉思汗派遣札剌亦儿部的八剌那颜和……部的朵儿拜那颜两人带着足够的军队去追击札兰丁算端。"[③]术赤在西征时，其军团中有其他宗王的代表，他也派代表去其他宗王的军队中。同样，拖雷的军队中也有其他宗王的代表。

《元朝秘史》载："兔儿年，越过阿剌亦去征讨回回的时候，成吉思可汗由后妃之中，携忽兰夫人同行。"[④]1219年，成吉思汗西征，从后妃中选取了二皇后忽兰从行，她的侍从自然也会跟着出征，其他皇后也会派代表加入到西征部队中。这些人的身份是成吉思汗四大斡耳朵的侍臣，如燕帖木儿、余剌乞是厨师（bau'urči），他们组成了成吉思汗的御前千户，而拉施都丁将他们看成中军了。

① 《元朝秘史》第226节，札奇斯钦：《蒙古秘史新译并注释》，台北：联经出版事业公司，1979年，第337页。

② 《元史》卷46《兵志》，北京：中华书局，1976年，第2508页。

③ （波斯）拉施特主编：《史集》第一卷第二分册，余大钧、周建奇译，北京：商务印书馆，1983年，第308页。

④ 《元朝秘史》第257节，札奇斯钦：《蒙古秘史新译并注释》，台北：联经出版事业公司，1979年，第396页。

二、《元朝秘史》中的“大中军”

成吉思汗的大中军，蒙古语原文写作“也客 中豁勒”，共有一万名，分为散班、宿卫、箭筒士，所辖千户长如表2-2。

表2-2 大中军所辖千户长表

序号	千户长	部族	身份	备注
1	也客·捏兀邻			
2	也孙·帖额	兀良哈	者勒蔑之子	《史集》右翼第19千户
	不吉歹	札剌亦儿	秃格之子	
3	斡歌列·扯儿必	阿儿剌	博尔术的亲族	《史集》左翼第19千户
4	不合	札剌亦儿	木华黎的亲族	
5	阿勒赤歹	札剌亦儿	亦鲁该的亲族	
6	朵歹·扯儿必			
7	朵豁勒忽	忙兀	者台之弟	《史集》左翼第14千户，阿儿剌氏，博尔术之弟
8	察乃	兀鲁兀惕	主儿扯歹亲族	
9	阿忽台	弘吉剌	阿勒赤亲族	
10	阿儿孩·合撒儿	札剌亦儿	八剌之兄	《史集》右翼第8千户

在上述千户中，有些为拉施都丁所漏载，有些被归入右翼或者左翼，而“朵豁勒忽”的身份，《元朝秘史》和《史集》的记载并不相同。这些不同之处表明拉施都丁并未将上述千户看成是成吉思汗的“大中军”。另外，他在记载千户长的承袭和世系时，也与中文资料存在差异，萧启庆已经注意到这一现象，指出拉施都丁从未到过中国，他的资料来源是蒙古文的记载①。

讹答剌事件后，成吉思汗决定出兵讨伐花剌子模，他将一部分军队交给木华黎继续经略中原。这部分军队由蒙古军、探马赤军、契丹军、女真军、汉军组成，其中蒙古军由怯台统领的兀鲁部四千人、木哥汉札

① 萧启庆：《元代四大蒙古家族》，《内北国而外中国——蒙元史研究》，北京：中华书局，2007年，第513页。

统领的忙兀部一千人、按赤统领的弘吉剌部三千人、孛徒统领的亦乞列思部两千人、带孙统领的札剌亦儿部两千人、火失勒统领的混成军队一千人组成①。这些人被称为五头下，是蒙古帝国的东部军团，他们在蒙古灭金、忽必烈建立元朝的斗争中起了重要作用。

成吉思汗西征归来后，“皇子察合台出镇西域，有旨从博尔术受教，博尔术教以人生经涉险阻，必获善地，所过无轻舍止”②。志费尼记载了察合台的驻守之地，“河中和突厥斯坦诸地被征服后，他的驻地，以及他的子女和军队的驻地，从别失八里扩展到撒马耳干（笔者按，即撒马尔罕），适合帝王居住的美丽富饶的地方”③。博尔术是成吉思汗建国后任命的右翼万户，参加过西征，曾经派人护送丘处机过铁门关。察合台在河中向博尔术请教，可见博尔术统辖的右翼当时也在西域镇守。蒙哥即位后，在忽里台上通过决议，命令旭烈兀出征西域，将过去由拜住和绰儿马浑统领驻守在波斯地区的探马赤军和答亦儿·把阿秃儿统领的驻守在克什米尔和忻都斯坦的探马赤军交给旭烈兀指挥。当旭烈兀的西征军到达河中时，原来驻守在那里的蒙古将领也加入到西征军中，这些人后来成为伊利汗国的开国元勋。

元文宗时，命令翰林国史院、奎章阁官员编修《经世大典》，明朝初年编修《元史》时，诸志即取材于《经世大典》，此书后来佚失。明朝初年，史官利用《政典》编修《兵志》时说：“今其典籍可考者，曰兵制，曰宿卫，曰镇戍，而马政、屯田、站赤、弓手、急递铺兵、鹰房捕猎，非并而兵者，亦以类附焉，作《兵志》。”④而在《元史·兵志》中并没有关于开国万户、千户承袭情况的记载，可见成吉思汗时代并没有把万户、千户名单记载下来，以至于明朝初年史官只能感叹成吉思汗军队的雄劲了。《史集》和中文资料在成吉思汗时代的万户、千户名单上存在差异，说明两者的资料来源并不相同，拉施都丁从建立伊利汗国的元勋后裔中获取了他们祖先的事迹，而中文资料则来自建立

① 黄时鉴：《木华黎麾下诸军考》，《黄时鉴文集》，上海：中西书局，2011年，第35页。
② 《元史》卷119《博尔术传》，北京：中华书局，1976年，第2946页。
③ （伊朗）志费尼：《世界征服者史》，何高济译，北京：商务印书馆，2004年，第301页。
④ 《元史》卷98《兵志》，北京：中华书局，1976年，第2509页。

元朝的功臣子孙的回忆。由于蒙古人有记忆系谱的传统，元朝和伊利汗国之间的交流也很频繁，如帮助忽必烈实现平宋计划的伯颜就来自伊利汗国，而忽必烈的御史大夫孛罗后来入仕伊利汗国，这些又使得两者所记万户、千户名单存在一致性。

三、察罕事迹补正

察罕之父为曲也怯律，官至西夏金紫光禄大夫、平章政事。“太祖天兵至河西，得金紫公之幼子察罕，敏慧通达，遂蒙信重。时夏人未服从也，围其城，五旬弗解。夏人不能支，遣金紫以讲和。使见太祖和林，奉夏主之女，请为购以解。”[①]成吉思汗一共六次攻打西夏，此次出兵亦见于《元史》：“四年己巳春，畏兀国来归。帝入河西。夏主李安全遣其世子率师来战，败之，获其副元帅高令公。克兀剌海城，俘其太傅西壁氏。进至克夷门，复败夏师，获其将嵬名令公。薄中兴府，引河水灌之。堤决，水外溃。遂撤围还。遣太傅讹答入中兴，诏谕夏主，夏主纳女请和。”[②]元太祖四年即1209年，拉施都丁记载这一年成吉思汗收养察罕的经过，“成吉思汗在他十一岁时，将他收为义子，加以抚养，并把他称作五儿”[③]。十一岁，波斯文原文作“yānzdah sāl”，《史集》另一处写作“yāzdah sāla”，亦为十一岁，而俄译本误为“十五岁”，余大钧先生并未更正[④]。1209年成吉思汗收养了察罕，这一年他十一岁，可知他出生于1198年。

成吉思汗将察罕带回蒙古，交给孛儿帖夫人抚养，拉施都丁却记载

① （元）虞集：《道园类稿》卷42《立只立威忠惠公神道碑》，王德毅，潘柏澄主编：《元人文集珍本丛刊》第5册，台北：新文丰出版公司，1985年景印本。

② 《元史》卷1《太祖纪》，北京：中华书局，1976年，第14页。

③ （波斯）拉施特主编：《史集》第一卷第二分册，余大钧、周建奇译，北京：商务印书馆，1983年，第363页。

④ （波斯）拉施特主编：《史集》第一卷第一分册，余大钧、周建奇译，北京：商务印书馆，1983年，第237页；Rashīd al-Dīn, *Jāmi‘ al Tawārīkh*, Printed Text by Muhammad Rawshan and Mustafa Mūsavī, Tehran: Nash-i Alburz, 1994-1995, p.136.

孛儿帖收养了失吉忽秃忽，“［有一次］，成吉思汗无意中看见一个掉在路边的婴儿，就把他抱起来，送交给孛儿帖［并说道］：‘你既然经常想有个孩子，你就把这孩子当作自己的孩子来抚养看护吧！’［成吉思汗］的妻子把他当作亲生儿子，十分精心的养在家里。”①而《元朝秘史》记载成吉思汗的母亲诃额仑收养了失吉忽秃忽，“太祖军在塔塔儿营盘里时，拾得个小儿，鼻上带一个金圈子，又金纻丝貂鼠里儿做肚兜，与了诃额仑”②。根据拉施都丁所记，失吉忽秃忽死于忽必烈与阿里不哥的争位斗争时，终年82岁。而根据《元史·察罕传》，察罕死于元宪宗五年乙卯（1255），终年67岁。显然，孛儿帖收养了察罕，而没有收养失吉忽秃忽。

察罕长大后，“从帝略云中、桑乾。金将定薛拥重兵守野狐岭，帝遣察罕觇虚实，还言彼马足轻动，不足畏也。帝命鼓行而前，遂破其军。围白楼七日，拔之，以功为御帐前首千户。”③《元史》载：“（太祖六年）二月，帝自将南伐，败金将定薛于野狐岭，取大水泺、丰利等县。”据此，成吉思汗攻打野狐岭事在1212年，察罕在这次战役后担任“御帐前首千户”，时年二十四岁。

“御帐前首千户”，拉施都丁称之为“御前千户”，他记载了成吉思汗对御前千户的规定，人数不得超过千人，从这个千户获取车马、粮食、绳索等。察罕除担任御帐前首千户外，还亲领第一百户。

拉施都丁又记载了成吉思汗收养不劣的经过：

> 十三岁时，他从唐兀惕［地区］当了俘虏被押送了来。他在斡耳朵里放牧牛群。有一次，成吉思汗在猎取野兽时看见了他。［不劣］将自己的帽子置于棍段，恭恭敬敬地站立着，端着一只碗。成吉思汗问道：“你在干什么？这是什么？”他回答道：“我是唐兀惕人，是你带来的遭受劫掠的成批人群中的一个孤独忧愁的孩子。

① （波斯）拉施特主编：《史集》第一卷第一分册，余大钧、周建奇译，北京：商务印书馆，1983年，第174页。

② 《元朝秘史》第135节总译，呼和浩特：内蒙古人民出版社，1980年校勘本。

③ 《元史》卷120《察罕传》，北京：中华书局，1976年，第2956页。

我把帽子放到棍端说：‘让我们两个之中有一个当上司吧。’帽子比我高，我就伺候它！”成吉思汗很喜欢这番话，又因为从他身上看出了能干和心灵成熟的迹象，便把他带到自己的大斡耳朵里孛儿帖旭真处，[在那里]，他在[汗的]厨房中担任烹调。①

拉施都丁讲述不劣“伺候帽子”的故事，在《元史》中却发生在察罕身上：

察罕武勇过人，幼牧羊于野，植杖于地，脱帽置杖端，跪拜歌舞。太祖出猎，见而问之。察罕对曰：“独行则帽在上而尊，二人行则年长者尊，今独行，故致敬于帽。且闻有大官至，先习礼仪耳。”帝异之，乃挈以归，语光献皇后曰：“今日出猎得佳儿，可善视之。”②

拉施都丁和《元史》所述实为一人之事。不劣，余大钧先生据俄译本作 بوره Būreh，此词在《史集》若山和穆萨维波斯文刊本中写作 بوده Būda，Thackston英译本作Buda③。据《元史·察罕传》，察罕原名叫益德，则《史集》中的بوده Būda应校正为 يوده Īūda，波斯文字母 ی Y脱去音点，误为 ب B 了。拉施都丁关于察罕的记载可以与《元史》相互印证，但他将察罕和益德误为两人了，所以他在此处又说益德是十三岁（sezdah sālgi）时被俘的。

四、结　　论

成吉思汗的中军是蒙古军队中的精锐，作战时主要由大中军和拖雷的军队组成，拉施都丁把察罕统领的御前千户看成中军是错误的，他又

---

① （波斯）拉施特主编：《史集》第一卷第二分册，余大钧、周建奇译，北京：商务印书馆，1983年，第238页。

② 《元史》卷120《察罕传》，北京：中华书局，1976年，第2956页。

③ Rashīd al-Dīn, *Jāmi'al Tawārīkh*, Printed Text by Muhammad Rawshan and Mustafa Mūsavī, Tehran: Nash-i Alburz, 1994-1995, p.138; W.M.Thackston, *Rashiduddin Fazlullah's Jami t-tawari Compendium of Chronicles: A history of the Mongols*, Harvard University, Vol.1, 1998, p.74.

将察罕和益德误认为是两人。他声称关于成吉思汗军队的记载来自调查所得的可靠资料，经过研究，这些资料其实来自伊利汗国开国功臣后裔的回忆，因此和中文资料存在差异。至于《史集》所记成吉思汗军队和《金册》的关系，尚待进一步研究。

第三章　《史集》拖雷受封记载研究

早在元朝建立以前，成吉思汗就对诸子和诸弟进行了分封，诸子的封地在阿尔泰山以西，称为西道诸王；诸弟的封地在蒙古东部，称为东道诸王。与汉族统治者看重嫡长子不同，蒙古人更看重幼子在家中的地位，称为“幼子守灶”，而幼子在分封中是否获得更多权益，或者说幼子分封能否体现元代分封制度的特色，是一个值得研究的问题。在元朝所有的“幼子”中，以成吉思汗幼子拖雷的记载最为关键。拖雷是否受封，《元朝秘史》和《史集》的记载并不相同。一些学者相信《元朝秘史》的记载，认为拖雷与他的三位兄长术赤、察合台、窝阔台是一起受封的①；而一些学者则接受《史集》的观点，按照蒙古人“幼子守灶”的习俗，拖雷继承父产，领有蒙古本土②。笔者通过研究《元朝秘史》和《史集》记载中的相同点，结合《世界征服者史》的相关记载，对这一问题进行研究。

一、从术赤和察合台的争吵说起

1215年，花剌子模摩诃末派遣使团前往蒙古打探蒙金战争的情况。成

① 李治安：《元代分封制度研究》增订本，北京：中华书局，2007年，第26—29页。

② 杉山正明：《蒙古帝国的原始形象——关于成吉思汗分封家族的研究》，马冀译，内蒙古社会科学院情报研究所编：《蒙古学译文选——历史专集》，1984年，第1—23页。

吉思汗接见了使团，表示愿意与花剌子模建立友好通商关系。后来成吉思汗派遣一支四百多人的商队跟随使团到花剌子模贸易，1218年，商队走到花剌子模边城讹答剌时，当地长官哈只儿只兰秃十分贪婪，将商队诬为间谍，全部处死，夺取了货物。一名驮夫侥幸逃回蒙古，报告了成吉思汗。成吉思汗大怒，要求摩诃末严惩凶手，却遭到摩诃末的羞辱。成吉思汗忍无可忍，决定西征花剌子模，亲自严惩凶手。《元朝秘史》载：

> 临出发的时候，也遂夫人提醒成吉思可汗禀奏说："可汗打算越过峻岭，横渡大河，长征绝域，平定诸国。有生之物，不能永存。假如你那大树一样的身体倒下去，你那像麻穰一般的百姓托付谁呢；假如你那基石一样的身体倒下去，你那像群雀一般的百姓托付谁呢？在亲生的四个儿子之中，要指定谁？应该教你诸子，诸弟，众多的臣民们，和我们［这些］无知无识的知道啊。我把所想到的提出来了，听候圣旨裁决吧。"成吉思可汗说："也遂虽然是个妇人，说的话非常有理。弟弟们，儿子们，以及孛斡儿出、木合黎等人，谁都没有提醒过。我岂不是忘记了，也要追随祖先而去。我岂不是忽略了，脱不过死亡的捆索。在我诸子之中，拙赤最长，你说什么？"在拙赤作声之前，察阿歹说："让拙赤说，莫非要托付拙赤么？我们怎能叫这个由蔑儿乞人那里带来的管辖呢？"才说，拙赤就起来揪住察阿歹的领子，说："汗父都没说过什么，你怎敢挑剔我！你有什么技能比人强？不过是比人刚愎而已！比赛射远，若被你所胜，我把拇指砍下丢掉；彼此搏斗，若被你所胜，我就不再从倒下之处站起！听凭汗父的圣旨吧！"拙赤、察阿歹两个人彼此揪着领子。孛斡儿出拉住拙赤的手，木合黎拉住察合台的手［劝解］。成吉思可汗听着，一声不响的坐着。①

察合台公开质疑术赤的血统，是为了否定术赤的长子身份，从而使自己成为长子，顺理成章地成为继承人。此举不仅惹恼了术赤，而且使成吉思汗极为伤心。成吉思汗下旨严令察合台以后不许再提此事。察合台建议

---

① 《元朝秘史》第 254 节，札奇斯钦：《蒙古秘史新译并注释》，台北：联经出版事业公司，1979 年，第 386—387 页。按，引文中的拙赤即术赤，察阿歹即察合台，孛斡儿出即博尔术，木合黎即木华黎。

立窝阔台为汗，术赤和拖雷也同意了。成吉思汗于是让他们立下誓言，在他死了以后由窝阔台即位，并保证汗位留在窝阔台家族。从这个事件可以看出，术赤因为有长子的身份，他才被成吉思汗优先考虑为继承人。

不仅铁木真统治的蒙古部众拥有这种传统，克烈部也是实行长子继承制。由于札木合和汪罕之子桑昆的挑拨，汪罕派军队袭击铁木真，双方战于合兰真沙陀，铁木真寡不敌众，被迫退走。铁木真十分恼火，派使者前去数落汪罕：

> 若是谈早先的话，在你汗父忽察儿忽思·不亦鲁黑［死］后，因你是四十个儿子的长兄，立［你］为汗。你做了汗，就把你弟弟帖木儿太子、不花·帖木儿两个人杀掉。你弟弟额儿客·合剌将要被杀的时候，亡命逃走，投靠乃蛮的亦难察·必勒格汗。因你是残杀诸弟之人，你叔父古儿罕前来征讨。你［只带］一百个人亡命，顺着薛凉格［河］逃走，钻进了合剌温［山］的隘口。从那里出来，为了通融，你把你女儿札兀儿·兀真，献给了篾儿乞惕的脱黑脱阿。从合剌温隘口出来，到我汗父也速该跟前，你在那里说："请从我叔父古儿罕那里营救出我的百姓吧。"①

汪罕由于是其父忽察儿忽思·不亦鲁黑的长子才成为克烈部的首领的。汪罕即位后，对诸弟大加杀戮，以至于他的叔父古儿罕起兵，要把他赶尽杀绝。如今术赤和察合台为了争夺长子身份已是势同水火，两人谁当大汗都会导致家庭的争斗和帝国的分裂，成吉思汗不想汪罕的悲剧重演，就让术赤和察合台分领封地，镇守各邦，并要他们践行誓言。

二、"四个国家"的含义

志费尼在介绍成吉思汗诸子时说："成吉思汗长妻生了四个儿子，

---

① 《元朝秘史》第 177 节，札奇斯钦：《蒙古秘史新译并注释》，台北：联经出版事业公司，1979 年，第 231 页。

他们拼着性命去建立丰功伟绩，犹如帝国宝座的四根台柱，汗国宫廷的四根栋梁。成吉思汗替他们各自选择了一项特殊的职务。他命长子术赤掌狩猎，这是蒙古人的重要游乐，很受他们的重视。次子察合台掌札撒和法律，既管实施，又管对那些犯法者的惩处。他选择窝阔台来负责［一切需要］智力、谋略的事，治理朝政。他提拔拖雷负责军队的组织和指挥，以及兵马的装备。”①今查波斯语原文，“犹如帝国宝座的四根台柱，汗国宫廷的栋梁”原文作：

و تخت ملکت را بثبات چهار پایه و ایوان خانی بمحل چار رکن بودند

wa takht-i mulkat rā ba-sabāt chahār pāya wa aīwān-i khānī ba-mahall chār rukn būdand

拉施都丁也说成吉思汗的四个儿子是国家的四根栋梁：

و این چهار پسر چینگگیز خان همه عاقل و کافی و کامل و بهادر و دلاور و پسندیده پدر و لشکر و رعیت بوده اند و مملکت چیگگیز خان را به مثابت چهار رکن و او هر یک از ایشان را پادشاهی تصور کرده و ایشان را چهار کولوک می گفته

wa in chahār pisar-i Chīnggīz Khān hama ‘aqil wa kāfī wa kāmil wa bahādur wa dil-āwal wa pasandīd-i pidar wa lashkar wa ra‘īyat būda-and wa mumallak-i Chīnggīz Khān rā ba masābat chahār rukn wa o har yak az īshān rā pādshāhi tasauwur karda wa īshān rā chahār kūlūk mi gofta

成吉思汗的这四个儿子慎重、强大、完美、英勇，得到父亲、军队和国家的器重，他们被证明是成吉思汗国家的四根栋梁，他们中的每个人都被描绘成国王，把他们称为四曲律。②

---

① （伊朗）志费尼：《世界征服者史》，何高济译，北京：商务印书馆，2004 年，第 41 页；Atā-Malik Juvaynī,*Tārīkh-i Jahān-gūshā*,Edited by Mīrzā Muhammad Qazvīnī,E.J.W.Gibb Memorial Series,Vol.16,London:E.J.Brill,vol.3,1943,p.29.

② Rashīd al-Dīn,*Jāmi‘al Tawārīkh*,Printed Text by Muhammad Rawshan and Mustafa Mūsavī,Tehran: Nash-i Alburz,1994-1995,p.301；四曲律，即四杰，《元史》卷 98《兵志》，北京：中华书局，1976 年，第 2524 页载：“太祖功臣博尔忽、博尔术、木华黎、赤老温，时号掇里班曲律，犹言四杰也，太祖命其世领怯薛之长。”

志费尼记载中的chār rukn与拉施都丁记载中的chahār rukn是同一个意思，拉施都丁的比喻是抄自志费尼的《世界征服者史》。

志费尼记载了成吉思汗四个儿子的禹儿惕：

> 成吉思汗时期，国土变得十分广阔，他就赐给每人一份驻地，他们称之为禹儿惕。于是，他把契丹境内的土地分给他的兄弟斡赤斤那颜及几个孙子。从海牙立和花剌子模地区，延伸到撒哈辛及不里阿耳的边境、向那个方向尽鞑靼马蹄所及之地，他赐予长子术赤。察合台受封的领域，从畏兀儿［之边（hudūd）］至撒麻耳干和不花剌止，他的居住地在阿力麻境内的忽牙思。皇太子窝阔台的都城，当其父统治时期，是他在叶密立和霍博地区的禹儿惕；但是，他登基后，把都城迁回他们在契丹和畏兀儿地之间的本土，并把自己的其他封地赐给他的儿子贵由：有关他各个驻地的情况，将分别予以著录。拖雷的领地与之邻近，这个地方确实是他们帝国的中心，犹如圆中心一样。①

志费尼称窝阔台为皇太子（takhtgāh），成吉思汗立他为继承人是在西征以前，而术赤、察合台封地包括西辽和花剌子模的疆域在内，则成吉思汗此次分封是在西征回到蒙古以后。志费尼对答里台·斡惕赤斤、术赤、察合台、窝阔台的封地记载较为明白，而关于拖雷封地的记载，对我们来说显得有些含糊不清了，只是说“确实是他们帝国的中心，犹如圆中心一样”，没有指出具体的地望。

曾经得到拉施都丁赏识和保护的波斯史学家瓦萨夫，著有《瓦萨夫史》，以献给伊利汗国完者都汗。他记载了阿鲁忽的治所：

چه المالیغ نسبت به دیگر شهرهای مغول حکم مرکز را نسبت به محیط دایره دارد

chi Almalīgh nisbat ba dīgar shahrhā-ye Mughūl hukm markaz rā nisbat ba muhīt dā'ira dārad

---

①（伊朗）志费尼：《世界征服者史》，何高济译，商务印书馆，2004年，第41—43页；Atā-Malik Juvaynī, *Tārīkh-i Jahān-gūshā*, Edited by Mīrzā Muhammad Qazvīnī, E.J.W.Gibb Memorial Series, vol.16, London: E.J.Brill, Vol.3, 1943, p.29, p.31. “之边（hudūd）”据刘迎胜《察合台汗国史研究》（第65页）增补。

> 犹如［哈剌和林］是其他蒙古城市的中心一样，阿力麻里是他的统治中心[①]。

阿鲁忽，为察合台第六子拜答儿之子，中统元年（1260），在阿里不哥支持下成为察合台兀鲁思之主，后来背叛阿里不哥，投降了忽必烈，忽必烈随即宣布自阿尔泰山至阿姆河之地由他镇守。根据瓦萨夫的记载，阿力麻里作为阿鲁忽的治所，也是察合台兀鲁思的中心。而志费尼提到的“圆中心”（波斯语原文作 bar misāl markaz wa dā’ira），指的正是大蒙古国的首都哈剌和林。哈剌和林城是窝阔台合罕于 1235 年营建的，而在此之前，成吉思汗曾经在哈剌和林地区建立了一个斡耳朵，1221 年，长春真人丘处机曾经到过这个斡耳朵：

> ［六月］二十八日，泊窝里朵之东。宣使先往奏禀皇后，奉旨请师渡河。其水东北流，渺漫没轴，绝流以济。入营，驻车南岸，车帐千百，日以醍醐湩酪为供。汉、夏公主皆送寒具等食。黍米斗白金十两，满五十两，可易面八十斤。盖面出阴山之后二千余里，西域贾以橐驼负至也。中伏，帐房无蝇。窝里朵，汉言行宫也。其车与亭帐，望之俨然。古之大单于未有若是之盛也。[②]

拖雷的职责是协助成吉思汗组织和指挥军队，他被其父称为那可儿，一直在成吉思汗左右服务。按照蒙古人风俗，儿子结婚后，父母要在自己斡耳朵的旁边为他搭建一个新家，拖雷的新家应与成吉思汗的斡耳朵在一起，都在哈剌和林地区。成吉思汗死后，他在哈剌和林地区的斡耳朵按照蒙古幼子守产的风俗由拖雷继承，所以窝阔台即位后在这个行宫旁边另建万安宫。而拖雷死后，他和唆鲁禾帖尼的斡耳朵以及拖雷从成吉思汗那里继承来的斡耳朵都由唆鲁禾帖尼管理，而唆鲁禾帖尼死后，这些都由其幼子阿里不哥继承，《瓦萨夫史》载：

---

① Wassāf Shīrāzī,*Tajziyat al-amsār va Tajzīyat al-a’sār*,M.M.Isfahānī,Summarized by’A.Ayatī Tahrīr-i Tārīkh-i Wassāf Shīrāzīal,Tehran,1967,p.2.

② 王国维：《长春真人西游记校注》卷上，《王国维遗书》第 13 册，上海：上海古籍书店，1983 年，第 21—22 页。

برادرش اریغ بوکا که در قراقروم – مرکز سلطنت – مقر داشت

barādarash Arīgh Būkā ki dar Qarāqrūm- markaz -i saltanat-maqarr dāsht

他的兄弟阿里不哥在统治中心哈剌和林居住①。

瓦萨夫和志费尼一样，也使用了“圆中心”这种表达地理概念的方式，可见他们两人均把哈剌和林看成蒙古帝国的中心。

拉施都丁同样记载了成吉思汗诸弟、诸子的封地，如答里台·斡惕赤斤，“他的地面和禹儿惕位于蒙古斯坦遥远的东北角上，因此在他们的彼方再也没有蒙古部落了②”。术赤，成吉思汗以也儿的石河（今额尔齐斯河）之流域及阿尔泰山之所有国家与兀鲁思委付术赤，其冬夏牧地亦在此区。成吉思汗并命彼尽有钦察草原及北方之已征服诸国。其禹儿惕位于也儿的石河之流域。察合台，其领地与禹儿惕则自乃蛮部禹儿惕之地阿尔泰山至阿姆河沿岸。窝阔台即位后，将禹儿惕赐给长子贵由，其禹儿惕在霍博与叶密立之间。而拖雷，“成吉思汗之禹儿惕、斡耳朵、财产、宝货、骑兵、异密与私军皆属之”③。拉施都丁沿用了志费尼“四根栋梁”的比喻，他关于答里台·斡惕赤斤、术赤、察合台、窝阔台的封地的记载比志费尼更为确切，可见他参考了《世界征服者史》。而志费尼所提及的拖雷封地，拉施都丁根据蒙古幼子守灶的习俗，将与窝阔台邻近的拖雷封地理解为蒙古本土了。

志费尼虽然在别失八里遭到了不怜吉歹的审讯④，他也隐藏了这段经历，但他的记载得到了《鲁布鲁克东行纪》和《瓦萨夫史》的印证，因而是可信的，拖雷继承的是父亲的斡耳朵。拉施都丁关于拖雷继承蒙古本土的记载是有问题的，从术赤和察合台的争吵可以看出蒙古帝国的

① Wassāf Shīrāzī, *Tajziyat al-amsār va Tajzīyat al-a'sār*, M.M.Isfahānī, Summarized by'A. Ayatī Tahrīr-i Tārīkh-i Wassāf Shīrāzīal, Tehran, 1967, p.1.

② （波斯）拉施特主编：《史集》第一卷第二分册，余大钧、周建奇译，北京：商务印书馆，1983年，第72页。

③ 剌失德丁：《成吉思汗的继承者——〈史集〉第二卷》，周良霄译注，天津：天津古籍出版社，1992年。

④ 详见本书第九章《阿儿浑觐见蒙哥史事》。

汗位应该由长子继承。《元史》载："方太祖崩时，太宗留霍博之地，国是无所属，拖雷实身任之。"成吉思汗于1227年病死，而窝阔台于1229年即位，汗位空缺期间，拖雷以幼子的身份主持军国大事，窝阔台又留在他的封地，蒙古本土自然在拖雷管辖之下，因此拉施都丁才认为拖雷继承的是蒙古本土。而在以后的汗位争夺中，拖雷的幼子身份成为拖雷家族争夺汗位的政治资本，蒙哥正是凭借这一资本夺取了汗位。忽必烈即位后，接受汉地文化，将拖雷塑造成元睿宗，与元太宗并列；而在伊利汗国，拉施都丁则将他塑造为拖雷汗，与窝阔台合罕并列；由此可以看出在中国和波斯的拖雷家族均把拖雷与窝阔台并列，都看成是成吉思汗的继承者，将父产的继承权和汗位的继承权混为一谈了。

三、唆鲁禾帖尼的营地

铁木真消灭乃蛮后，对母亲、诸子、诸弟进行了分封，这时他遇到了如何处置叔父答里台·斡惕赤斤这个难题。答里台·斡惕赤斤是铁木真父亲也速该的幼弟，曾经拥戴铁木真为乞颜部的可汗，并发下誓言，后来因为抢夺战利品，被铁木真处罚，他心生不满，离开了铁木真。铁木真灭掉乃蛮后，答里台·斡惕赤斤走投无路，只好再来投靠。铁木真一怒之下要把答里台·斡惕赤斤流放到极远的地方，这时博尔忽等三人替答里台·斡惕赤斤说情，请铁木真看在答里台·斡惕赤斤是他父亲遗念的份上，不要让自己家的灶火灭绝。铁木真答应了他们的请求，让答里台·斡惕赤斤居住在也速该当年的营地上。违反誓言并与铁木真为敌的叔父也能得到封地，而对铁木真建国有功的母亲、诸弟、诸子自然也会得到封地。术赤的封地是从阿尔泰山至额尔齐斯河流域，察合台的封地是阿尔泰山一带的某地，窝阔台的封地是从阿尔泰山至乌伦古河流域①。

在术赤远征林木中百姓归来后，成吉思汗对他的表现甚为满意，又

① 杉山正明：《蒙古帝国的原始形象——关于成吉思汗分封家族的研究》，马冀译，内蒙古社会科学院情报研究所编：《蒙古学译文选——历史专集》，1984年，第18页。

因为他是长子，所以把林木中百姓赏赐给他。察合台认为此举意味着成吉思汗要把术赤立为继承人，因此在西征前夕，当也遂夫人提醒成吉思汗注意继承人问题时，察合台和术赤发生了激烈的争吵。成吉思汗只得让他们分领封地，镇守各邦。成吉思汗决定出兵西征后，以术赤为右手军，察合台和窝阔台为左手军，成吉思汗和拖雷组成大中军，并遣使者到畏吾儿、哈剌鲁、西夏，要他们派兵助战。畏吾儿、哈剌鲁答应了成吉思汗的要求，西夏拒绝了成吉思汗的要求，后来再次遭到成吉思汗的进攻。在攻打花剌子模首都玉龙杰赤时，“他（指术赤）和察合台开始作对，察合台斥责他遇事没有决断，六个月之后，成吉思汗为了终止他们的争吵和成立统一的领导，不得不命令他们两人都听从窝阔台的指挥，窝阔台于是更有预定为继位人的形象……术赤在围攻时表现的软弱，据捏塞维所说，或者是因为他知道这个地方是在他的未来封地之内，所以他想拯救这座城市。”①捏塞维，呼罗珊奈撒人，目睹过蒙古军入侵带来的灾难，成吉思汗率军东返后，花剌子模算端札兰丁从印度返回波斯，复兴故国，捏塞维担任他的书记官，著有《札兰丁传》。由于捏塞维所记多据亲身见闻，他关于玉龙杰赤是术赤未来封地的记载是可信的。成吉思汗这种“预封”措施亦见于中文史料，“太祖览中都山川形势，顾谓左右近臣曰：‘朕之所以至此者，札八儿之功为多。’又谓札八儿曰：‘汝引弓射之，随箭所落，悉畀汝为己地。’乘舆北归，留札八儿与诸将守中都。授黄河以北铁门以南天下都达鲁花赤，赐养老一百户，并四王府为居第。”②札八儿火者曾与铁木真同饮班朱尼河水，又是蒙古军攻破居庸关的功臣，因此成吉思汗封他为“黄河以北铁门以南天下都达鲁花赤”，当时金朝未灭，成吉思汗对札八儿火者的任命是“预封”。可见成吉思汗在西征前对术赤和察合台的封地做过划分，玉龙杰赤以北属于术赤，以南则属于察合台。1224年，术赤死去，没有完成成吉思汗交给他征服北方一切地区的任务。成吉思汗返回蒙古后，为了对付降而复叛的钦察人，让察合台镇守西域。1236年，窝阔台

① （法）雷纳·格鲁塞：《蒙古帝国史》，龚钺译，北京：商务印书馆，1989年，第194页。
② 《元史》卷120《札八儿火者传》，北京：中华书局，1976年，第2960—2961页。

组织以拔都为首的长子西征，以增援察合台。经过这两次西征，奠定了以后金帐、察合台、窝阔台三个汗国的版图。

铁木真建国后，除了对诸子、诸弟进行了分封，还对女子进行了分封，《元朝秘史》载："［成吉思可汗］又说：'给本族的女子们行恩赏吧！'"[①]《史集》亦提到成吉思汗对女子的分封：

> 他又说。有一天成吉思汗坐在阿勒台山上，扫视了［自己的］帐殿（斡耳朵）、仆役和周围的人们，说道："我的箭筒士（豁儿赤）卫队（turqāq）多得像密林般地乌黑一片，我的妻妾、儿媳和女儿们象火一样地闪耀着、发红，我愿他们口尝我所赐予的甜蜜，让他们从头到脚用织金衣服打扮起来、骑上步伐平稳的马、喝纯洁可口的水，我要赐给他们多草的牧场放牧牲畜，下令从大路上和作为公路的大道上清除枯枝、垃圾和一切有害的东西，不准长起荆棘和有枯树。"[②]

铁木真第一次到达阿勒台山（今阿尔泰山），是他参加汪罕的联军，一起攻打乃蛮部的忽察儿忽思·不亦鲁黑汗。《元朝秘史》载："当［他］在兀鲁黑—塔克的溃豁黑—兀孙的时候［杀］到。不亦鲁黑汗不能对抗，就越过阿勒台［山］，顺着忽木升吉儿［地方］兀泷古河追袭的时候，有个名叫也迪·土卜鲁黑［乃蛮］的［那颜］做哨望，被我们哨兵所追，正要上山逃走，［马］肚带断了！就在那里被擒。顺着兀泷古［河］去追袭，在乞湿勒—巴失湖，赶上不亦鲁黑汗，就在那里使［他］陷于绝境。"[③]兀泷古河，今新疆乌伦古河，乞湿勒—巴失湖，今新疆布伦托海。此时克烈、乃蛮都没有被消灭，铁木真不可能在阿尔泰山进行分封。铁木真第二次到达阿尔泰山是攻破乃蛮以后，斡亦剌部首领忽都合别乞引领他进攻位于也儿的石河（今额尔齐斯河）的忽察儿忽思·不亦

① 《元朝秘史》第 215 节，札奇斯钦《蒙古秘史新译并注释》，台北：联经出版事业公司，1979 年，第 327 页。

② （波斯）拉施特主编：《史集》第一卷第二分册，余大钧、周建奇译，北京：商务印书馆，1983 年，第 359 页。

③ 《元朝秘史》第 158 节，札奇斯钦：《蒙古秘史新译并注释》，台北：联经出版事业公司，1979 年，第 202 页。

鲁黑汗。“不亦鲁黑汗［当时］正在兀鲁黑—塔黑境内莎儿合兀河地方猎禽，什么事情也不知道。成吉思汗及其军队像是无法逃避的命运似地突然袭来，消灭了他。他们夺取了他的领地、帐庐、妻子、儿女、马群和畜群。其侄古失鲁克汗于父亲被杀后，逃到了叔父不以鲁黑汗处。如前所述，篾儿乞惕（即篾儿乞——笔者注）君主脱黑台别乞也逃到了他那里。他们俩躲在乃蛮地区边境也儿的石地方。”[①]即便是不亦鲁黑汗被消灭后，以屈出律为首的乃蛮残部仍然拥有很强实力，他曾对西辽君主说：“我的人很多；他们遍布叶密立地区、海押立、别失八里；人人都在欺侮他们。如我获得允许，我可以把他们召集起来，靠这些人之力就能支援和加强菊儿汗。”[②]成吉思汗不会在此时把局势不稳的阿尔泰山分封给他的妻妾、儿媳、女儿。成吉思汗第三次到达阿尔泰山是讹答剌事件以后他决定出兵雪耻，这时屈出律、忽秃等人已死，畏吾儿、哈剌鲁也归附了蒙古。“当他抵达海押立地时，该地诸王中有阿儿思兰汗率师从那里随汗出发，阿儿思兰汗在先已纳款臣服，服谦顺、屈己、轻财等法使自己免受成吉思汗的酷刑，由此得到宠信。从别失八里有巴而术阿而忒的斤率师与他会合，从阿力麻里前来的是昔格纳黑的斤及久经沙场的战士。因有这些人马，他的队伍倍增。”[③]这时成吉思汗完全掌握了阿尔泰山地区，所以《史集》中提到的分封应该是这一次，时间是1219年。耶律楚材曾经跟随成吉思汗西征，他有诗歌描写金山（即阿尔泰山）：

过金山用人韵

雪压山峰八月寒，羊肠樵路曲盘盘。
千岩竞秀清人思，万壑争流壮我观。
山腹云开岚色润，松巅风起雨声干。
光风满贮诗囊去，一度思山一度看。[④]

---

① （波斯）拉施特主编：《史集》第一卷第二分册，余大钧、周建奇译，北京：商务印书馆，1983年，第208—209页。
② （伊朗）志费尼：《世界征服者史》，何高济译，北京：商务印书馆，2004年，第66页。
③ （伊朗）志费尼：《世界征服者史》，何高济译，北京：商务印书馆，2004年，第90—91页。
④ （元）耶律楚材：《湛然居士文集》，谢方点校，北京：中华书局，1986年，第7页。

金山即阿尔泰山，王国维先生考证此诗是耶律楚材 1219 年和丘处机唱和之作。蒙哥即位后，将远征波斯的任务交给旭烈兀，旭烈兀亦效仿其祖父，对沿途道路进行了清理。

拉施都丁记载了阿里不哥的营地："他的夏营地在阿勒台，冬营地则在帖客和吉利吉思。期间［相距］三日途程。"①而这块营地的来源，拉施都丁也有明确记载，是阿里不哥继承他的母亲唆鲁禾帖尼的。由于成吉思汗 1219 年时在阿尔泰山对妻妾、儿媳、女儿进行了分封，从阿尔泰山到吉利吉思的营地应是成吉思汗分封给唆鲁禾帖尼的。而当成吉思汗西征回来后，"十一岁的忽必烈合罕与九岁的旭烈兀汗出来迎接他。恰好这时忽必烈合罕在爱蛮—豁亦地方［其地在叶密立—忽真附近乃蛮国边境上，位于希列河彼岸，距畏兀儿（畏吾儿—— 笔者注）地区不远］射杀了一只兔子，旭烈兀汗射杀了一只山羊"②。接着成吉思汗按照蒙古风俗为他的两个孙子拭指。忽必烈和旭烈兀由于年幼并未跟随成吉思汗西征，他们在乃蛮边境上打猎，说明他们母亲的营地就在阿尔泰山。

拉施都丁言："拖雷汗死后，他的儿子们和［他们的］母亲一起，照旧在窝阔台合罕身边。"③这一记载也得到中文资料的印证。1234 年，金朝灭亡，窝阔台终于实现了成吉思汗的遗愿。1236 年，他按照蒙古惯例，将所得中原人口、土地分给诸王、勋臣。成吉思汗和拖雷率军经略中原，真定是拖雷攻打下来的，应该属于拖雷所有。由于拖雷已代兄长窝阔台而死，窝阔台合罕就把真定作为汤沐邑分给了他的遗孀"太后"唆鲁禾帖尼。拖雷家族受封一事亦见于《元史·食货志·岁赐·诸王》：

太祖第四子睿宗子阿里不哥大王位……五户丝，丙申年，分拨

---

① （波斯）拉施特主编：《史集》第二卷，余大钧、周建奇译，北京：商务印书馆，1983 年，第 365 页；据汉译本校勘记，帖客 TKE，伯劳舍本作 AWRYANKQT，韩儒林先生勘同为兀良哈惕，参阅韩儒林：《元代的吉利吉思及其邻近部落》，《穹庐集》，上海：上海人民出版社，1982 年，第 350 页。

② （波斯）拉施特主编：《史集》第一卷第二分册，余大钧、周建奇译，北京：商务印书馆，1983 年，第 315—316 页。

③ （波斯）拉施特主编：《史集》第二卷，余大钧、周建奇译，北京：商务印书馆，1983 年，第 202 页。

真定路八万户。

睿宗子旭烈大王位……五户丝，丁巳年，分拨彰德路二万五千五十六户。

睿宗子末哥大王位……五户丝，丁巳年，分拨河南府五千五百五十二户。

睿宗子拨绰大王位……五户丝，丁巳年，分拨真定蠡州三千三百四十七户。

睿宗子岁哥都大王位……五户丝，壬子年，元查认济南等处五千户。

据《元史·宗室世系表》，睿宗拖雷共有十一子，旭烈兀（即旭烈大王）为第六子，阿里不哥为第七子，末哥为第九子，拨绰为第八子，岁哥都为第十子。据《史集·拖雷合罕传》，睿宗拖雷共有十子，旭烈兀为第五子，阿里不哥为第六子，末哥为第八子，拨绰为第七子，岁哥都为第九子。蒙哥、忽必烈、旭烈兀、阿里不哥是唆鲁禾帖尼所生，而其他诸子是妃子所生。丙申年指元太宗八年（1236），阿里不哥生年不可考，忽必烈生于1215年，旭烈兀生于1217年，作为幼弟，这时的阿里不哥不过十几岁，当时其母唆鲁禾帖尼尚在世，作为拖雷家族的家长，她才是“真定路八万户”的真正主人。唆鲁禾帖尼死于1252年3月2日[①]，13世纪50年代奉命出使蒙古的法国方济各会士鲁布鲁克，在哈剌和林也见到了阿里不哥，他说：“阿里不哥看守他们母亲的斡耳朵……她死后，金匠威廉连同所有属于她斡耳朵的东西，都成为这个阿里不哥的财物”[②]。由此可以看出阿里不哥名下的真定路八万户是在他母亲去世后，按照蒙古习惯继承下来的，并不是得自窝阔台的分封。正如洪金富先生所言，“太后”和“阿里不哥”只不过是代表拖雷家族的符号[③]。

① 洪金富：《唐妃娘娘阿吉剌考》，《“中央研究院”历史语言研究所集刊》2008年第79本第1分，第54页。

② 《柏朗嘉宾蒙古行纪　鲁布鲁克东行纪》，耿昇、何高济译，北京：中华书局，1985年，第293页。

③ 洪金富：《元代文献考释与历史研究——称谓篇》，《“中央研究院”历史语言研究所集刊》2010年第81本第4分，第748页。

可见在蒙哥即位以前，并未有拖雷诸子得到窝阔台的分封。僧人海云（1202—1257），宁远（今山西五寨北）人，为中国佛教禅宗之临济宗第十六代传人，1217 年，木华黎攻陷岢岚州（今山西岢岚县），海云和他师傅都被俘，向上天祈祷以获取长寿的愿望促使成吉思汗和他的继承者保护各种宗教，所以海云备受礼遇，被提拔为天下禅门之首。原存北京长安街双塔寺的海云碑详细记载了他的事迹：

岁在壬寅，护必烈大王请师至行帐，问："佛法之理果何如？在家与□□□作用同否？"答曰："信性被在一切〔处〕，非〔生〕非〔灭〕，非〔染〕非净，岂有在家出家之异？在天地则为盖载，在日月则为照临，在吾皇则为无为而治，在王为忠孝以奉君亲。赞弘治□□□泽于□□□□□□□□□□□□□□王宜□□古□之道□□生民欲贤良扶王□除民疾苦，不为忘感，钦奉纶言，去奢从简，非礼勿言，知足奉佛，辨明果当，可言之地，宜尽忠诚，无以犯颜。是谓预政之暇，可□□□人心□□之行□□□□于心□□□而行之，自然得人于□□□之地□□。"王闻是言，大加尊敬。师遂受以菩提心□佛大戒，王深□□□□□□□□□服珠□□贤及多□□□□□大衣□□□□□□而皇太后闻师道行孤高，善于演明佛法，以助国行教，乃赐以佑□□□□□□□国大□□□□□□□□□□□□□□□□□□乃□庆寿荒残□□□□音向不可支。师遂□□修之，至□南□复构三圣大殿，□章经阁，法□百丈，周环廊庑，三门厨库，以间计者千余，悉为之植立宫□，王及谋珂、旭烈威二王闻师兴修庆寿，功力浩大，皆送白金。①

---

①（元）王万庆：《大庆寿寺西堂海云大禅师碑》，最早访得此碑的是清代学者王鸣盛，他在所著《西庄始存稿》卷 33 中有所介绍。由于石碑下半截埋于土中，王鸣盛未能看到全文。中华人民共和国成立后，文物工作者将此碑掘出，现存北京市西城区法源寺内。石碑出土后，一代史学大师陈垣即撰文予以介绍，侯堮先生根据拓片做了录文，苏天钧先生又根据侯先生录文做了考释，但未提供拓片。2009 年，北京辽金城垣博物馆元代史迹调查小组公布了此碑的第二种录文，也没有提供拓片。笔者所见此碑拓片有两种，一为国家图书馆网站碑帖菁华提供的拓片照片，较为清晰；另一种为北京记忆网站提供的拓片照片，碑阳下半部缺失。经过与拓片对比，苏先生公布的录文错误较多，甚至有数行脱落，考释也比较简单；北京辽金城垣博物馆元代史迹调查小组公布的录文亦有错误，今据国家图书馆网站碑帖菁华提供的拓片照片重新录文。

碑面文字多有缺损，但主要内容尚可辨认。壬寅年（1242）即脱列哥那皇后称制二年，海云应召赴忽必烈的行帐。忽必烈（即碑文中的“护必烈”）听了海云传法后，对他尊敬有加，而皇太后唆鲁禾帖尼别吉听说以后，又赐给了海云一个封号。当忽必烈及其兄弟末哥（即碑文中的“谋珂”）、旭烈兀（即碑文中的“旭烈威”）听说海云要重修庆寿寺时，都送钱财给他。当海云到达忽必烈行帐后，唆鲁禾帖尼、末哥、旭烈兀都听到了海云的消息，说明他们所居之地相距不远。1247年，真定总管府参佐张德辉受召前往漠北，在和林川向西六站左右路程、杭爱山北侧的察罕鄂伦河西岸见到忽必烈，“岭阴多松林，其阳，帐殿在焉，乃避夏之所也。”①忽必烈与阿里不哥爆发争夺汗位的战争后，忽必烈在哈剌和林境内曾经俘获了阿里不哥的四个斡耳朵，但把它们送了回去。由于旭烈兀在这次战争中支持忽必烈，阿里不哥侵占了他在哈剌和林地区的斡耳朵，留守这个斡耳朵的术木忽儿（旭烈兀第二子）也被迫离开蒙古前往波斯。由此可知，蒙哥兄弟的斡耳朵都在哈剌和林地区，离哈剌和林城并不远。

四、拖雷家族属臣忙哥撒儿

成吉思汗将牧民、军队、牧场分给诸弟、诸子，并给他们委任了王傅。诸弟、诸子也可以像大汗一样委任属臣治理自己的封地。拖雷家族的属臣中忙哥撒儿《元史》有传，今据其他资料对其本传略作补充和说明。

《史集》中有一事为其本传不载。成吉思汗曾经分给拖雷五千军队，委任巴剌那颜和者台那颜做他的千户长。窝阔台即位后，擅自将属于拖雷的一千雪你惕部军队和两千速勒都思部军队分给了阔端。此举遭到忙哥撒儿等人的反对，“齐向唆儿黑塔尼别吉（即唆鲁禾帖尼——笔

① 贾敬颜：《五代宋金元边疆行记十三种疏证稿》，北京：中华书局，2004年，第348页；李治安：《元代分封制度研究》增订本，北京：中华书局，2007年，第371页。

者注）、蒙哥合罕及其诸弟禀道：速勒都思和雪你惕部军队是我们的，如今窝阔台合罕却将它给了自己的儿子阔端。成吉思汗将这部分［军队］分给我们的斡耳朵，我们为什么要违背他的命令将它交给［别人］呢？我们想对窝阔台合罕面奏此事，听他说些什么！’唆儿黑塔尼别吉回答道：‘你们的话很对！但我们所积累的各种财富还缺少些什么呢，我们为什么要［给主上］添这样的麻烦呢？［要晓得］我们也隶属于合罕，他是一国之主，他所下的命令都没错儿！’”[①]成吉思汗征服克烈部后，允许汪罕的弟弟札合敢不保留自己的梯己百姓（奄出亦儿坚），而不被掳掠。成吉思汗从九十五个千户中选出一万人做自己的梯己护卫（奄出客失克帖），称他们为“福神”，要求他的后代在他死后好好照顾他们，可见他们身份的特殊性[②]。札合敢不的梯己百姓享有不被瓜分的特权，成吉思汗及诸王的梯己护卫也自然享有这项特权。成吉思汗分给拖雷五千军队应该是拖雷的梯己护卫，窝阔台将其中的部分军队分给阔端，违反了成吉思汗的规定，这才招致了忙哥撒儿等人的反对。

《史公家传》中另有一事不见于《元史》本传，“监郡忙哥撒儿，以国兵奥鲁数万散处州郡间，伐桑蹂稼，生意悴然，公奏太后，悉徙居岭北”[③]。奥鲁，蒙古语意为“老小营”，蒙古军出征，将老小辎重留在后方，称为奥鲁。《史公家传》为王恽所写，而王恽为世祖朝的大臣，他所说的“太后”即忽必烈的母亲唆鲁禾帖尼。忙哥撒儿曾经跟随拖雷参加灭金之役，金朝灭亡后，他将蒙古骑兵、家属数万人分散在州郡，这种情况也出现在山东。

> 时有居应昌虎门□号赫思公者，今监郡祖也。应昌，故宏吉剌氏地，驸马鲁王宫帐建焉，以故在分地者，皆隶王麾下。岁己未，

① （波斯）拉施特主编：《史集》第一卷第二分册，余大钧、周建奇译，北京：商务印书馆，1983年，第381页。

② 详宫海峰：《元代制度中的若干蒙古文化因素的考察》，南京：南京大学博士学位论文，2010年，第72—76页。

③ （元）王恽：《秋涧先生大全集》卷48《开府仪同三司中书左丞相史公家传》，上海：商务印书馆，1919年《四部丛刊初编》本，第501页；苏天爵：《元朝名臣事略》卷7《丞相史忠武王》引《家传》，姚景安点校，北京：中华书局，1996年，第117页。

天兵南下，纳陈驸马受命统所部定山东收河南，公特为所亲任，内则献谋画、计利害，罔不明应；战则直进无前敌□摄披靡；胜则归功于将，不愿受官。凯旋至济州，营于昌邑北，驸马与诸将谋曰："河南已平，山东实控制之，无山东是无河南也。吾虑大军北去，百姓新附，情不可测，欲简宿谨厚者，分军刍牧□田□镇二方，有事则驰□变□焉，亦可自少息□□。"佥以为然。[①]

1257年，蒙哥发动平宋战争以后，以宗王塔察儿为左翼军团统帅，纳陈那颜所率弘吉剌部军队是左翼军团的一支。1259年（己未），纳陈那颜攻下山东后，留下军队驻守，由西夏人赫思统领。这支军队是从应昌出发的，"至至元七年，斡罗陈万户及其妃囊加真公主请于朝曰：'本藩所受农土，在上都东北三百里答儿海子，实本藩驻夏之地，可建城邑以据。'帝从之。遂名其城为应昌府。二十二年，改为应昌路。"[②]应昌城是纳陈那颜之子斡罗陈于1271年（至元七年）所建，纳陈那颜军队的出发之地实为答儿海子，此地早在1214年，就由成吉思汗分给了弘吉剌部作为农土（nuntuq，汉译"经界"）。据此，弘吉剌部的军队从农土出来，驻扎之地济宁也是弘吉剌部的封地。由于赫思积极适应农业生活，这支军队并未像忙哥撒儿所统军队那样出现破坏农业生产的事件。史天泽将忙哥撒儿"伐桑蹂稼"的罪行告到唆鲁禾帖尼那里，唆鲁禾帖尼随即把他们迁回岭北。史天泽是真定万户，而真定是拖雷的封地，此时由唆鲁禾帖尼管理，唆鲁禾帖尼把军队撤回岭北而非她的营地，说明虽然拖雷做过这支军队的统帅，但它是属于大汗的军队。"世界征服者成吉思汗颁发举世征服的诏令，命兀鲁失亦都攻取毡的地区，并由代表其他各子及族人的异密随他出师，一如他也曾以异密和士卒到别的军中代表他。在……月，兀鲁失亦都把这个意图付之实现，率领一支人马，好似凶神恶煞，没有法子能阻挡，没有武器能抗拒，火速前

① 道光《巨野县志》卷20《武略将军济宁路总管府达鲁花赤先茔神道碑》，清道光二十年（1840）修二十六年（1846）续刻本。

② 《元史》卷118《特薛禅传》，北京：中华书局，1976年，第2920页。

进。”[①]兀鲁失亦都即术赤，他组成军队的办法和其他宗王是一样的，也就是说每支宗王的军队都有其他宗王的代表。唆鲁禾帖尼说过“我们也隶属于合罕”，她调军队回岭北是要征得窝阔台同意的，此事《史公家传》未载。

五、结　论

术赤征服林木中百姓事在1219年，《圣武亲征录》的记载是正确的。在此之后，术赤、察合台、窝阔台、拖雷都得到了分封，其封地都在阿尔泰山地区；讹答剌事件后，成吉思汗决定西征雪耻，当他走到阿尔泰山时，对妻妾、儿媳、女儿也进行了分封，唆鲁禾帖尼得到了从阿尔泰山到吉利吉思的营地；拖雷死后，唆鲁禾帖尼与诸子生活在哈剌和林地区，服从大汗的命令。

笔者通过研究《元朝秘史》和《史集》记载中的相同点，认为志费尼的记载是可信的。根据他的记载，拖雷像他的兄长一样得到了分封，其封地在阿尔泰山。成吉思汗死后，拖雷继承的是他父亲的斡耳朵和禹儿惕。成吉思汗的汗位、军队属于大汗而非拖雷。蒙哥即位以后，拖雷家族才掌握了属于大汗的国家和军队，拉施都丁出于粉饰拖雷家族统治正统性的需要，把汗位和军队也说成是拖雷继承了。

① （伊朗）志费尼：《世界征服者史》，何高济译，北京：商务印书馆，2004年，第96页。

第四章 《史集》关于忽必烈远征云南的记载

忽必烈对中国版图最大的贡献是他平定了云南，并设立行省，使云南再次成为中国领土的一部分。忽必烈又选派王子忽哥赤和贤臣赛典赤治理云南，促进了云南的开发，使云南和内地的联系更加密切。关于忽必烈出征云南，很早就引起学界的关注。1935年，夏光南对元代云南史地进行了考证，公布了《平云南碑》的拓片，他的研究涉及忽必烈出征路线、从征人员等方面。20世纪40年代，方龄贵和吴景敖依据程钜夫所撰《平云南碑》和《元史》卷4《世祖纪》、《元史》卷121《兀良合台传》等史料，对忽必烈的行军路线予以考证。1977年，云南大理五华楼出土了大量元碑，方龄贵又据这些碑文对忽必烈在大理是否嗜杀等问题做了补充。1988年，陈世松吸收了这些研究成果，利用《史集》的汉译本，对三位蒙古使臣和从征诸王的身份做出了考证。2001年，方慧以云南当地史料为主，研究了大理总管段氏的世系以及与元朝的关系。2009年，石坚军利用藏文史料《朗氏家族史》《汉藏史集》的汉译本，对忽必烈远征云南的路线做出了新的考证①。在忽必烈远征云南这个问

① 夏光南：《元代云南史地丛考》，上海：中华书局，1935年；方龄贵：《元世祖征大理路线考》，《民意日报》副刊《文史》，1947年4月30日，第64期；吴景敖：《元代平滇征缅路线》，《西陲史地研究》，上海：中华书局，1948年；方龄贵：《忽必烈征大理史事新证——新出元碑〈故大理□□氏躬节仁义道济大师墓碑铭并序〉考释》，《大理五华楼新出元碑选录并考释》，昆明：云南大学出版社，2000年，第163—174页；陈世松等：《宋元战争史》，成都：四川省社会科学院出版社，1988年；方慧：《大理总管段氏世次年历及其与蒙元政权关系研究》，昆明：云南教育出版社，2001年；石坚军：《忽必烈征大理路线新考》，《中国历史地理论丛》2009年第1辑。

题上，中文史料得到了充分利用，藏文和波斯文史料仅有汉译本得到利用，还有进一步研究的空间。本章参考上述研究成果，探讨波斯文《史集》关于忽必烈远征云南一事的记载。

一、征服对象和出征时间

1251年，蒙哥即位的大会在曲雕阿兰召开，他在东、西道诸王的拥戴下，成为蒙古帝国第四任大汗，也标志着汗位从窝阔台家族转移到了拖雷家族。蒙哥即位后举行了盛大的宴会，这时窝阔台的孙子失烈门、脑忽等人以朝会为名率军前来偷袭，他们想通过刺杀蒙哥把汗位争抢回来。蒙哥的鹰夫克薛杰在路上遇到失烈门等人的车队，发现了他们的阴谋，并向蒙哥报告。蒙哥随即派心腹忙哥撒儿前去逮捕参与阴谋的诸王、大臣，并展开审讯，随即对窝阔台和察合台家族展开残酷的清洗[①]。

在审讯结束后，蒙哥将窝阔台家族的财产分给拥戴他的诸王、大臣，并着手安排远征任务。他将灭亡南宋的任务委任给了二弟忽必烈，将西征波斯的任务交给了三弟旭烈兀，《元史》载："（元宪宗二年）秋七月，命忽必烈征大理，诸王秃儿花、撒（丘）［立］征身毒，怯的不花征没里奚，旭烈［兀］征西域苏丹诸国。"[②]志费尼对此亦有记载：

و ابتدا قوبلای را مجانب شرقی که از ختای بود روان کرد و بعد از آن در شهور سنه خمسین و ستمایه بر ترتیب و تدبیر مصالح برادر دیگر هولاکو اقبال نمود و او را بضبط جامب غربی نامزد فرمود

wa ibtidā Qūblāī rā mujānab-i sharqī ki az Khtāī būd rauwān kard wa ba‘d az ān dar shuhūr sana khamsīn wa sitta-mi’a bar tartīb wa tadbīr-i masālih barādar-i dīgar Hūlāgū Khān iqbāl nimūd wa o rā ba-zabt janāb-i gharbī nām-zad farmūd

① Thomas T. Allsen, *Mongol Imperialism: the Policies of the Grand Qan Möngke in China, Russia, and the Islamic Lands, 1251-1259*, Berkeley: University of California Press, 1987, pp.30-34.

② 《元史》卷3《宪宗本纪》，北京：中华书局，1976年，第46页。

> 首先，他（蒙哥）把忽必烈派往包括契丹地区在内的东部地区，然后在（伊斯兰历）650 年，为了利益的保护和安排，另一兄弟旭烈兀，被派往西部地区。[①]

伊斯兰历650年，即1252—1253年，这与《元史》的记载相合。由于志费尼是随呼罗珊总督阿儿浑到达蒙古的，他可以说是蒙哥即位大典的亲历者，根据他的记载，蒙哥把忽必烈派到“包括契丹地区在内的东部地区”，而契丹地区基本上是指原金国统治地区，这时金国已经灭亡，其统治区域可做南侵的基地。元成宗时，为了歌颂忽必烈平定云南的伟大功绩，敕命文臣程钜夫撰写《平云南碑》，碑文载：“乃宪庙践祚之二年，岁在壬子，我世祖圣德神功文武皇帝以介弟亲王之重……秋九月出师，冬十二月济河，明年春历盐夏。”[②]碑文强调了忽必烈身份的特殊性，作为“介弟亲王”，他要征服的是当时世界上最富庶的国家——南宋，而不仅仅是偏安西南一隅的大理。《史集》载：“思考结束后，［蒙哥合罕］派其弟到东方的汉地、摩至那、合剌章、唐兀惕、吐蕃、女真、肃良合、高丽以及与汉地、摩至那邻接的忻都斯坦部分地区去。”[③]至元二十八年（1281），释祥迈奉敕撰《大元至元辨伪录》，书中引述了蒙哥的圣旨：“壬子春，诏今上皇帝征吐蕃及花马、大理等国。”[④]花马，今云南丽江[⑤]。蒙哥作为成吉思汗的继承者，他发动的战争是有计划、有目的的，南宋是他的主要目标，而要达成此目标，首先要攻取吐蕃和大理，这种策略其实是前代大汗做法的延续[⑥]。

---

① Atā-Malik Juvaynī, *Tārīkh-i Jahān-gūshā*, Edited by Mīrzā Muhammad Qazvīnī, E.J.W.Gibb Memorial Series, Vol.16, London: E.J.Brill, Vol.3, 1943, p.90.

② （元）程钜夫：《雪楼集》卷 5《平云南碑》，清宣统庚戌（1910）阳湖陶氏涉园刊本。

③ （波斯）拉施特主编：《史集》第 3 卷，余大钧、周建奇译，北京：商务印书馆，1986 年，第 29 页。

④ （元）释祥迈：《大元至元辨伪录》卷 4，《北京图书馆古籍珍本丛刊》第 77 册，北京：书目文献出版社，1998 年。

⑤ （清）沈曾植：《海日楼扎丛 海日楼题跋》，沈阳：辽宁教育出版社，1998 年，第 62 页；夏光南：《元代云南史地丛考》，上海：中华书局，1935 年，第 151—152 页。

⑥ 高荣盛：《关于蒙古征服动因及其“天下观”的思考》，《元史浅识》，南京：凤凰出版社，2010 年，第 16 页；陈世松等：《宋元战争史》，成都：四川省社会科学院出版社，1988 年，第 112 页。

1252 年春，蒙哥命把忽必烈派到汉地，命令他征服的东部地区包括南宋、吐蕃、大理等未臣服的国家，以《史集》的记载最为全面。

《史集》将忽必烈出征一事系于 1254 年，余大钧、周良霄先生在翻译时，已经指出系年错误，但未分析致误原因。拉施都丁在《史集》第二卷《蒙哥合罕纪》中采取了三种纪年，第一种是伊斯兰历，如唆鲁禾帖尼的卒年，《史集》载：

> و این طریقه را مسلوک می داشت تا در ذر الحجه سنه تسع و اربعین و ستما یه که در گذشت
>
> wa īn tarīqa rā maslūk mi dāsht tā dar zū'l-hijjat sana tisa' wa arba'īna wa sitta-mi'a ki dar gazasht
>
> 她（唆鲁禾帖尼）走在这条路上，直到（伊斯兰历）649 年最后一个月去世。①

拉施都丁此处的记载抄自志费尼，《世界征服者史》载：

> و برین جمله بود تا در ذر الحجه سنه تسع و اربعین و ستمایه که هادم لذات ندای رحیل در داد
>
> wa barīn jumla būd tā dar zū'l-hijjat sana tisa' wa arba'īna wa sitta-mi'a ki hādim-i lazzāt nidāiye-rahīl dar dād
>
> 她（唆鲁禾帖尼）这样继续做下去，在（伊斯兰历）649 年最后一个月，快乐的毁灭发出了死亡的通牒。②

（伊斯兰历）649 年最后一个月即 1252 年 2—3 月，而中文史料显示，唆鲁禾帖尼卒于 1252 年 3 月 2 日（元宪宗二年正月二十日）③，可见志费尼的记载是正确的。第二种纪年是十二生肖和伊斯兰历并用，如蒙哥即位的日期，《史集》载：

---

① Rashīd al-Dīn, *Jāmi'al Tawārīkh*, Printed Text by Muhammad Rawshan and Mustafa Mūsavī, Tehran: Nash-i Alburz, Vol.2, 1994-1995, p.823.

② Atā-Malik Juvaynī, *Tārīkh-i Jahān-gūshā*, Edited by Mīrzā Muhammad Qazvīnī, E.J.W.Gibb Memorial Series, Vol.16, London: E.J.Brill, Vol.3, 1943, p.9.

③ 洪金富：《唐妃娘娘阿剌吉考》，《“中央研究院”历史语言研究所集刊》2008 年第 79 本第 1 分，第 54 页。

و در قاقا ییل که سال خوک باشد واقع در ذی القعده سنه ثمان و ستمایه مونگکه قآن را در حدود قراقوروم که تختگاه چینگگیز خان بود بر سریر فرماندهی و تخت پادشاهی نشاندند

wa dar qāqā īīl ki sāl-i khūk bāshid waqi'a dar zūl-qa'da samāni wa sitta-mi'a Mūngka Qāān rā dar hudūd-i Qarāqūrūm ki takht-gāh-i Chīnggīz Khān būd bar sarrīr farmān-dihī wa takht-i pādshāi nishāndand

在哈孩因也就是猪年，即（伊斯兰历）648年11月，在成吉思汗首都哈剌和林境内，人们使蒙哥合罕坐上帝国的宝座和王位。①

qāqāī，《华夷译语·鸟兽门》第10页载："猪，哈孩"，īl，《高昌馆杂字·时令门》第420页载："年，因"，《元朝秘史》第281节作"只勒"，旁译作"年"。qāqāī，《格坚皇帝猪年（1323）圣旨》作qaqai ǰil，《邹县仙人万寿宫碑》作qa-qaji jil，旁译为"猪年"②。（伊斯兰历）648年11月，即1251年1月25日—2月23日，拉施都丁此处的记载与志费尼不同，志费尼写道：

جماعتی حکما و مخجمان که در حضرت حاضر بودند روز نهم ربیع الاخر سنه تسع و اربعین و ستمیه را اختیار کردند

jamā'ati hukmā wa munjjimān ki dar hazrat hāzar būdand rūz nuhum rabī'ul-ākhar sana tisa' wa arba'īna wa sitta-mi'a rā ikhitiyār kardand

出席大会的一群智士和星占家选定（伊斯兰历）649年4月9日。③

（伊斯兰历）649年4月9日，即1252年7月1日。《元史·宪宗

① Rashīd al-Dīn, *Jāmi'al Tawārīkh*, Printed Text by Muhammad Rawshan and Mustafa Mūsavī, Tehran: Nash-i Alburz, 2vols, 1994-1995, p.829.

②《格坚皇帝猪年（1323）圣旨》，呼格吉勒图，萨如拉：《八思巴字蒙古语文献汇编》，呼和浩特：内蒙古教育出版社，2004年，第205页；《邹县仙人万寿宫碑》，蔡美彪：《八思巴字碑刻文物集释》，北京：中国社会科学出版社，2011年，第227页。

③ Atā-Malik Juvaynī, *Tārīkh-i Jahān-gūshā*, Edited by Mīrzā Muhammad Qazvīnī, E.J.W.Gibb Memorial Series, Vol.16, London: E.J.Brill, Vol.3, 1943, p.29.

本纪》载："（宪宗）元年辛亥夏六月，西方诸王别儿哥、脱哈帖木儿，东方诸王也古、脱忽、亦孙哥、按只带、塔察儿、别里古带，西方诸大将班里赤，东方诸大将也速不花等，复会于阔帖兀阿阑（即曲雕阿兰——笔者注）之地，共推帝即位于斡难河。"元宪宗元年辛亥夏六月，即1251年6月21日—7月20日。《元史》和志费尼的记载相合，拉施都丁关于蒙哥即位时间和地点的记载是错误的。关于蒙哥的卒年，拉施都丁亦用此种方法纪年，他在《史集》中写道：

و در موقا ییل موافق محرم سنه خمس و خمسین و ستمایه در پای آن قلعه نامبارک در گذشت و مدت عمر او پنجاه و دو سال بود و آن سال سال هشتم بود از جلوس او بر تخت پادشاهی

wa dar mūqā īīl muwāfiq muharram sanā khams wa kham wa khamsīn wa sitta-mi'a dar pāy-i ān qala'a na-mubārak dar gazasht wa maddat-i 'amr-i o panjāh wa dū sāl būd wa ān sāl sāl-i hashtam būd az julūs-i o bar takht-i pādshāhi

在抹孩因，即（伊斯兰历）655年1月，在城堡脚下，他不幸去世，他的寿命是五十二岁，那一年，从他登基成为国王一共八年。①

mūqāī，《华夷译语·鸟兽门》第12页载："蛇，抹孩"，《海山怀宁王令旨》作"mo-qoyi jil"②。（伊斯兰历）655年1月，即1257年1月19日—2月17日。志在续修志费尼《世界征服者史》的瓦萨夫所记如下：

و در اواخر سال ۶۵۶ دار فانی را وداع گفت

wa dar awākhir sāl-i 656 dār-i fānī rā widā' guft

他在（伊斯兰历）656年年底于一个不坚固的木屋中去世。③

（伊斯兰历）656年年底即1258年12月左右。《元史》载："（元宪

① Rashīd al-Dīn,*Jāmi 'al Tawārīkh*,Printed Text by Muhammad Rawshan and Mustafa Mūsavī,Tehran: Nash-i Alburz,1994-1995,p.853.

②《海山怀宁王令旨》，呼格吉勒图，萨如拉：《八思巴字蒙古语文献汇编》，呼和浩特：内蒙古教育出版社，2004年，第399页。

③ Wassāf Shīrāzī,*Tajziyat al-amsār va Tajzīyat al-a'sār*,M.M.Isfahānī,Summarized by'A.Ayatī Tahrīr-i Tārīkh-i Wassāf Shīrāzīal,Tehran,Vol.1,1967,p.1.

宗九年七月）癸亥，帝崩于钓鱼山，寿五十有二，在位九年。”[①]元宪宗九年七月癸亥，即1259年8月11日。《宋季三朝政要》载：“（宋理宗开庆元年）秋九月，鞑靼国宪宗皇帝亲率大军入蜀，势欲顺流东下。”[②]宋理宗开庆元年为1259年，宋朝方面并不知道蒙哥已经在两个月前死去，故认为九月进攻四川的仍然是蒙哥。拉施都丁关于蒙哥卒年和即位地点的记载是错误的。第三种是使用十二生肖的波斯语形式纪年，《史集》载：

و ابتدا چون جمعی دادخواهان از بلاد ملاحده خود را در نظر اشرف آوردند جهت دفع ایشان برادر خردتر خویش هولاگو خان را که آثار جهانگیری و جهانداری و فر پادشاهی و بختیاری از ناصیه او مشاهد می کرد در سال گاو ... بجانب ولایت تجیک روانه گردانید

wa ibitidā’ chūn jam‘ī dād-khwāhān az balād-i mulāhida khūd rā dar nazr-i ashraf āwardand jihat dafi‘ īshān barādar-i khard-tar-i khwesh Hūlāgū Khān rā ki asār-i jahān-gīri wa jahān-dāri wa farr pādshāhi wa bakht-yāri az nāsīya-ye o mashāhada mi kard dar sāl-i gāu…ba-jānib walāyat-i Tajīk rawāna gardānīd

首先，来自异教徒国家的很多请愿者把更高贵的看法带给自己，为了打击他们，其弟旭烈兀——从他的面容上看到世界征服者、世界拥有者、美丽国王、富裕的形象，在牛年……为了统治，被派往大食国。

و برادر میانه قوبیلای قاآن را در سال یوز به محافظت و فتح بلاد شرقی نامزد فرمود و روان کرد و موقلی گویانگ را از قوم جلایر در صحبت او بفرستاد

wa barādar-i miyāna Qūbīlāī Qāān rā dar sāl-i yūz ba muhāfazat wa fatah balād-i sharaqī nām-zad farmūd wa rawān kard wa Mūqalī Gūīāng rā Jalāīr dar suhbat-i o ba-firsitād

在豹年，为了保卫和征服，二弟忽必烈合罕被任命和派往东方

---

① 《元史》卷3《宪宗本纪》，北京：中华书局，1976年，第54页。

② （元）佚名撰，王瑞来笺证：《宋季三朝政要笺证》，北京：中华书局，2010年，第247页。

的国家，木华黎国王被派去跟随他。[①]

牛年（sāl-i gāu）对译的蒙古语应是 hük'er jil（牛儿年），豹年（sāl-i yūz）对译的蒙古语应是 bars jil（虎儿年）。志费尼也记载了忽必烈与旭烈兀的出征时间，“首先，他把忽必烈派往包括契丹地区在内的东部地区，然后在（伊斯兰历）650 年，为了利益的保护和安排，另一兄弟旭烈兀，被派往西部地区。”[②]伊斯兰历 650 年，即 1252—1253 年，这与《元史》记载相符合。此处拉施都丁没有采取志费尼的正确纪年。

在上述三种纪年中，只有第一种是准确的。值得注意的是，年，操北部突厥语的人读为 ǰil，而操南部突厥语的人读为 yil[③]。9—10 世纪，蒙古人从额尔古纳河迁入蒙古草原，遇到的正是操北部突厥语的部落——黠戛斯各部居民，所以蒙古人借用他们的方言，将 yil 读作 ǰil。在《元朝秘史》中，“年”写作“只勒”（ǰil），在八思巴字的碑刻中也写作 ǰil。而在拉施都丁主编的《史集》中，他采取了 yil 的形式，表明此段记载可能来自操南部突厥语的人，与蒙古朵儿边部著名的孛罗丞相[④]无关。孛罗丞相曾经是忽必烈身旁的重臣，留仕伊利汗国后为拉施都丁提供了很多珍贵的资料，但在此处拉施都丁没有采用他提供的资料，把忽必烈和旭烈兀出征的先后顺序颠倒了，因此他关于忽必烈出征的时间也就发生了错误。

二、从征将领和诸王

志费尼在记载旭烈兀出征时说：

و بر منوال تنفیذ قبلای از لشکرهای شرقی و غربی از هر ده نفر دو نفر

① Rashīd al-Dīn, *Jāmi'al Tawārīkh*, Printed Text by Muhammad Rawshan and Mustafa Mūsavī, Tehran: Nash-i Alburz, 1994-1995, p.838.

② Atā-Malik Juvaynī, *Tārīkh-i Jahān-gūshā*, Edited by Mīrzā Muhammad Qazvīnī, E.J.W.Gibb Memorial Series, Vol.16, London: E.J.Brill, Vol.3, 1943, p.90.

③ （法）路易·巴赞：《突厥历法研究》，耿昇译，北京：中华书局，1998 年，第 83 页。

④ 余大钧：《蒙古朵儿边氏孛罗事辑》，《元史论丛》第 1 辑，北京：中华书局，1982 年。

معین شد و از پادشاه زادگان یکی برادر خردتر سبتای اغول را در مصاحبت او موسوم کرد

wa bar minwār tanfīz Qublāī az lashkarhā-i sharqī wa gharbī az har dah nafar dū nafar mu'aiyan shud wa az pādshāh zādagān yaki barādar khard-tar Subtāī aghūl rā dar musāhabat-o mausūm kard

和忽必烈出征一样，他从东、西部大军中每十人挑选两人，并从诸王中挑选雪别台斡兀立跟随（旭烈兀）。①

蒙哥是在西道诸王别儿哥、脱哈帖木儿和东道诸王也古、脱忽、亦孙哥、按只带、塔察儿、别里古带的共同拥戴下即位的，“东、西部大军”即东道、西道诸王的军队。从诸王军队中挑选士兵组成出征军团，这其实是蒙古人出征的惯例，“世界征服者成吉思汗颁发举世服从的诏令，命兀鲁失亦都攻取毡的地区，并由代表其他各子及族人的异密随他出师，一如他也曾以异密和士卒到别的军中代表他。”②兀鲁失亦都即术赤，他在成吉思汗西征时担任右翼，其军团中就有其他宗王的代表，其他宗王的军团中也有他的代表。“太宗伐金，塔察儿从师，授行省兵马都元帅，分宿卫与诸王军士俾统之，下河东诸州郡，济河破潼关，取陕洛。”③塔察儿为博尔忽之侄，曾经跟随窝阔台进攻金国，他所统辖的军队中也有大汗和诸王的代表。

拉施都丁在叙述忽必烈与旭烈兀出征时，对志费尼的记载做了改动，他说：

بعد از این لشکرهای مذکور معین فرمودند که از تمامت لشکرهای چینگگیز خان که فرزندان و برادران و برادرزادگان قسمت کرده بود به هر ده نفر دو نفر که در شمار نیامده باشد بیرون کنند و به ینچویی هولاگو خان دهند تا با او بهم بیایند و اینجا ملازم باشند

wa ba'd az īn lashkarhā-ye mazkūr mu'aiyan farmūdand ki az

① Atā-Malik Juvaynī, *Tārīkh-i Jahān-gūshā*, Edited by Mīrzā Muhammad Qazvīnī, E.J.W.Gibb Memorial Series, Vol.16, London: E.J.Brill, Vol.3, 1943, p.90.

②（伊朗）志费尼：《世界征服者史》，何高济译，北京：商务印书馆，2004 年，第 98 页。

③《元史》卷 119《塔察儿传》，北京：中华书局，1976 年，第 2952 页。

tamāmat lashkarhā-ye Chīnggīz Khān ki farzandān wa barādarzādgān qismat karda būd ba har dah nafar dū nafar ki dar shumār niyāmda bāshid bīrūn kanand wa ba īnchūi-ye Hūlāgū Khān dahand tā bā o ba-ham ba-yāyand wa īnjā mulāzam bāshid

此后，军队派出，他从成吉思汗分给诸子、诸侄的全体军队中，不在计算之列的每十人挑出两人作为额外人员，他们是旭烈兀汗的份子，直到和他一同到来并在一起。①

īnchū 为突厥语 inchü，与蒙古语“忽必”（qubi）同义。②忽必，《元朝秘史》第 203 节旁译为“份子”。上述引文中的军队有拜住和绰儿马浑统领的驻守波斯地区的探马赤军，撒里那颜统领的驻守印度、克什米尔的探马赤军。拉施都丁认为从十人中挑选的两人是旭烈兀的“份子”，强调这些人是蒙哥分给旭烈兀的私产。后来，伊利汗国同金帐汗国发生了战争，其起因如下：

当大汗派旭烈兀去镇压只巴勒地区的伊斯兰教徒和其它的反抗者所发生的叛乱时，旭烈兀要求前者加强他的军力，大汗就从成吉思汗所封各汗国君主手中调动了一批军队，同后者一起远征。当旭烈兀在他们的支持下占领了这个地区后，这些军队都留在了他这里，在旭烈兀的主持下，每支军队的费用摊给了各占领区来承担，而金帐汗国支援旭烈兀的军队的消费就分给了帖必力思和篾河（应为剌——笔者注）合两城的百姓承担……若干年后，金帐汗们开始对帖必力思和篾剌合提出了归属要求，理由是这里的清真寺和纺织工场是以别儿哥的名义建造的。他们还派使者到马合木·合赞（即合赞汗——笔者注）处，要求归还帖必力思和篾剌合两城，他们说：我们父亲的军队用刀剑占领了这两城，我们有权继承他们的业绩，所以这两个城是属于我们的，我们有权管理它们。合赞却回答道：我所取得的统治是靠

① Rashīd al-Dīn, *Jāmi 'al Tawārīkh*, Printed Text by Muhammad Rawshan and Mustafa Mūsavī, Tehran: Nash-i Alburz, 1994-1995, p.975.

② 姚大力：《蒙元时代西域文献中的“因朱”问题》，《蒙元制度与政治文化》，北京：北京大学出版社，2011 年，第 348 页。

刀与剑的，而不是靠继承，不论帖必力思还是篾剌合都属我的统治区，有关它们的归属问题我与你们之间还得用刀剑解决。①

旭烈兀西征军中有别儿哥的代表，金帐汗月即别遂认为帖必力思和篾剌合是属于别儿哥的，而合赞汗认为这两城是属于他的，因此他不惜与月即别汗兵戎相见。如果蒙哥真的把术赤家族的军队作为“份子”分给了旭烈兀，帖必力思和篾剌合也就不会出现归属问题。拉施都丁作为合赞汗的宰相，是按照合赞汗的命令开始编修《史集》的，他把旭烈兀西征军中的诸王代表说成是蒙哥分给旭烈兀的私产，如此一来，西征军占领的地区也就成为旭烈兀的私产，也会由他的子孙继承下去。根据以上分析，拉施都丁是站在合赞汗的立场上对志费尼的记载做了改动。

既然蒙哥从东、西道诸王军队中每十人挑选的两人不是旭烈兀的私产，同样，蒙哥给忽必烈挑选的人也不是忽必烈的私产。志费尼和拉施都丁都没有专门记载蒙哥给忽必烈挑选了哪些人，据夏光南、陈世松等人的研究成果②和相关史料，笔者对出征云南的将领辑考如下：

1. 蒙哥

（1）兀良合台，兀良合氏，速不台之子，为成吉思汗左翼千户。蒙哥命他率十万大军与忽必烈一起出征云南。其部将有其子阿术、阿速氏捏古来、钦察氏班都察③。

（2）失里门，许慎氏博尔忽儿子脱欢之子，博尔忽为成吉思汗右翼千户的副统帅④。

---

① 乌马里：《眼历诸国记》，李卡宁选译，内蒙古大学元史研究室编印：《蒙古史研究参考资料》新编第32、33辑，1984年，第107页。

② 夏光南：《元代云南史地丛考》，上海：中华书局，1935年，第45—46页；陈世松等：《宋元战争史》，成都：四川省社会科学院出版社，1988年，第113页。

③ 《元史》卷119《兀良合台传》，北京：中华书局，1976年，第2979页；《元史》卷123《阿儿思兰传》，北京：中华书局，1976年，第3038页；《元史》卷128《土土哈传》，北京：中华书局，1976年，第3132页；（波斯）拉施特主编：《史集》第一卷第一分册，余大钧、周建奇译，北京：商务印书馆，1983年，第260页；（波斯）拉施特主编：《史集》第一卷第二分册，余大钧、周建奇译，北京：商务印书馆，1983年，第373页。

④ 《元史》卷121《博尔忽传》，北京：中华书局，1976年，第2948页；（波斯）拉施特主编：《史集》第一卷第二分册，余大钧、周建奇译，北京：商务印书馆，1983年，第366页。

2. 忽必烈

（1）孛儿速，脱脱忒氏，忽必烈宿卫①。

（2）不怜吉歹，忽必烈藩邸属臣，“具官某故祖父某，生为名将，蚤事太宗。效忠于宪皇授钺之时，迄平钦察。宣力于定庙帅师之日，遄有中原。从世祖，当潜见之初。扈王旅，征西南之国。拔善阐，平云南，师武臣力。旋有征南之役，俾代亲王而行。”②

（3）木儿火赤，忽必烈藩邸属臣，“具官某故祖父某，智勇而靖深，雄毅而明敏。左右世祖，平定云南。旋扈圣于武昌，入与谋于国家。维时中统，讨叛济南。”③

（4）叶仙鼐，畏吾儿人，忽必烈藩邸属臣④。

（5）董文用、董文忠、董文炳，藁城人，忽必烈藩邸属臣⑤。

3. 阔端

重喜，赵阿哥潘之子，土波思乌斯藏掇族氏，阔端的宿卫⑥。

关于跟随忽必烈出征云南的宗王，有抄合、也只烈，“宪宗三年，世祖征大理，发中道，兀良合解由西道晏当路，诸王抄合、也只烈由东道白蛮路进。”⑦还有哈丹、朵欢、脱脱，“诸王哈丹、朵欢、脱脱等征大理还，命拜延八都鲁领兵迎之。”⑧哈丹，可能是窝阔台第六子，其后代火郎撒于至大元年（1308）封陇王⑨，这些诸王身份待考。

① 《元史》卷135《孛儿速传》，北京：中华书局，1976年，3279页。

② （元）程钜夫：《雪楼集》卷3《故祖父不怜吉歹赠推诚保德定远功臣太尉开府仪同三司上柱国追封归德王谥忠武制》，清宣统庚戌（1910）阳湖陶氏涉园刊本。

③ （元）程钜夫：《雪楼集》卷3《故父木儿火赤赠推忠佐理同德功臣太师开府仪同三司上柱国追封归德王谥忠贞制》，清宣统庚戌（1910）阳湖陶氏涉园刊本。

④ 《元史》卷133《叶仙鼐传》，北京：中华书局，1976年，3227页。

⑤ 《元史》卷148《董俊传》，北京：中华书局，1976年，3491页；《元史》卷156《董文炳传》，北京：中华书局，1976年，3667页。

⑥ 《元史》卷123《赵阿哥潘传》，北京：中华书局，1976年，3029页。

⑦ （元）苏天爵：《国朝文类》卷43《杂著·经世大典·序录》，北京：商务印书馆，1958年，第437页。

⑧ 《元史》卷123《拜延八都鲁传》，北京：中华书局，1976年，第3024页。

⑨ （法）韩百诗：《元史·诸王表笺证》，张国骥译，长沙：湖南大学出版社，2005年，第46页。

三、出征目的

为了配合他们的远征，蒙哥让马合木·牙老瓦赤给忽必烈伐宋做后援，而让阿儿浑给旭烈兀西征做后援。成吉思汗西征归来后，马合木·牙老瓦赤父子受命管理西域，1241年，窝阔台任命马合木·牙老瓦赤为中州大断事官，到燕京主管汉民公事。蒙哥即位后，经过审讯，确定马合木·牙老瓦赤没有参与谋杀阴谋，依旧任命他主管汉民公事，并对他宠信有加。忽必烈藩府谋士姚枢这时向忽必烈进言："且今天下土地之广，人民之殷，财赋之阜，有加汉地者乎？军民吾尽有之，天子何为？异时廷臣间之，必悔见夺。不若惟持兵权，供亿之须，取之有司，则势顺理安。"[①]忽必烈接受了姚枢的建议，只领汉地兵权，财政事务则由马合木·牙老瓦赤、不只儿等人负责。忽必烈在参加完蒙哥即位的庆典后，带领军队从拖雷的封地——吉利吉思、谦谦州出发，前往爪忽都之地（即漠南汉地），集结镇戍汉地的蒙古军、汉军。

姚枢针对蒙古与南宋之间的对峙形势，向忽必烈上了《平宋策》：

> 太祖承天大命，兵取天下，功未及竟而遂陟遐。太宗平金，遣二太子总大军南伐，降唐、邓、均、德安四地，拔枣阳、光化，留军戍边，襄樊、寿、泗，继亦来归。而寿、泗之民，尽于军官分有，由是降附路绝。虽岁加兵淮、蜀，军将惟利剽杀，子女玉帛悉归其家。城无居民，野皆榛莽。何若以是秋去春来之兵，分屯要地，寇至则战，寇去则耕，积谷高廪。边备既实，俟时大举，则宋可平。[②]

他建议在蒙古与南宋交界的险要地方分兵驻守，并实行屯田以储备粮食，伺机发起进攻。忽必烈采纳了他的建议，但是蒙哥宠信的马合

① （元）姚燧：《牧庵集》卷15《中书左丞姚文献公神道碑》，《姚燧集》，北京：人民文学出版社，2011年，第218页。

② （元）姚燧：《牧庵集》卷15《中书左丞姚文献公神道碑》，《姚燧集》，北京：人民文学出版社，2011年，第218页。

木·牙老瓦赤滥杀无辜，根本不知爱惜民力、与民休息，致使汉地民不聊生，为了限制马合木·牙老瓦赤的权力，忽必烈向蒙哥推荐史天泽担任河南经略使。在蒙古灭金的战争中，许多汉人地主召集部曲，据险自守。他们有的投靠了大蒙古国，被称为世侯，史天泽就是当时汉地几个大世侯之一。1252年春，忽必烈到达漠南，推举史天泽为河南经略使，正是看中史天泽忠心耿耿、历仕四朝，有足够的资历与马合木·牙老瓦赤相抗衡。史天泽和藩府谋士赵璧到达河南后，兴利除弊，初步改善了河南自金亡以后民不聊生的状况。军事方面，忽必烈在西起穰邓（今河南邓州）的地方驻扎重兵，与襄阳（今湖北襄阳）形成掎角之势，向东连接陈州（今河南淮阳县）、亳州（今安徽亳州）、清口、桃源（今江苏泗阳），形成防御屏障，并伺机进攻南宋。为了解决这条防线的后勤补给问题，忽必烈在卫州（今河南卫辉）设立转运司，将粮食通过黄河运输到淮河前线。

1253年，忽必烈觐见蒙哥，蒙哥让他在南京（今河南开封）和关中两地选择一处作为封地，忽必烈听从了姚枢的建议，选择了关中作为封地。这年夏天，忽必烈带领军队来到六盘山，派姚枢等人治理关中，并接见了吐蕃萨迦派高僧八思巴。驻守益昌（今四川广元西南）的汪德臣也在此时拜见忽必烈，乞求蠲免益昌的赋税和实行徭役漕粮与屯田，以作长久打算。汪德臣，为汪世显之子。金朝末期汪世显为巩昌府（今甘肃陇西）便宜总帅，金亡后投降蒙古，被委以原职。汪世显死后，爵位由其子汪德臣承袭。忽必烈听取了汪德臣的意见，把他调往利州（今四川广元）戍守，又把刘黑马调往成都（今四川成都）戍守。刘黑马，为刘伯林之子，他与史天泽一样，是窝阔台任命的汉地三个万户之一，长期驻守西京（今山西大同）。为了解决汪德臣和刘黑马部的后勤补给，忽必烈将山西解盐划归陕西，设置从宜所，向兴元（今陕西汉中）运输粮食；又在秦州设置行部，负责向利州（今四川广元）运输粮食。由此可见忽必烈正在逐步完善他的进攻体系，以期尽快实现灭宋任务。

金国和南宋在淮河——四川边界对峙长达一百多年，双方势均力敌。长期对峙的状态导致边界地区社会严重军事化，南宋在边界地区建立了完善的防御体系。蒙古灭金以后，与南宋直接接壤，其军队战斗力远胜金军，也未能打破这一平衡。蒙古自灭金以后，窝阔台又召集诸王，组织以术赤之子拔都为首的“长子西征”，又派皇子阔端征伐秦、陇地区，另一位皇子曲出和胡土虎出征南宋，蒙古长期的征服战争给社会造成了巨大的破坏；而跟随西征蒙古军队来到汉地的西域商人变本加厉地放“羊羔息”式的高利贷，更是加重了百姓的负担，史天泽甚至倾家荡产才替治下百姓还上了高利贷。窝阔台曾经把邢州（今河北邢台）分给两位有恩于成吉思汗的答剌罕——巴歹和乞昔里黑，而到了蒙哥即位时，两位答剌罕就报告说原先分给他们的万余户百姓由于逃亡只剩下五六百户。蒙哥即位后，任命马合木·牙老瓦赤、不只儿、斡鲁不、睹答儿充任燕京等处行尚书省事，汉人儒士依然被排除在政权外，蒙古统治汉地的方式并未得到改变。姚枢曾经这样概括蒙古前期的统治状况：“太祖开创，跨越前古，施治为遑。自后数朝，官盛刑滥，民困财殚。”①忽必烈的军队僵持在淮、蜀前线，一个重要的原因就是汉地不治，不能提供足够的军粮。《史集》载：“忽必烈遂行，命探进兵南家思诸道路。南家思诸国王知之，乃于诸道路所经之处，绝除粮食，使进军此向，倍极困难。”②“南家思”在《史集》中指的是南宋，忽必烈进兵伐宋，而南宋采取坚壁清野的措施，阻止蒙古军队的行进。宋理宗于淳祐十一年十二月己卯（1252年1月25日）下诏：“两淮、沿江、京湖制司于江北地分及淮西山寨管内应有官屯民田耕种去处，并令团结队伍，随其聚落，就中择众所服者充甲长，任责结保，有警率其所部，勿从便宜。”③又于淳祐十二年（1252）正月庚戌下诏：

近闻北骑之来，往往储糗粮，立寨栅，以为因利乘便之计。守臣、边将方欲婴城退守，则有劳师费财之患；方欲开关接战，又有兵连祸结之忧。今朕欲于两淮、沿江各令一项游击军，以备不时调

① （元）姚燧：《牧庵集》卷15《中书左丞姚文献公神道碑》，《姚燧集》，北京：人民文学出版社，2011年，第221页。

② 邵循正：《剌失德丁〈集史·忽必烈汗纪〉译释（上）》，《邵循正历史论文集》，北京：北京大学出版社，1985年，第28页。

③ （元）佚名：《宋史全文》卷34，李之亮点校，哈尔滨：黑龙江人民出版社，2005年，第2298页。

> 遣，设若缓急，随宜应接，使大军偏师捣虚，此正李广纵部曲逐水草号飞将军之遗意也。又闻边疆之外皆平原旷野，北骑冲突，边臣每有迅雷不及掩耳之患。今朕欲令极边州郡开浚水道，去城百里之间，三里一沟，五里一洫，使北骑不得长驱而入，边民亦可为耕凿之计，此正古者立方田开沟限戎马之遗意。[①]

宋理宗命令两淮、沿江、京湖制司在江北、淮西组织屯田，设置保甲，又在两淮、沿江地区设立游击军队，对付蒙古军队的骚扰，而在靠近边界的地区开沟挖渠，限制骑兵。宋理宗通过这些措施建立起纵深防御体系。

在缺乏军粮的情况下，“忽必烈乃遣使赴蒙哥合罕处，以实情奏闻，请许其先征合剌章及察罕章，使得军粮，自其处进取南家思。”[②]蒙古人称云南境内的乌蛮为合剌章，白蛮为察罕章。

《马可波罗行纪》中有关于合剌章的记载称：

> 从前述之河首途，西向行五日，见有环墙之城村甚众，是一出产良马之地；人民以畜牧耕种为生，自有其语言，颇难解。行此五日毕，抵一主城，是为国都，名称押赤（即善阐，今昆明——笔者注）。城大而名贵，商工甚众。人有数种，有回教徒、偶像教徒及若干聂思脱里教派之基督教徒。颇有米麦，然此地小麦不适卫生，不以为食，仅食米，并以之掺和香料酿成一种饮料，味良而色明。[③]

由此可知合剌章地区不仅有粮食，而且有良马。蒙哥同意了忽必烈出兵云南的请求，忽必烈于1253年5月到达六盘山，接见了吐蕃萨迦派高僧八思巴，可能从他那里获知了吐蕃和大理之间的交通路线。在接见八思巴结束以后，忽必烈于1253年8月从临洮发兵，借道吐蕃，避开防守在四川前线的南宋军队，分三路进攻大理，10月渡过大渡河，11月渡过

① （元）佚名：《宋史全文》卷34，李之亮点校，哈尔滨：黑龙江人民出版社，2005年，第2299—2300页。

② 邵循正：《剌失德丁〈集史·忽必烈汗纪〉译释（上）》，《邵循正历史论文集》，北京：北京大学出版社，1985年，第28页。

③ 《马可波罗行纪》，冯承钧译，北京：中华书局，2004年，第459页。

泸水，12 月就包围了大理的都城。

拉施都丁对大理也做了解释："此两国，汉（契丹）言大理，其意'大国'，梵言'犍陀罗'，此邦言'罕答合儿'也。其地毗邻吐蕃、唐兀、忻都斯坦（即印度）之诸国、诸岭，以及汉地（契丹）、金齿等处。"[①]元代云南行省下辖大理路军民总管府，"元宪宗三年收附。六年，立上下二万户。至元七年，并二万户为大理路。有点苍山在大理城西，周广四百里，为云南形胜要害之地。城中有五花楼，唐大中十年，南诏王券丰佑所建。楼方五里，高百尺，上可容万人。世祖征大理时，驻兵楼前。至元三年，尝赐金重修焉。"[②]1977 年，云南大理五华楼发现大量元代碑刻，可证元代的大理与今天的大理是在同一地点；云南行省又辖有金齿等处宣抚司，"其地在大理西南，兰沧江界其东，与缅地接其西。土蛮凡八种：曰金齿，曰白夷，曰僰，曰峨昌，曰骠，曰𧸖，曰渠罗，曰比苏。按唐史，茫施蛮本关南种，在永昌之南，楼居，无城郭。或漆齿，或金齿，故俗呼金齿蛮。"[③]金齿，马可波罗也有记载称："离大理府后，西向骑行五日，抵一州，名称匝儿丹丹（即金齿）。居民是偶像教徒，而臣属大汗。都会名称永昌。此地之人皆用金饰齿；别言之，每人齿上用金作套，如齿形，套于齿上，上下齿皆然。男子悉如此，女子则否。"[④]马可波罗用波斯语"匝儿丹丹"称呼金齿，显然他的知识来自西域人。金齿的位置，《元史·地理志》的记载和马可波罗的记载是一致的，其地在大理西南，治所在永昌，即今天的云南德宏傣族景颇族自治州。"兰沧江"即今天云南的澜沧江，是元代大理和金齿的界河。元代文献中也有将"金齿"和"云南"并提的，《元典章》中收录了一份文件载：

> 至元二十五年六月初三日奏："也速歹儿使伯颜出、布阑奚两个使臣奏将来：'俺管着底探马赤军每根底，和雇和买着有。'"么

① 邵循正：《剌失德丁〈集史·忽必烈汗纪〉译释（上）》，《邵循正历史论文集》，北京：北京大学出版社，1985 年，第 28 页。

② 《元史》卷 61《地理志》，北京：中华书局，1976 年，第 1479 页。

③ 《元史》卷 61《地理志》，北京：中华书局，1976 年，第 1482 页。

④ 《马可波罗行纪》，冯承钧译，北京：中华书局，2004 年，第 473 页。

道，奏呵，“休与者。”么道，圣旨有呵，回奏说有：“俺上位奏了，‘斡端里、金齿里、云南里远处出军去了的奥鲁每根底，和雇和买休交着者。’文书行来。”么道，奏呵，“你如今怕指例也者。”么道，圣旨有呵，回奏：“是指例有。”么道，奏呵，“这般者。斡端等远处出军了底奥鲁每根底，休要者。别个每根底，依体例要者。”么道。钦此。①

也速歹儿，《元史》中写作也速带儿，自至元三年（1266）四川行枢密院改为行中书省，就与赛典赤一起在四川行省任职。当时官府向镇戍边远地区的探马赤军强制购买货物和雇佣服役，给探马赤军及军人家属造成了很大负担，他于至元二十五年（1288）遣使臣上奏，请求停止这一行为，忽必烈同意了他的请求。在这份文件里，斡端（今新疆和田）、金齿、云南在忽必烈看来，都是极为遥远的地方。拉施都丁将“大理”与“云南”视为两个国家，与《元史·地理志》相合，《史集》比《元典章》收录的文件更加准确。忽必烈远征云南的目的，正如拉施都丁《史集》所记载的那样，是为了获取军粮而采取的行动。

忽必烈于1253年12月包围了大理都城，国主段兴智和权臣高泰祥出城迎敌，被忽必烈击败，大理城很快就被攻下，段兴智逃到了善阐（今云南昆明），高泰祥逃到姚州（今云南姚安），后被蒙古军俘虏并处死。忽必烈分兵攻打尚未投降的州县，虽然善阐尚未攻下，但平定云南大局已定，他于1254年春天返回六盘山，留下先锋兀良合台经略云南。兀良合台用了两年时间平定了云南五城八府四郡和乌蛮、白蛮等三十七部。五城，指元初在云南设置的五个地区，也就是《元史·世祖纪》中的大理（合剌章）、善阐（押赤）、茶罕章（察罕章）、赤秃哥儿（赤科）、金齿五地②。

《大元至元辨伪录》对忽必烈出征所得也有记载：“上于大理国得舍利及黄金塔，高可二尺，晨夕礼奉，载以前驱，回至六盘山。今庵主温公

① 《元典章》卷34《兵部·探马赤军和雇和买》，陈高华等点校，天津、北京：天津古籍出版社，中华书局，2011年，第1182—1183页。
② 方国瑜：《中国西南历史地理考释》，北京：中华书局，1987年，第784—793页。

为教门统摄，聚集天下名僧于清凉山，建百日盛会，享供文殊大圣，官给所需，绝瑞嘉祥，不能备记。”①大理国的居民信奉佛教，忽必烈从云南出征回来，带回了舍利、黄金塔等佛教圣物。另一段记载也表明忽必烈并未获得军粮，《元史·不忽木传》载：“帝每顾侍臣，称塞咥旃之能，不忽木从容问其故，帝曰：‘彼事宪宗，常阴资朕财用，卿父所知。卿时未生，诚不知也。’不忽木曰：‘是所谓为人臣怀二心者。今有以内府财物私结亲王，陛下以为若何？’帝急挥以手曰：‘卿止，朕失言。’”②塞咥旃即赛典赤，原先是拖雷家族的家臣，曾对云南开发做出了巨大的贡献，后来被封为咸阳王，蒙哥统治时期与马合木·牙老瓦赤、不只儿等一起主管汉地事务。赛典赤在忽必烈出征期间暗地里给他提供财物。如果忽必烈取得了军粮，赛典赤就不至于那么做了。因此，忽必烈远征云南虽然从战略上对南宋形成了包围，但取得军粮的目的并未实现。

忽必烈回到六盘山后，这时有人向蒙哥告发忽必烈得到汉地的人心，揭发他的藩府谋士治理河南、关中是“奸利之事”。远征西域的旭烈兀进展顺利，捷报频传，而忽必烈的远征却未能取得粮食，蒙哥于是怀疑忽必烈私吞钱谷，派亲信阿兰答儿到关中设置勾考局，对忽必烈的藩府人员进行严格审查。蒙哥给了阿兰答儿很大的权力，除了刘黑马、史天泽这两大世侯需要奏请他裁决外，对其他人阿兰答儿都拥有生杀之权，由此可见蒙哥对忽必烈的猜忌之深。与此同时，蒙哥以忽必烈有病为由，解除了他的兵权，让他回到合剌温只敦的家中休息。

四、结　　论

蒙哥即位后，派忽必烈到汉地，试图征服南宋、吐蕃、大理等尚未

① （元）释祥迈：《大元至元辨伪录》卷4，《北京图书馆古籍珍本丛刊》第77册，北京：书目文献出版社，1998年。

② 《元史》卷130《不忽木传》，北京：中华书局，1976年，第3170页。

臣服的国家，拉施都丁关于蒙哥的征服对象记载较为全面。蒙哥按照蒙古出征惯例，从东、西道诸王的军队中每十人抽出两人参加远征，这些人并不是忽必烈和旭烈兀的“份子”，拉施都丁站在合赞汗的立场上对志费尼《世界征服者史》的记载做了改动。拉施都丁关于忽必烈为取得军粮而远征云南的记载，能够得到《宋史全文》《马可波罗行纪》《元史》等资料的印证，说明他的记载是可靠的。忽必烈远征云南回来后，虽然形成了对南宋的战略包围，但并未取得军粮，蒙哥在某些人的离间下，对忽必烈产生怀疑，派人调查忽必烈的藩府，同时解除了他的兵权。忽必烈登基以后，由于云南是他亲自打下来的地方，他对云南非常重视，先是派皇子忽哥赤出镇，后来建立云南行省，由西域贤臣赛典赤进行抚治，又开辟了从云南到大都的驿道。这些措施促进了云南的开发，使云南和内地的交流更为密切。

第五章　波斯文《史集·成吉思汗纪序言》译注

《史集》是14世纪初伊利汗国宰相拉施都丁奉合赞汗之命主持编纂的波斯文史著，是一部卷帙浩繁的世界通史。此书内容分为《蒙古史》《亚欧各国史》《世系谱》《地理志》四部。现存《史集》各种抄本仅见《蒙古史》《世界史》《五世系》三部分。拉施都丁编修第一编《蒙古史》时广泛采用了《金册》、各民族的口头传说等原始资料，而这些资料今天大多佚失，因此这就成为研究蒙元史、内陆亚洲史等领域的重要史料。

自1952年起，苏联科学院利用《史集》现存的七种抄本，陆续出版了《史集》的俄译本和波斯文集校本，极大地方便了各国学者对该书的使用。在译名方面，由于俄译者仅能利用《元史》等中文史料的俄译本，在汉语译名上存在不少问题；在译文方面，俄译本与波斯语原文相比，存在一些不准确之处甚至错误。1983—1986年，余大钧根据俄译本翻译的《史集》三卷本陆续由商务印书馆出版，成为目前内容最全的汉译本，至此中国学者终于可以一睹《史集》蒙古史部分的汉译文本全貌。余先生利用了相关中文史料，对俄译者译名上的错误进行了订正，但未能利用波斯语原文订正俄译者译文上的错误。苏联科学院并未出齐所有的波斯文集校本，第二卷只出版了《窝阔台合罕纪》部分，第二卷其他部分至今仍缺①。

直到 1995 年，伊朗学者穆罕默德·若山（Muhammad Rawshan）和穆斯塔法·穆萨维（Mustafa Mūsavī）才在德黑兰出版了《史集》蒙古史部分的波斯文校注本，共四册，比较全面地吸收了各国学者尤其是苏联学者在《史集》研究领域取得的研究成果，是迄今为止伊朗出版的《史集》蒙古史部分最好的校注本。1998 年，美国学者萨克斯顿（W.M. Thackston）将《史集》蒙古史三卷全部译为英文②。

该书《蒙古史》第二卷《成吉思汗纪》记载了成吉思汗的生平事迹，是研究成吉思汗的基础史料之一。本书选择七种抄本中质量较好的伊斯坦布尔抄本为底本，将《成吉思汗纪序言》部分译为中文，同时吸收以上学者的研究成果并加以注释，尽量为读者提供接近波斯语原意的译文。本文用【 】表示伊斯坦布尔抄本的页码，用 [ ] 表示若山和穆萨维校注本增补文字。

【S124】

一、第二部分

在《史集》一书第一卷第二编有关成吉思汗和他的著名子孙③的纪

---

① 赤坂恒明先生提示《史集》波斯文集校稿本现存阿塞拜疆国家科学院，见 http://dic.academic.ru/dic.nsf/bse/156448/Али（2015-08-12）。

② （波斯）拉施特主编：《史集》，余大钧、周建奇译，北京：商务印书馆，1983—1986 年，以下简称汉译本；Rashīd al-Dīn, *Jāmi'al Tawārīkh*, Printed Text by Muhammad Rawshan and Mustafa Mūsavī, Tehran: Nash-i Alburz, Vol.1-4, 1994-1995，以下简称伊朗校注本；W.M. Thackston, *Rashiduddin Fazlullah's Jami t-tawari Compendium of Chronicles: A history of the Mongols*, Harvard University, 1998-1999，以下简称英译本；《史集》的抄本及研究情况，见陈得芝：《蒙元史研究导论》，南京：南京大学出版社，2012 年，第 84—89 页。2003 年，韩国学者金浩东出版了《史集》蒙古史部分的韩文校注本，笔者不懂韩文，暂时未能利用此本。

③ 原文作اوروغ（ūrūgh），蒙古语为 uruq，汉译本音译为兀鲁黑，《元朝秘史》有子嗣、孙孙、亲、子孙四种旁译，详见（日）栗林均：《〈元朝秘史〉汉字音译旁译汉语对照语汇》，仙台：东北大学东北亚研究中心，2009 年，第 491—492 页。

事中，有些成为各个时期的君主，有些成为一些国家①的君主，并简略叙述从伊斯兰历 705 年（1305/1306）至今世界各地的君主。

二、《成吉思汗纪序言》

为了让君主的才华不致隐藏和失传，在那有生有灭的世界上，国家、地区的瓦解和人类的分离出现了，从事情的变革和日期的改变中显现出来。必要的智慧、真主的正义和伟大的包容能够成为神的法令，在无限万物的永恒中，神圣传统的完成总共有：随着日月流逝，事物法则变得软弱无力；随着日月相继，国家混乱，人民背井离乡；福星高照，上天保佑特殊之人、获得荣誉赐袍之人、发布命令的权威人士。这时他开始驱逐损害、赶走障碍，在准备支柱和固定装置的城堡中，［此人］清除周围，严肃地下了最后通牒，处决了供应的国家部门。各处罪恶的主人和自豪的智者得以净化。每个坏人、骗子叛乱暴动的“灰尘”用闪亮的剑伤从那个时代里祛除了。

以上华丽辞藻的组成与意图，其精髓如下：此前［由于］那里的国家中，各种明显的意见已然出现，在世界的边缘各种叛逆发生了。由于冲突与分歧，主宰世界的统治秩序瓦解了，外交事务标准的基础紊乱了。由于永恒的意志，由于真主②的智慧，世界的征服者成吉思汗，他是征服寰宇的战士和世界舞台上敏捷的骑兵，用威严之足登上时运的马

① 原文作اولوسی，为اولوس（ūlūs）加不定词尾ی（i），蒙古语为 ulus，汉译本音译为兀鲁思，《元朝秘史》有国、百姓每、百姓、国土四种旁译，详见（日）栗林均：《〈元朝秘史〉汉字音译旁译汉语对照语汇》，仙台：东北大学东北亚研究中心，2009 年，第 485—486 页。《中国历史大辞典·辽夏金元史》载：“成吉思汗建国后称‘也可·蒙古·兀鲁思’（大蒙古国），元朝大封国亦称兀鲁思，如察合台兀鲁思”（上海：上海辞书出版社，1986 年，第 13 页）。克烈、蔑儿乞、乃蛮等部和西夏、花剌子模等国，蒙古语称为亦儿坚（《中国历史大辞典·辽夏金元史》，上海：上海辞书出版社，1986 年，第 175 页）。

② 原文作لم يزلی（lamyazalī），北京大学东方语言文学系波斯语教研室编：《波斯语汉语词典》，北京：商务印书馆，1981 年，第 2046 页译作“永久的、不朽的、永远的（真主的别号）”。（波斯）拉施特主编：《史集》第一卷第二分册，余大钧、周建奇译，北京：商务印书馆，1983 年，第 77 页译作“长生［天］”。

镫，用权力之手击打傲慢的君主。他的钢矛上的火花像风一样，把世界上的歹徒从国土上消灭了。他的破城锤[①]的撞击和屠刀[②]的杀戮将暴民的家园洗劫一空。由于他上应天命，战无不胜，向任何人发出指示，人们听从和执行他的命令。因此，（暴民）敌对与顽固的方式失效，生命与家园失去安全。

此后在那个时代，很多国家处于其统治之下，他使君主的习惯和法律（札撒和约孙）[③]安排和汇编，使伸张正义和安抚百姓的法律提交，把国家力量的增强通过对每个国家知名人士的赦免和原宥加以立法，恩惠和幸福之门向人类各阶层打开。因此在世界征服者重大事件完成的年代，军队行动的屠戮在伊斯兰国家蔓延开来，真主成熟的智慧需要把痛苦减轻，同信伊斯兰教的那些部落针对痛苦采取了措施，直到在伟大权力的顶峰和永恒统治的无限威力上对世人作了解释与阐述。

在此意义上，伊斯兰君主的诞生，名为王中之王，真主的影子，纳速剌丁算端马合木·合赞汗[④]，像成吉思汗家族中海洋的珍珠，像统治王朝命运的印记，画像与人们看到的远近、服从与反叛有关，在命运意义获知

---

① 原文作گرز قلعه گشای（gurz-i qal‘a-ye gushāy），笔者译为“破城锤”，汉译本译为“打开堡［门］的棒槌”。

② 原文作شمشیر خونریزش（shamshīr-i khūnrīzash），笔者译为“屠刀”，汉译本译为“染血的剑”。

③ 原文作رسوم و قوانین یاساق و یوسون（rusūm wa qawānīn yāsāq wa yūsūn），سوم و قوانین（rusūm wa qawānīn），笔者译为“习惯和法律”；یاساق（yāsāq），蒙古语为 ǰasaq，《元朝秘史》汉字音写为札撒黑，旁译为法度，参阅（日）栗林均：《〈元朝秘史〉汉字音译旁译汉语对照语汇》，仙台：东北大学东北亚研究中心，2009 年，第 227 页。《中国历史大辞典·辽夏金元史》载：“元太祖生前依蒙古习惯法颁布法律，称大札撒。《元史·太宗本纪》载：‘大札撒，华言大法令也。’元朝奉为祖宗大法。新帝即位，必隆重宣读。大札撒原文已佚，散见于《世界征服者史》《史集》《埃及志》等书。”（上海：上海辞书出版社，1986 年，第 104 页）。یوسون（yūsūn），蒙古语为 yosun，《元朝秘史》汉字音写为约孙，旁译为理、道理，参阅（日）栗林均：《〈元朝秘史〉汉字音译旁译汉语对照语汇》，仙台：东北大学东北亚研究中心，2009 年，第 529 页，《中国历史大辞典·辽夏金元史》载：“元代汉译‘体例’，指法规、伦理、习惯法。”（上海：上海辞书出版社，1986 年，第 188 页）。رسوم و قوانین（rusūm wa qawānīn）与یاساق و یوسون（yāsāq wa yūsūn）同义，但前者为复数形式。

④ 合赞汗（1271—1304），伊利汗国第七代汗，阿鲁浑长子，1295 年夺取汗位，曾命宰相拉施都丁编修蒙古及世界历史。

后，在他光辉吉祥的心灵之镜上，不用世界上的照世杯[①]是知识与真理，对恰当的真理做上做出标记。在他充满安宁的胸膛上没有虚伪的怀疑，这是神光赐福的诞生地，伊斯兰教权力基础变得稳固和坚强，他使所有畏吾儿人、蒙古人、拜火教徒和偶像教徒皈依了伊斯兰教，将非法的寺庙完全拆除，将多神教徒和反对信仰者从地面上收拾了。

穆罕默德民族的加强和【S125】阿赫马德[②]宗教法典信仰的推动，他用这种方式打击暴君和侵略者的压迫，镇压反对派和暴民，在先知使命时代以后的任何一个时代与时期中，伊斯兰教的组织和人类的安宁从未像他一样在这个时代保持与日俱增的幸运。在这个吉祥的时代和幸福的时间，我们成为追求幸福感的人。我们如何能够对伟大的祝福和共同的恩惠表达感恩，那些是我们的祖祖辈辈希望和需要的，从穆斯林市场的繁荣发展和困难苦恼原因的间歇中，与我们全体约定，安居乐业之门在王中之王的同情和恩惠的顶点上对我们打开了。“那是真主的恩典，他将它赏赐他所意欲者，真主是有宏恩的。”[③]伟大崇高的真主保佑伊斯兰教君王，庇护世界之王，纳速剌丁算端合赞汗，愿他永久在位，把他的时运在永恒的时间中相连，他确为答复之珍宝，愿真主赐福于我们的先知穆罕默德及其尊贵的后裔！[④]

---

① 原文作جام كيتى نماى（jām gīti-namāi），为جام كيتى نما（jām gīti-namā）加上不定词尾ى（i），笔者译为照世杯，كيتى نما（gīti-namā），意为“立体镜、步天镜、实体镜”，传说是亚历山大大帝所拥有的一面镜子，可以照耀世界上的每一个角落（北京大学东方语言文学系波斯语教研室编：《波斯语汉语词典》，北京：商务印书馆，1981 年，第 1108 页）。汉译本作“不用［札木失忒的］指示世界的碗”。

② 阿赫马德，是穆罕默德的名字。

③ 原文作ذلک فضل الله يوتيه من يشاء و الحمد لله على ذلک حمدا كشبرا，俄译本指出此句见《古兰经》第 57 章第 21 节和第 57 章第 21 节，汉译本作“安拉慈悲，安拉赐福于他所中意的人，赞美安拉伟大的恩德！”《古兰经》，马坚译，北京：中国社会科学出版社，2013 年，第 57 章第 21 节：“你们应当争取从你们的主发出的赦宥和与天地一样广阔的乐园——为信仰真主和众使者的人们而准备的乐园——那是真主的恩典，他将它赏赐他所意欲者，真主是有宏恩的。”《古兰经》，马坚译，北京：中国社会科学出版社，2013 年，第 62 章第 4 节：“这是真主的恩典，他把它赏赐他所欲赏赐的人，真主是有宏恩的。”笔者据马坚译文。

④ 原文作انه ونى الجابة و صلى الله على نبينا محمد و اله الكرام，纳巨峰博士提示انه ونى الجابة可译为“他确为答复之珍宝”，结尾处و صلى الله على نبينا محمد و اله الكرام为穆斯林常用开头语和结束语，可译为“愿真主赐福于我们的先知穆罕默德及其尊贵的后裔”。

三、也速该把阿秃儿之子《成吉思汗纪》

本纪分为三个部分，本书详细叙述第一部分。

第一部分—— 他的家族情况和繁衍至今［他的］儿子、女儿、孙子的阐述。［他的］哈敦①、女婿的叙述，他的画像和子孙系谱表②。

第二部分—— 他在位时的历史和事迹，当他登上汗位宝座时，宝座、哈敦、王子、异密③的画像，异密的家族，每个时代的战斗和取得胜利的叙述，他在位的时间。

第三部分—— 在他的时代和他在位时发生的历史和大事，所说和命令的美好的必里克④、言语与智慧，那些在前两卷中没有记载的以及分散于各人、各卷中记载的他的美德和值得称赞的行为。

尽管直到阿阑豁阿⑤的他的祖先已分别记载历史和事迹，在本书中，详细写出直到阿阑豁阿的他的系谱，变得更加明晰，当读者想要快速了解，而后，阅读其他史书，里面的一切［都］能了解。

---

① 哈敦，原文作خواتين（khātīn），单数为خاتون（khātūn），又译哈屯、可敦，突厥—蒙古语Qadun的音译，大汗正妻及主斡耳朵的妻子可称哈敦，汉译“皇后”“娘子”，《中国历史大辞典·辽夏金元史》，上海：上海辞书出版社，1986年，第92页，亦邻真撰词条。

② 原文作و صورت جدول شعب فرزندان او，转写为 wa sūrat jadwal-i sha’b-i farzandān-i ū，译为“他的画像和子孙系谱表”，亦可转写为 wa sūrat-i jadwal-i sha’b-i farzandān-i ū，译为“他的子孙系谱表的画像”，本书采取第一种译法。

③ 异密，原文作امرا（umarā），单数为امير（amīr），伊斯兰教国家对上层统治者、王公、军事长官的称号，参见北京大学东方语言文学系波斯语教研室编：《波斯语汉语词典》，北京：商务印书馆，1981年，第166页。

④ 必里克，原文作بيلكها（bīlikhā）；伊朗校注本作بيلگها（bīlighā），单数为بيلگ（bīlig），蒙古语为 bilig，意为“天资、天赋”；详见《蒙汉词典》，呼和浩特：内蒙古大学出版社，1999年，第458页。

⑤ 阿阑豁阿，传说中蒙古尼鲁温部的女祖先，嫁给朵奔蔑儿干，生子不古讷台和别勒古讷台，后来繁衍成为不古讷惕、别勒古讷惕两个部族；朵奔蔑儿干死后，阿阑豁阿感天光生不忽合塔吉、不合秃撒勒只、孛端察儿，后来繁衍成合答斤、撒勒只兀惕、孛儿只斤三个部族，为了表示出身纯正，这三个部族统称尼鲁温蒙古。《元史》卷1《太祖本纪》译作“阿兰果火”，参阅《元史》卷1《太祖本纪》，北京：中华书局，1976年，第1页。

我们也叙述蒙古人按照自己的习俗把每一个男性祖先用哪一种名字称呼，成吉思汗的系谱和他的名称及祖先划分如下：

成吉思汗的父亲也速该，按照蒙古语称为额赤格①。

成吉思汗的祖父把儿坛，按照蒙古语称为额不格②。

成吉思汗的三世祖合不勒汗，按照蒙古语称为额林赤格③。

成吉思汗的四世祖屯必乃合罕，按照蒙古语称为不都秃④。

成吉思汗的五世祖伯升豁儿，按照蒙古语称为不答兀古儿⑤。

【S126】成吉思汗的六世祖海都汗，按照蒙古语称为不鲁海⑥。

---

① 额赤格，原文作 ايجكه（ījke），俄译本作 īǰke（据汉译本），伊朗校注本作ايچگه（īchke），英译本作 echigä。蒙古语称父亲为 ečige（《蒙汉词典》，呼和浩特：内蒙古大学出版社，1999 年，第 140 页）。《史集》伊斯坦布尔本抄本与塔什干抄本相似，用“纳斯赫”体抄写，通常对拼写蒙古语、突厥语词汇的字母 B（ب）和 P（پ）、J（ج）和 Ch（چ）、D（د）与 Z（ذ）、K（ک）和 G（گ）不加以区别，详见（波斯）拉施特主编：《史集》第三卷《俄译本序》，余大钧译，北京：商务印书馆，1986 年，第 7 页。俄译本据伊斯坦布尔抄本原样转写，而伊朗校注本通常将字母 J（ج）改为（چ），将 K（ک）改为 G（گ）。

② 额不格，原文作 ابوکه（abūke），伊朗校注本作ابوگه（abūge），蒙古语称祖父为 ebüge（《蒙汉词典》，呼和浩特：内蒙古大学出版社，1999 年，第 107 页）。

③ 额林赤格，原文作الينجيک（alīnjīk），俄译本作 alīnǰīk（据汉译本），伊朗校注本作الينچيگ（alīnchīg），英译本作 äbügä。蒙古语称曾祖父为 elünče，古旧词为 elünčeg（《蒙汉词典》，呼和浩特：内蒙古大学出版社，1999 年，第 131 页）。原文الينجيک（alīnjīk）的读音与蒙古语 elünčeg 有差异。

④ 不都秃，原文作 بودوتو（būdūtū），俄译本指出“见于《史集》原文中的高祖以上名称，不见于其他史料。此词音读不明”（据汉译本），伊朗校注本作بودتور būdtūr，英译本作 bodatu。据德福《新波斯语中的突厥语和蒙古语成分》第 97 条，بوداتو（bōdātū），与孛端察儿（Bodočar）具有相同的词根 bod，再加上构成形容词的后缀-tu，意为“祖先”（威斯巴登，1963 年，第 1 册，第 217—218 页）；在列星《蒙古语英语词典》（Ferdinand D.Lessing, *Mongolian-English Dictionary*）中，bodatai=bodatu，意为“原来的、起初的”（洛杉矶，1960 年，第 109 页），伊朗校注本写法有误。蒙古语 hulunča，意为“高祖”（《蒙汉词典》，呼和浩特：内蒙古大学出版社，1999 年，第 679 页）。

⑤ 不答兀古儿，原文作بوداووكوو（būdāūūkūū），俄译本作 būdeh-āūkūū（据汉译本），伊朗校注本作بوداوكو būdāūkū，英译本作 budakür。据德福《新波斯语中的突厥语和蒙古语成分》第 103 条，بوده اوكور（bōda kūr），词根为 bod，加上构成名词的后缀-gür（威斯巴登，1963 年，第 1 册，第 218—219 页），伊朗校注本写法有误。

⑥ 不鲁海，原文作ورقى-（？ūrqī），俄译本作？ūrqī，校正为 yūrqī，汉译本译作禹儿乞，伊朗校注本作بورقى（būrqī），英译本作 borqai。据德福《新波斯语中的突厥语和蒙古语成分》第 103 条，بورقى（būrqai），又写作مورقى（mūrqī），这里采用拉施都丁的解释译为“六世祖”。按，b 与 m 均为双唇音，俄译本将ب（B）字母误为ى（Y）字母，汉译本未加以订正。

成吉思汗的七世祖土屯蔑年，按照蒙古语称为都塔浑①。

成吉思汗的八世祖孛端察儿。

从七世祖向上追溯，一律称为额赤斤·额不干②。

所有人的祖先阿阑豁阿，按照另一种说法，阿阑豁阿是十世祖，据说孛端察儿有两个儿子：一个是不合，另一个是纳臣；不合的儿子是土屯蔑年，另一方面，在以前的史书中，记载与记载之间并不相同，此处按照确定的［另一种］说法，直到任何人不再废话。祝他平安。

从以前的史书和先前的故事中知道并注定成吉思汗是出自阿阑豁阿的尼鲁温诸部③全部的精华。在他崛起以后，人们看到上天给予其各种各样的帮助，在他变得强大以后，他把所有的突厥、蒙古及其他各种各样的部落亲自征服并统一。他就像姐妹之间孤儿般的珍珠，用实质的光荣和品质的珍贵高出所有那些部民。他把世界上的国家攻占和控制，他的伟大的儿子和他的著名后代在七个气候带④中有六个，成为王冠之国、［和］征服者的宝座和富裕的王子。最终伊斯兰教教义用以加强和教育王中之王，在安拉宗教的援助下，算端马合木·合赞，是永恒的真主之后和较高的事务，最终保护所有部落和家庭，建立了坚固强大的统治，远近的突厥人、大食人都看到了。由于安拉，国王的时代直到永久，国家的福利一天天的在增加。

尽管《史集》第二部分中，每一种成吉思汗的情况和记载根据他的处境将详尽细致的说明，此处序言用压缩的方式加以引证，以使读者知

---

① 都塔浑，原文作دوتاقون（dūtāqūn），伊朗校注本同，英译本作 dūtaqun。按，此词见德福《新波斯语中的突厥语和蒙古语成分》第 202 条（威斯巴登，1963 年，第 1 册，第 329 页）。

② 额赤斤·额不干，原文作ايجكين ابوكن（aījkīn abūkn），俄译本指出此词“当系蒙文 ečige（父亲）+第二格后缀 yin 及 ebügen（老人），ečige-yin ebügen——父祖、祖先”（据汉译本）；伊朗校注本作ايچيگين ابوگه（īchīgīn abūga），第一个词中多加了一个ى（Y）字母，第二个词尾的ى（Y）字母误认为ه（H）字母，英译本作 echigin-äbügä。

③ 尼鲁温诸部，尼鲁温（niru’un），蒙古语意为“腰”，尼鲁温各分支皆视为同族，互不通婚。

④ 七个气候带，为中世纪穆斯林地理学家对世界陆地的划分，9 世纪时，科学家花剌子密（Al-Khwarazmi）在其《地球图式之书》（Kitāb Sūrat al-ard），以托勒密《地理学》（Geography）为基础，依据七个气候带编排绘出世界地图，并附有地点坐标。详见（英）C.E.博斯沃思，（塔）M.S.阿西莫夫，C.E.博斯沃思：《中亚文明史》第 4 卷下，刘迎胜等译，北京：中国对外翻译出版公司，2010 年，第 176 页。

道大概，他的哈敦和子孙的支系也将写出来，变得更好理解。由于成功的安拉，我们说，成吉思汗在儿时十三周岁①丧父，在他父亲统治的时代，很多部落是也速该收集并服从他，他的母亲诃额仑是很能干和聪明的妇女，她保留了也速该的汗位、家庭、财产、追随者、军队和助手②。成吉思汗多次情况不妙，好几次机会泰亦赤兀惕③找到并抓住了他，然而最高真理把他从深渊中拯救出来。

上天要让他成为世界之主，他也渐渐地发达起来，［直到］因为痛苦的承受和困难的承担，使他为了艰苦的工作受伤。当他到达君王的幸福和安宁时，天命是很大的便利，一份感谢契约被提交。当他步步高升，他能掌管在这里的每一个人。尽管实力微弱、困难重重和【S127】面临各种艰辛，他成为伟大的把阿秃儿④、勇士、非常聪明的人、艺术家、智慧的主人和有文化的人。因为慷慨和恩惠，他的名字和声望在外传时得到广泛传播。他的友爱在天性上是明显的⑤，诸部朝着他这一方面倾斜并表达强烈愿望，直到他变得强大和有权势，把朋友战胜和保护，把敌人抛弃和征服⑥。

由于以上原因，他的亲戚、侄子和父辈嫉妒他。尤其作为邻居的泰

---

① 原文作سیزده سالگی（sezdah sālagī），意为“十三周岁”，汉译本作“十三岁”不准确。

② 原文作اعوان（u‘wān），意为“助手”，汉译本错译为“追随者”。按，原文中的اتباع（atbā‘）意为“追随者”。

③ 泰亦赤兀惕，原文作تایجیوت（tāījīūt），由俺巴孩的子孙繁衍而成。他是成吉思汗的三世祖合不勒汗的堂兄弟，合不勒汗的子孙繁衍成乞颜氏，泰亦赤兀惕与乞颜是蒙古的两大家族。关于泰亦赤乌惕部的详细记载，参见（波斯）拉施特主编：《史集》第一卷第一分册《部族志》，余大钧、周建奇译，北京：商务印书馆，1983年，第294—300页。

④ 把阿秃儿，原文作بهادر（bahādar），蒙古语 baγatur，意为“英雄，勇士，英雄人物”，详见《蒙汉词典》，呼和浩特：内蒙古大学出版社，1999年，第416页。

⑤ 原文作 و محبت او در طباع بادید آمده（wa mahabbat-i o dar tibā‘ bā-dīd āmada），汉译本作“［人们无不］爱戴他”。“［人们无不］”为俄译者所加，将原文的主语错误地理解为“人们”，汉译本未加以订正。

⑥ 原文作 تا قوی حال و با شوکت گشته و دوستان را مظفر و منصور و دشمنان را مخذول و مقهور گردانیده（qawá-ye hāl wa bā shaukat goshta wa dūstān rā muzffar wa mansūr wa dushmān rā makhzūl wa maqhūr gardānīda），汉译本作“他的力量巩固和强大起来，［他的］伴当们战无不胜，而［他的］敌人们则俯首称臣”。“［他的］”为俄译者所加，没有正确翻译原文中的宾格后置词 rā，汉译本未加以订正。

亦赤乌惕部和他们的禹儿惕[1]是临近的，对他们的征服比外国那些人更加重要，他们之间的距离很近。经历各种辛苦之后，成吉思汗终于把大多数部落征服，把余下的人变为奴隶。这些将要讲述。

此后，某些亲属和相关蒙古诸部更加靠近他，他们被征服和顺从。此后，他的亲属中的某个部落和克烈国王汪罕[2]在一起，汪罕和成吉思汗之间，是年深日久的朋友和父子关系。他们的地方和禹儿惕都是相邻和连接的[3]，必要时一起征服。经过多次战斗，最终成吉思汗一方占据优势，把他们全部消灭。

此后，那些位于成吉思汗的禹儿惕边界的出自蒙古的某些部落，大多数邻居成了敌人和嫉妒者，被成吉思汗征服。

此后，成吉思汗和乃蛮君主[4]之间处于敌对状态，因为乃蛮君主和克烈国王汪罕是敌人，而成吉思汗和汪罕是朋友。几次成吉思汗和他们作战，敌视和对抗变得突出，心中的怨恨加深了，国家也接近成吉思汗，成吉思汗把敌人和反对者清除了，并与乃蛮国界全部相连。某些出自成吉思汗亲戚的敌人和蒙古部落逃到乃蛮人那里，开始[5]形成了和成吉思汗敌视、敌对的局面。由于上述原因，成吉思汗同他们交战，直到把他们全部

---

① 禹儿惕，原文作یورتها（yūrtāī），为 yurt 的波斯语复数。突厥语 yurt，意为“帐幕、住所、营地，指游牧领地”。参见刘正寅：《〈史集·部族志·斡亦剌传〉译注》，达力扎布主编：《中国边疆民族研究》第 5 辑，北京：中央民族大学出版社，2011 年，第 211 页。

② 克烈，游牧于鄂尔浑河和土拉河流域，在蒙古兴起以前，是蒙古高原上势力较大的一部，贵族信仰基督教聂思脱里派。汪罕，名脱斡邻勒（To'oril），突厥语意为“鹰”，1196 年，脱斡邻勒帮助金朝丞相完颜襄讨伐塔塔儿部有功，故称汪罕。关于克烈部的详细记载，参见（波斯）拉施特主编：《史集》第一卷第一分册《部族志》，余大钧、周建奇译，北京：商务印书馆，1983 年，第 206—222 页。

③ 原文作 و مقام و یورتها ایشان به همدیگر نزدیک و متصل بود（wa maqām wa yūrthā-ye īshān ba ham-dīgar nazdīk wa muttasil būd），汉译本第 82 页作“他们的营盘与禹儿惕互相靠近到了一起”。按，“营盘”一词对应蒙古语 nuntuq，《元朝秘史》汉字音写作嫩秃黑，旁译作营盘，参阅（日）栗林均：《〈元朝秘史〉汉字音译旁译汉语对照语汇》，仙台：东北大学东北亚研究中心，2009 年，第 325 页；“嫩秃黑”又写作“农土”，《元史》载：“农土犹言经界也”，参见《元史》卷 118《特薛禅传》，北京：中华书局，1976 年。汉译本将普通名词مقام（maqām）译为“营盘”并不准确。

④ 乃蛮，突厥族的一支，游牧于阿尔泰山一带，东与克烈部相邻，是当时蒙古高原西部势力最大的一部。其君主名亦难赤，蒙古人称他为太阳汗。关于克烈部的详细记载，参见（波斯）拉施特主编：《史集》第一卷第一分册《部族志·乃蛮部落》，余大钧、周建奇译，北京：商务印书馆，1983 年，第 222—229 页。

⑤ 原文有آغاز（āghāz）一词，意为“开始”，汉译本此词未译。

征服。此后，契丹地区君主阿勒坦汗①，他是非常伟大的、受人尊敬的国王。在所有情况下，蒙古和突厥诸部的大多数因为在契丹地区境内，一直表示他们的服从，也经常叛乱。人们按照同样要求的规则服从成吉思汗②。

契丹地区君主，在以前的记载中这样说，他把成吉思汗祖先、祖父、叔祖父中的几个人杀掉了。由于上述原因，他们之间公开了憎恶和争吵。当高贵的真主赋予成吉思汗力量和权力时，给了他大量军队，他自己怀有报仇之志，年深日久的怨恨爆发了。他带着大量军队和阿勒坦汗作战，把契丹地区的大多数地方征服了。他把他们的诸王和勇士③征服了，剩余的用剑全部变成了顺从和臣属。五年以后，他把军队留在边界，自己回到斡耳朵去了④。

此后，他征服了位于他的国家附近的吐蕃和西夏。他想再次去征服契丹地区，直到把那个国家全部征服。合剌章，与契丹、蒙古地理位置靠近，印度人和哈剌章人都被叫作犍陀罗，大食人则称为罕答合儿，也被征服了。出于以上的重要性，他下了决心准备出征。但是由于乃蛮国王屈出律⑤在他父亲被杀以后，逃到了突厥斯坦，和作为成吉思汗敌人的某些蒙古部落联合在一起，他把哈剌契

---

① 契丹君主阿勒坦汗，阿勒坦（altan），蒙古语意为“金”，蒙古人对金章宗完颜璟（1168—1208）的称呼。完颜璟，1188 年即位，“章宗在位二十年，承世宗治平日久，宇内小康，乃正礼乐，修刑法，定官制，典章文物粲然成一代治规。又数问群臣汉宣综核名实、唐代考课之法，盖欲跨辽、宋而比迹于汉唐，亦可谓有志于治者矣。”《金史》卷 12《章宗本纪》，北京：中华书局，1975 年，第 285—286 页。

② 原文作از چینگگیز جان بر همان قاعده توقع مطاوعت و متابعت می داشت（az Chīnggīz Khān bar hamān qā‘da-ye tawaqqu‘ mutāwa‘at wa mutāba‘t dāsht），汉译本缺此句。

③ 原文作گردنکشان garden-kashān，汉译本错译为“傲慢的大臣”。

④ 原文作و بعد از پنجسال لشکری را در آن سرحد بگذاشت و با اردوی خویش مراجعت کرد（wa ba‘d az panj-sāl lashkari rā dar sar-hadd ba-guzāsht wa bā urdū-ye khwesh murāji‘at kard），汉译本作“过了五年，他把军队留在那里，［自己］回斡耳朵去了”。“自己”在原文中表示反身领属，俄译本将其理解为主语是错误的，汉译本并未加以订正。

⑤ 屈出律，乃蛮太阳汗之子。成吉思汗率军攻灭乃蛮后，屈出律逃至西辽，西辽皇帝耶律直鲁古将女儿嫁给他，后篡位。1218 年，哲别率军西征，屈出律闻讯而逃，后被蒙古军俘杀，见（波斯）拉施特主编：《史集》第一卷第二分册《成吉思汗纪》，余大钧、周建奇译，北京：商务印书馆，1983 年，第 247—251 页）。屈出律，原文写作كوشلوک（kūshlūk），来自突厥语 güchülüg，意思是“强大的”（据英译本）。

丹古儿汗[1]管理的突厥斯坦占领了，古儿汗去世。那种状况的消息传给了成吉思汗，他的意图本来是先征服契丹地区，为了击退屈出律发动的骚乱。他把哲别[2]和军队派出，他自己也去征服[3]。因为突厥斯坦是一个宽广的国家，屈出律同摩柯末[4]协商，【S128】从古儿汗之手夺取突厥斯坦，屈出律统治一部分，摩柯末统治另一部分。当成吉思汗的军队追击屈出律时，摩柯末把突厥斯坦的全部地区作为自己的边界，直到讹答剌事件发生为止。成吉思汗对此事很热心[5]，成吉思汗出于联合的使命把穆斯林商队作为算端身边的朋友也派出了。算端的舅舅名曰亦纳勒出黑，人们称他为海儿汗[6]，未经思考，把他们在讹答剌杀死了。因为如此激动和发怒的调停在成吉思汗身上变得突出，他把契丹、秦和合剌章的工作忘记了，立即把意图转向突厥斯坦和波斯地区。在诸子的支持和异密的协助下，他把这两个国家征服了。

他死后，窝阔台合罕在他的兄弟拖雷汗的支持下，将契丹地区全部

---

① 1127 年，辽朝灭亡后，大部分契丹人臣服于金国，契丹皇族耶律大石率领其余契丹部众西征，在虎思斡耳朵（今吉尔吉斯斯坦托克马克城附近）称帝改元，史称西辽，北方各部称其为哈剌契丹与当时的金国、南宋并立。古儿汗，古儿（gür），蒙古语意为“普”，蒙古人指当时的西辽皇帝直鲁古的称呼，参见（波斯）拉施特主编：《史集》第一卷第二分册《成吉思汗纪》，余大钧、周建奇译，北京：商务印书馆，1983 年，第 99—100 页。

② 哲别，原名只儿豁阿歹，蒙古别速部人，最初臣服泰亦兀惕部，归降铁木真后，改名哲别（ǰebe，蒙古语意为“箭”）。1211 年，随成吉思汗攻金，1219 年，随成吉思汗远征西域，与速不台率军攻略斡罗斯等地，归途中病死，参见（波斯）拉施特主编：《史集》第一卷第一分册《部族志·别速惕部落》，余大钧、周建奇译，北京：商务印书馆，1983 年，第 317—319 页。

③ 原文作جبه را با لشكر بفرستاد و او را نيز مقهور كرد（Jiba rā bā lashkar ba-fastād wa o rā nīz muqhar kard），汉译本缺少“他自己也去征服”这一句。

④ 花剌子模，即《辽史·天祚本纪》的回回国，《元史·西北地附录》称为花剌子模，又作回回国、西域国，《元朝秘史》作撒尔塔兀勒（冯承钧原编，陆峻岭增订：《西域地名》增订本，北京：中华书局，1982 年，第 52 页）。古代花剌子模的范围较广，位于阿姆河下游地区，咸海以南，包括今乌兹别克斯坦和土库曼斯坦的北部及哈萨克斯坦西南部各一部分。摩柯末（Alā'al Dīn Muhammad），1200—1220 年在位，屈出律与摩柯末协商一事，参见（波斯）拉施特主编：《史集》第一卷第二分册《成吉思汗纪》，余大钧、周建奇译，北京：商务印书馆，1983 年，第 250 页。

⑤ 原文作چینگگیز خان از آن غیرت کرد（Chīnggīz Khān az ān ghīrat kard），汉译本作“为了这件事，成吉思汗动了怒”。غیرت ghīrat 意为“热心，热忱”，汉译本误译为“动了怒”。

⑥ A.谢麦诺夫指出亦纳勒出黑与摩柯末是兄弟（可能是异母兄弟），海儿汗的伊斯兰教名字是塔儿丁，而偶像教（突厥）名字为牙罕—脱黑迪（“大象降生”）（据汉译本）。

占领。从客列勒[①]、巴失古儿惕[②]、孛剌儿[③]、钦察草原[④]、斡罗斯[⑤]、撒耳柯思[⑥]、阿速[⑦]直到最北边，南到哈别失[⑧]边界，在侄子们的协助下占领了。他们还占领了肃良合[⑨]。

在蒙哥合罕时代，他的弟弟忽必烈合罕占领了契丹地区剩余部分。他们的弟弟旭烈兀汗把报达[⑩]、异教徒的国土和要塞、苫国[⑪]和伊朗其他部分，直到远方的鲁木[⑫]全部占领了。

---

① 原文作كرک（krk），俄译本作 kalar，据不列什奈德《中世纪研究》，指出此名为匈牙利语 kiraly，意为“国王”，《元朝秘史》第 270 节作客列勒，《元史·速不台传》：“攻马扎尔部怯邻”（汉译本）。伊朗校注本作کرل（kiral），英译本亦是作کرل（kiral），《元朝秘史》第 270 节作客舌列勒（kerel），旁译作种名。

② 原文作باشغرد（bāshghrd），伊朗校注本作باشغرد（bashghurd），《元朝秘史》第 270 节作巴只吉惕（baǰgit），指苏联巴什基尔自治共和国的土地，在乌拉尔南部，在《世界征服者史》中，Bashghird 与 Kerel 连用，是 Kerel 的同义语，指匈牙利人（冯承钧原编，陆峻岭增订：《西域地名》增订本，北京：中华书局，1982 年，第 12 页）。苏联巴什基尔自治共和国，今属俄罗斯联邦，大部在乌拉尔山南段西坡及卡马河支流别拉亚河流域。

③ 原文作بولر（būlr），伊朗校注本作بولر（būlar）。《元朝秘史》第 262 节作孛剌儿（bolar），旁译作种名，札奇斯钦认为孛剌儿是保加利亚人，《元史·西北地附录》作不里阿耳，也可能是波兰人，但速不台所率蒙古军并未与波兰交战（札奇斯钦：《蒙古秘史新译并注释》，台北：联经出版事业公司，1979 年，第 408 页）；冯承钧认为孛剌儿指伏尔加河滨的不里阿耳人居住的地方，也指城名，遗址在今喀山以南，伏尔加河左岸（冯承钧原编，陆峻岭增订：《西域地名》增订本，北京：中华书局，1982 年，第 17 页）。

④ 原文作دشت قبحاق（dasht-i qbhāq），伊朗校注本作دشت قبچاق（dasht-i qibchāq），钦察草原是从额尔齐斯河到第聂伯河之间的草原地区（汉译本）。

⑤ 原文作اوروس（ūrūs），是蒙古人对罗斯（rus）的称呼，今俄罗斯。

⑥ 原文作حركس（hrks），伊朗校注本作چرکس（chirkis），汉译本作撒耳柯思。《西域地名》载：“一作 Tcherkesses，一作 Cherks，《元秘史》作薛儿客速，又作薛儿格速，《元史·西北地附录》作撒耳柯思，《蒙古游牧记》注作色尔克斯。拉施特《史集》有此名，为高加索北之一支游牧民族。”《史集》第 21 页诸抄本没有此词的异写形式，应从《元史·地理志》译为“撒耳柯思”（即撒耳柯思——笔者注）。

⑦ 原文作آس（ās），《元史》多作阿速，《元史·西北地附录》作阿兰、阿思，《元史·文宗纪》作阿宿，是以前在高加索山以北，顿河下游一带活动的突厥系民族（冯承钧，陆峻岭编：《西域地名》，北京：中华书局，1982 年，第 5 页）。

⑧ 原文作حبشه（habashe），俄译本注阿比西尼亚（据汉译本），今埃塞俄比亚。

⑨ 原文作سوُلنكقه（sūlnkqa），伊朗校注本作سوُلنگقه（sūlangqa），蒙古人对高丽的称呼（汉译本）。

⑩ 原文作بغداد（baghadād），今伊拉克首都巴格达。

⑪ 原文作شام（shām），苫国之名见杜环《经行记》，阿拉伯称叙利亚（Syria）为 shām（冯承钧原编，陆峻岭增订：《西域地名》增订本，北京：中华书局，1982 年，第 35 页）。

⑫ 原文作روم（rūm），是阿拉伯人对拜占庭的称呼，详见北京大学东方语言文学系波斯语教研室编：《波斯语汉语词典》，北京：商务印书馆，1981 年，第 1202 页。

当忽必烈合罕在位时，他占领了秦、合剌章和忻都斯坦的一部分。直到如今，成吉思汗的宗族和后裔把他们国家附近的地区逐一攻占。这些出自成吉思汗和他的宗族的政权影响下的伟大事业，已经成功，并一直延续。

这些事迹的解释和详述，我将置于彼处每个叙述之后。此处用序言的方式简短介绍。现在我们开始成吉思汗哈敦的阐述，我们用笔写出每位哈敦有几个后代以及每种情况的叙述。愿至高真主保佑，赐予恩惠。

四、成吉思汗的哈敦和他的后代的叙述

成吉思汗有接近五百的哈敦，每一位都娶自某个部落。一些是按照蒙古婚礼娶的，大多数人是当诸部和诸国被征服和攻占时，她们被掠夺来的，但是那些哈敦中有一个是最大的，最终成为完全受人尊敬的有五个，分述如下。

（一）大哈敦

孛儿帖[①]，弘吉剌部[②]首领德薛禅[③]之女，是所有哈敦中最受尊敬的

① 《元史》卷 106《后妃表》，北京：中华书局，1976 年，第 2694 页载：“弘吉烈（即弘吉剌——笔者注）氏，至元二年追谥光献，至大二年加谥光献翼圣皇后”

② 弘吉剌部，蒙古迭儿列斤部一支，分布在额尔古纳河、呼伦贝尔湖以东地区，是成吉思汗家族重要的联姻对象，参见（波斯）拉施特主编：《史集》第一卷第一分册《部族志》，余大钧、周建奇译，北京：商务印书馆，1983 年，第 261—272 页。

③ 德薛禅，弘吉剌部别部孛思忽儿的首领，铁木真九岁时与其女孛儿帖定亲，本传见《元史》卷 118《特薛禅传》，北京：中华书局，1976 年，第 2915 页载：“特薛禅，姓孛思忽儿，弘吉剌氏，世居朔漠。本名特，因从太祖起兵有功，赐名薛禅，故兼称曰特薛禅。女曰孛儿台，太祖光献翼圣皇后。”薛禅，蒙古语作 sečen，意为“聪明的，聪颖的，聪慧的，伶俐的，精明的，颖悟的，高明的”（《蒙汉词典》，呼和浩特：内蒙古大学出版社，1999 年，第 893 页）。

和最大的，她是受人尊敬的四个儿子[①]的母亲，她有五个女儿。

长子术赤，所有在钦察草原的诸王和王子都是他的后代。据称当成吉思汗和蔑儿乞部[②]发生战争，他们占据优势，孛儿帖怀着术赤，蔑儿乞部把她俘获了。因为那时蔑儿乞部和汪罕之间是和平的，把她送到了汪罕处。汪罕知道她是高尚且受人尊敬的，他和成吉思汗的父亲是老朋友，把成吉思汗称为儿子，用结婚的眼光看待她。他的异密说："为什么不把她娶了？"他回答道："她是我的儿媳，用乱伦的眼光对待她的婚姻，就远离了人伦。"当成吉思汗得到那则消息的时候，出自札剌亦儿部的撒儿塔黑那颜的祖父撒巴[③]，被派到汪罕处，把哈敦索要回来。汪罕答应要求，把她送给了他。由于他们为成吉思汗效劳，在路上，她生了术赤，由于路上凶险，【S129】没有寻找生育地点的机会和安排摇篮[④]，撒巴将揉面团软化，把他卷起来，放在自己的衣襟下，小心地带着，直到他的身体消除痛苦。因为他是突然出生的，人们称他为术赤。

第二子察合台，从突厥斯坦开始直到阿姆河河口的地域分封给了

① 《元史》卷107《宗室世系表》，北京：中华书局，1976年，第2714页载："太祖皇帝，六子：长术赤太子；次二察合台太子；次三太宗皇帝；次四拖雷，即睿宗也；次五兀鲁赤，无嗣；次六阔列坚太子。"相关考证见（法）韩百诗：《元史宗室世系表笺证》，《通报》1945年第38卷，第51—52页）。赵珙《蒙鞑备录》："成吉思有子甚多，长子比因破金国，攻打西京、云中时阵亡，今第二子却为大太子，名约直，三太子名阿戴，四太子名天娄，五太子名龙孙，皆正后所生，其下又有数人，皆庶生也。"王国维指出约直即术赤，阿戴即窝阔台，天娄即拖雷，龙孙无此人，因术赤、察合台都在西域，赵珙没有见到这两人，对他俩的记载有误（王国维：《王国维遗书》第13册，上海古籍书店，1983年，第6页）。术赤、察合台、窝阔台、拖雷的传记，见剌失德丁：《成吉思汗的继承者——〈史集〉第二卷》，周良霄译注，天津：天津古籍出版社，1992年。

② 蔑儿乞部，分布在色楞格河流域，有兀都夷、麦古丹、脱脱邻、兀洼思、察浑等部，后被成吉思汗消灭，参见（波斯）拉施特主编：《史集》第一卷第一分册《部族志》，余大钧、周建奇译，北京：商务印书馆，1983年，第186—190页。

③ （波斯）拉施特主编：《史集》第一卷第一分册《部族志·札剌亦儿部落》，余大钧、周建奇译，北京：商务印书馆，1983年，第157—158页载："当阿鲁浑汗幼年时，曾在呼罗珊和祃桚答耳作过斡耳朵异密的撒儿塔黑那颜之父撒巴和他的儿子合察儿，都出自他们的氏族"。

④ 原文作گهواره（gahwāra），《波斯语汉语词典》解释为摇篮，汉译本译为"襁褓"，并不准确。按，术赤出生之事亦见于17世纪时术赤后裔阿布尔·哈齐·把阿秃儿汗所著《突厥世系》载："勃儿帖—兀真（即孛儿帖——笔者注）在途中产下一子，由于她没有置放新生儿的摇篮，她就用面糊做了个篮子状的东西，将婴儿放进去，继续赶路。"详见阿布尔·哈齐·把阿秃儿汗：《突厥世系》，罗贤佑译，北京：中华书局，2005年，第162页。

他。阿鲁忽、木八剌沙和八剌掌管他的国家（兀鲁思），目前由他的儿子都哇和忽都鲁火者掌管①。每一种后代系谱的详述和他的事迹见后文。

第三子窝阔台［合罕］，成吉思汗死后他成为合罕，在位十三年，贵由汗是他的长子，海都和那个疆域内的几个宗王是他的后代②，他们的事迹见后文。

第四子拖雷，他的称号是也可那颜和兀鲁黑那颜③，成吉思汗称他为那可儿。在多数情况下，他是父亲的追随者，在战争中同父亲在一起。“拖雷”在蒙古语中意为镜子，因为他去世了，直到现在，镜子成为禁用的名字，镜子的名字换成突厥语“阔思阔”④。由于上述原因，在当代，蒙古人也把镜子称为“阔思阔”。蒙哥合罕、忽必烈合罕、旭烈兀汗和阿里不哥是他的后代。目前他们的孙子永久在位的铁穆耳合罕和伊斯兰君主合赞汗是合罕和君王。其他出自他的纯洁部落的支系和后代成为各地的合罕和君王，每一个传记将单独叙述。

成吉思汗这四个儿子都是慎重的、有能力的、完美的、把阿秃儿、勇敢的，为父亲、军队和部众所器重。他为他们中的每一个人建立了一个王国，把他们称为四曲律⑤，是对人杰、骏马等称呼，当他成为首领，比其他

---

① 阿鲁忽是从 1261 年开始统治察合台兀鲁思，他死于 1264 年；八剌，1264—1270 年在位；都哇统治到 1306 年（据英译本）。

② 原文作قایدو وچند شهزاده که در آن حدود می باشند از نسل وی اند（Qāīdū wa chand shahazāda ki dar ān hudūd mi bāshand za wi and），汉译本作“海都和那边的若干宗王都是他的后裔”。حدود（hudūd）意为“疆域、境域”，汉译本未能体现此词含义。

③ 原文作یکه نوین و الغ نوین（yeke nūīn wa alugh nūīn），也可，蒙古语作 yeke，意为“大”，兀鲁黑，突厥语作 uluq，意为“大”（据汉译本）。

④ 原文作کوزکو（kūzk），突厥语 küzgü，意为“镜子”，见德福《新波斯语中的突厥语和蒙古语成分》第 1674 条 کوزگو（威斯巴登，1967 年，第 3 册，第 637—639 页）。

⑤ 原文作کولوک（kūlūk），伊朗校注本作کولوگ（kūlūg）。按，《元朝秘史》第 201 节作曲鲁克（külük），旁译为俊杰，此词亦见于《元史》卷 99《兵志二》，北京：中华书局，1976 年，第 2524 页载：“太祖功臣博尔忽、博尔术、木华黎、赤老温，时号掇里班曲律，犹言四杰也，太祖命其世领怯薛之长。”又见《元史》卷 119《木华黎传》，北京：中华书局，1976 年，第 2929 页载：“与博尔术、博尔忽、赤老温事太祖，俱以忠勇称，号掇里班曲律，犹华言四杰也。”（蒙古语 külük 一词变格时读 külüg，伊朗校注本写法误。

人更为杰出，在以前，人们把他称为曲律[①]。此外，我们将在每篇传记中记载这四个儿子的事迹，还有许多记在《成吉思汗纪》中。给每个儿子安排的异密和军队的叙述都在此纪中，异密的详述将被解释。愿真主安拉佑护。

出自这个哈敦的五个女儿的名字和她们所嫁之人的记载，详述如下：

大女儿火臣别吉[②]，一开始把她嫁给了桑昆之子［和］汪罕之孙秃撒不合[③]，婚姻没有完成，中间产生了怨恨，后来，把她嫁给了亦乞列思部捏昆之子孛秃驸马[④]。

二女儿扯扯亦坚[⑤]，把她嫁给了斡亦剌部首领忽都台别乞之子脱列

---

① 原文作و از آدمی و اسب و غیره آنکه بر سر آید و بر دیکران راجح باشد و سابق آید او را کولوک گوین（wa az ādāmī wa asb wa ghaira ānki bar sar āyid wa bar dīgarān rājih bāshid wa sābiq āyid o rā kūlūk gūyand），汉译本译作“所谓‘曲律’是他们对于卓越的人杰、骏马等等的称呼。”与原文相比，意思并不完整。

② 原文作فوجين بيكى（fūjīn bīkī），俄译本据《元朝秘史》第 265 节“豁真别吉”写法正确改为 qūjīn bīkī，伊朗校注本作قوجين بيكى（qūjīn bīgī）。别吉（Begi）是男女贵族通用的尊称，女子使用此号有公主或翁主之意（札奇斯钦：《蒙古秘史新译并注释》，台北：联经出版事业公司，1979 年，第 42 页注 3）。《元史》卷 109《诸公主表》，北京：中华书局，1976 年，第 2757—2758 页载：“烈祖昌国大长公主帖木伦，烈祖女，适昌忠武王孛秃，主薨，继室以太祖女昌国大长公主火臣别吉。”孛秃娶帖木仑和火臣别吉，亦见《元史》卷 118《孛秃传》，北京：中华书局，1976 年，第 2921 页载：“孛秃，亦乞列思氏，善骑射。太祖尝潜遣术儿彻丹出使，至也儿古纳河。孛秃知其为帝所遣，值日暮，因留止宿，杀羊以享之。术儿彻丹马疲乏，复假以良马，及还，孛秃待之有加。术儿彻丹具以白帝，帝大喜，许妻以皇妹帖木伦。……皇妹薨，复妻以皇女火臣别吉，而命哈儿八台之子也可忽林图带弓矢为之侍。”

③ 原文作توسابوقا（tūsābūqā），伊朗校注本作توساقا（tūsāqā）。《元朝秘史》第165节载：“成吉思汗想亲上加亲，遂为（自己的儿子）拙赤求娶桑昆的妹妹察兀儿·别吉，同时想把自己的豁真·别吉嫁给桑昆的儿子秃撒合，互相换亲嫁娶。桑昆妄自尊大地说：‘我们家的女儿如果嫁到他家，只能站在门后（做妾婢），仰看坐在正位的（主人的脸色）。他的女儿如果嫁到我家，是坐在正位上（做主人），俯视站在门后的（妾婢们）！’他如此妄自尊大地说卑视我们的话，不肯把察兀儿·别吉给我们，不同意这门亲事。成吉思汗听到这些话后，对王汗（即汪罕——笔者注）、你勒合·桑昆两人心意冷淡了。”（余大钧译注：《蒙古秘史》，石家庄：河北人民出版社，2001 年，第 112—113 页）

④ 原文作كوركان（kūrkān），伊朗校注本作كورگان（kūrgān），蒙古语 güregen，意为“女婿”，见《元朝秘史》第 155、156 节旁译，参阅（日）栗林均：《〈元朝秘史〉汉字音译旁译汉语对照语汇》，仙台：东北大学东北亚研究中心，2009 年，第 184 页。伊朗校注本未将第一个字母ك（k）改为گ（g）。

⑤ 原文作جيجكان（jījkān），伊朗校注本作چيچگان（chīchgān）。《元朝秘史》第 239 节载：“成吉思汗因斡亦剌惕部（即斡亦剌部——笔者注）的忽都合·别乞（即忽都合别乞——笔者注）率先迎降，并引导其秃绵·斡亦剌惕部落来降，遂降恩将（自己的女儿）扯扯亦干赐嫁给他的儿子亦纳勒赤。又把术赤的女儿（豁雷罕——笔者补）嫁给亦纳勒赤的兄长脱劣勒赤。”（余大钧译注：《蒙古秘史》，石家庄：河北人民出版社，2001 年，第 195 页）扯扯亦坚，蒙古语作 čečeyigen，意为“花”，是常见的蒙古女子名字（札奇斯钦：《蒙古秘史新译并注释》，台北：联经出版事业公司，1979 年，第 358 页注 10）。俄译本已指出《史集》和《元朝秘史》在此事记载上的不同（汉译本）。

勒赤驸马。

三女儿阿剌海别吉①，把她嫁给了汪古惕部首领之子镇国②。

四女儿秃马伦③，把她嫁给了弘吉剌部首领之子，他的名字就是古儿干。

五女儿阿勒塔伦④，又称为阿勒塔鲁罕，把她嫁给了斡勒忽讷惕部

① 《元史》卷109《诸公主表》，北京：中华书局，1976年，第2757页载："赵国大长公主阿剌海别吉，太祖女，适赵武毅王孛要合。"《元史》卷118《阿剌兀思剔吉忽里传》，北京：中华书局，1976年，第2924页载："孛要合幼从攻西域，还封北平王，尚阿剌海别吉公主。公主明睿有智略，车驾征伐四出，尝使留守，军国大政，谘禀而后行，师出无内顾之忧，公主之力居多。孛要合未有子，公主为进姬妾，以广嗣续，生三子：曰君不花，曰爱不花，曰拙里不花。公主视之，皆如己出。孛要合薨，追封高唐王，谥武毅。后加赠宣忠协力翊卫果毅功臣、太傅、仪同三司、上柱国、驸马都尉，追封赵王。公主阿剌海别吉追封皇祖姑齐国大长公主，加封赵国。"

② 俄译本指出词音读不明，根据《元史·阿剌兀思剔吉忽里传》，认为此人应是孛要合；伊朗校注本作چینگوی（Chīngūī）；英译本作 Chigüi，认为此人可能是《元朝秘史》202节、251节中提到的出古。按，《元史》卷118《阿剌兀思剔吉忽里传》，北京：中华书局，1976年，第2924页载："阿剌兀思剔吉忽里归镇本部，为其部众昔之异议者所杀，长子不颜昔班并死之。其妻阿里黑携幼子孛要合与侄镇国逃难，夜遁之界垣，告守者，縋城以登，因避地云中。"按，Chīngūī 应是镇国，是阿剌兀思剔吉忽里之侄，并未娶阿剌海别吉，《史集》所记有误。

③ （波斯）拉施特主编：《史集》第一卷第一分册《部族志·弘吉剌惕部落》，余大钧、周建奇译，北京：商务印书馆，1983年，第265页载："在成吉思汗时，有一个被称为阿勒出那颜的受尊敬的异密，名为迭儿客驸马。他有个名为申窟驸马的儿子。成吉思汗从弘吉剌惕（即弘吉剌——笔者注）其他部落中拨出四千壮士赐给他；并把自己的女儿、拖雷汗之姊秃马伦嫁给他，把他派到秃马惕地区去，直到现今，他们的后裔都住在那里。"（波斯）拉施特主编：《史集》第一卷第二分册《成吉思汗纪》，余大钧、周建奇译，北京：商务印书馆，1983年，第373页载："阿勒赤那颜的儿子弘吉剌惕（即弘吉剌——笔者注）部人失窟驸马千户。失窟娶成吉思汗的女儿秃马仑哈敦（为妻）。成吉思汗从弘吉剌惕部拨出这四个千户赐给他，派（他）到吐蕃地区去。他们（迄今）还全部在那里，在那里任箭筒士（豁儿赤）长的巴牙兀带，曾来过此邦。由于这支军队自古以来就是他的产业，故由他亲自指派千夫长。"在成吉思汗时代，蒙古并未与吐蕃发生直接联系，吐蕃为秃马惕之误。《元史》卷109《诸公主表》，北京：中华书局，第2757页载："秃满伦公主，适赤窟驸马。"《元史》卷2《太宗纪》，北京：中华书局，1976年，第35页载："皇子阔端、驸马赤苦、公主阿剌海、公主果真、国王查剌温、茶合带、锻真、蒙古寒札、按赤那颜、圻那颜、火斜、术思，并于东平府户内拨赐有差。"申窟、失窟、赤窟、赤苦实为同一人，秃马伦公主嫁给的是弘吉剌惕首领阿勒赤那颜之子赤苦驸马，他们驻守在秃马惕地区。

④ 《史集》其他地方记载成吉思汗将阿勒塔伦嫁给了泰出驸马，如（波斯）拉施特主编：《史集》第一卷第一分册《部族志》，余大钧、周建奇译，北京：商务印书馆，1983年，第267—268页载："娶成吉思汗幼女阿勒塔伦为妻的泰出驸马，出自他的部落。……兀剌儿驸马的儿子泰出驸马，娶成吉思汗幼女阿勒塔鲁罕（即阿勒塔伦——笔者注）为妻，也出自这个部落。"又（波斯）拉施特主编：《史集》第一卷第二分册《成吉思汗先祖纪》，余大钧、周建奇译，北京：商务印书馆，1983年，第65页载："月伦（即诃额仑）有个兄弟名叫泰出驸马，成吉思汗把幼女阿勒塔伦嫁给了他。"按，泰出驸马即塔术驸马。

塔术驸马之子，名曰札兀儿薛禅[①]。塔术驸马是成吉思汗母亲的兄弟。与其他女儿相比，成吉思汗更加宠爱这个女儿。她的事迹很多，稍后叙述出来。

这五个女儿和她们的丈夫有很多事迹，由于每个家族都产生了分支，现在某些事迹在《成吉思汗纪》《窝阔台合罕纪》和《贵由汗纪》中，人们只要完整地阅读，全部都能理解和领会。

出自大哈敦孛儿帖的后代已经产生，少量的叙述完成了。祝她平安。

（二）第二哈敦

忽兰哈敦[②]，是按照命令归顺的蔑儿乞部首领答亦儿兀孙的女儿。他（答亦儿兀孙）把这个女儿带来并献给了成吉思汗，她生了一个儿子，名曰阔列坚。成吉思汗没有把这个儿子放在上述四个儿子同等的地位。阔列坚的事迹和他的后代的系谱是这样的，阔列坚有四个儿子，长子名曰忽察，【S130】忽察的父亲去世后，六千人分给了忽察，父亲的位子传给了忽察。忽察有一个儿子，名曰兀鲁带，他也继承了父亲（忽察）的位子和军队，随侍忽必烈合罕，兀鲁带有一个儿子，名曰也不干。但是当塔察儿那颜的宗族、乃颜和其他诸王反叛[③]忽必烈合罕，并想同海都联合，被忽必烈合罕获知，把也不干和其他人都处死了。

---

① （波斯）拉施特主编：《史集》第一卷第二分册《成吉思汗纪》，余大钧、周建奇译，北京：商务印书馆，1983 年，第 368 页载："成吉思汗由于对这个女儿特别宠爱，赐给她照儿薛禅的称号。"札兀儿薛禅即照儿薛禅，为阿勒塔伦的称号。札兀儿，蒙古语作ǰaγur，意为"中途，中间"，详见《蒙汉词典》，呼和浩特：内蒙古大学出版社，1999 年，第 1308 页。

② 忽兰哈敦，《元史》卷 106《后妃表》，北京：中华书局，第 2694 页作忽兰皇后，位列第二斡耳朵首位。答亦儿兀孙献女一事，详参余大钧译注：《蒙古秘史》，石家庄：河北人民出版社，2001 年，第 308—309 页。

③ 原文作دل（dil），汉译本未译此词。

（三）第三哈敦

也速干[①]，出自塔塔儿部，她生了一个儿子，名曰札兀儿，在年轻时就死了。

（四）第四哈敦

公主哈敦[②]，契丹阿勒坦汗之女，她是十分出名的，虽然她没有好看的容貌，但由于她的父亲是十分强大的君王，人们信任和尊敬她。成吉思汗和她没有生下后代，直到阿里不哥时代，她还活着，此后，她去世了。而在这位哈敦的斡耳朵里，有一位额儿木克的女儿，她是宝儿赤[③]，名曰哈忽台，她变得非常有名与尊贵。

（五）第五哈敦

也遂[④]，上述也速干的姊妹，也出自塔塔儿部。

除上述哈敦以外，成吉思汗还有几位地位较高的哈敦，但是在范围和数目上，这些哈敦已经不是最大的五个了。其中一个是克列部国王汪罕之弟札合敢卜的女儿亦巴合哈敦，她有一个姊妹，名曰别克秃迷失旭真，成吉思汗把她嫁给了术赤汗，另有一个姊妹嫁给了拖雷汗，名曰唆

---

① 也速干，《元史》卷106《后妃表》，北京：中华书局，第2696页作也速干皇后，位列第四斡耳朵首位，据《蒙古秘史》第155节，也速干是塔塔儿部也可扯连的女儿。详见余大钧译注：《蒙古秘史》，石家庄：河北人民出版社，2001年，第213页。

② 公主哈敦，为金废帝完颜允济的第四女，金朝宫中称之为小姐姐。（宋）李心传：《建炎以来朝野杂记》乙集卷19《女真南徙》，北京：中华书局，2000年，第844页载："金主珣厚赂忒没贞（铁木真——笔者注），以允济第四女小姐姐者妻之。"英译本误以为"岐国"为她的名字。

③ 原文作باورجی（bāūrjī），伊朗校注本作باورچی（bāūrchī）。宝儿赤，蒙古语为bawurči，意为"厨子"。参见（日）栗林均：《〈元朝秘史〉汉字音译旁译汉语对照语汇》，仙台：东北大学东北亚研究中心，2009年，第57页。

④ 《元史》卷106《后妃表》，北京：中华书局，1976年，第2695页作也速皇后，位列第三斡耳朵首位，《元朝秘史》第155节作也遂，是也速干的姐姐。详见余大钧译注：《蒙古秘史》，石家庄：河北人民出版社，2001年，第213页。

鲁禾贴尼别乞，她是四颗帝王般[①]珍珠的贝壳，幸运、幸福、英俊的四个儿子的母亲。他自己娶了亦巴合哈敦，突然一天晚上他做了个梦，把她给了那夜担当怯薛的一名异密，［名曰］怯台那颜，出自兀鲁兀惕部[②]，以及她所有的马群、仆人、羊群、随从、侍臣、牛群、牲口群、财宝和宝库，除了一名宝儿赤和一只用来喝忽迷思[③]的金碗外，剩下的全部和哈敦一起，都给了上述异密。以上情况在兀鲁兀惕部分支时已经讲述。

另一个古儿别速哈敦，她起初是乃蛮国王太阳汗的哈敦，太阳汗和她非常恩爱。由于太阳汗被杀死了，此后，人们把她带到了成吉思汗跟前，按照风俗和蒙古约孙（即习惯法——笔者注）把她娶了。

另一个［察合哈敦］[④]，西夏国王的女儿。成吉思汗想要礼物，他把这个女儿给了成吉思汗。

众多国王的哈敦和异密的女儿，成了成吉思汗的哈敦，但多数没有成为大哈敦。成吉思汗和出自乃蛮的一个妃子生了一个儿子，名曰主儿扯歹，这个儿子比其他儿子更早的死亡，他的母亲的名字不详。所生的另一个儿子，名曰兀儿札罕，也在幼年时死了，她的母亲是出自塔塔儿部的一个妃子，她的名字也不详。

这就是成吉思汗受尊敬的哈敦和他的后代的叙述。

由于这四个儿子是受人尊敬的，他们被称为四曲律，正如四根柱

---

① 原文作شاهوار（shāh-wār），汉译本误译作“纯水般”。

② 怯台那颜，为兀鲁兀惕部首领术赤台之子。（波斯）拉施特主编：《史集》第一卷第一分册《部族志·兀鲁惕部落》，余大钧、周建奇译，北京：商务印书馆，1983 年，第 301 页载：“屯必乃汗的九个儿子中，长子名为札黑速。从他的诸子产生三个分支：一支称为那牙勤部，另一支为兀鲁惕部，第三支为忙忽惕。”

③ 原文作قميز（qumīz），来自突厥语 qimis，蒙古语称为 äsük 和 üsük，是一种经过发酵的马奶酒，见伯希和《马可波罗注》第 137 条“chemis”（巴黎，1959 年，第 240 页）。关于马奶酒的生产工艺，参见《柏朗嘉宾蒙古行纪 鲁布鲁克东行纪》，耿昇、何高济译，北京：中华书局，1985 年，第 264 页。

④ 《史集》诸抄本均缺此名，《元朝秘史》第 249 节云：“［成吉思汗］从那里出征合申（河西、西夏）百姓。到了那里，合申百姓的不儿罕投降，他说：‘我愿做您的右手，为您效力。’不儿罕把名叫察合的女儿献给成吉思汗。”（余大钧译注：《蒙古秘史》，石家庄：河北人民出版社，2001 年，第 420 页）不儿罕，指西夏皇帝李安全，1206—1211 年在位。伊朗校注本（第 304 页）据此增补。

子，他们中的每一个人都成为单独的国王。在建立的成吉思汗后代支系表中，会对他们的后代支系画线，关于每个人的事迹，他的后代的支系将要单独叙述。关于阔列坚，我们不打算写出单独的事迹，此处所有他的系谱和他的后代都列了出来。关于女儿的后代，由于他们的父亲来自各个部落，在叙述那些部落的系谱时记录他们，此处他们的系谱不应列出。成吉思汗的画像和他的后代的系谱表在得以确认之下是准备好了（图 5-1）。

【S131】

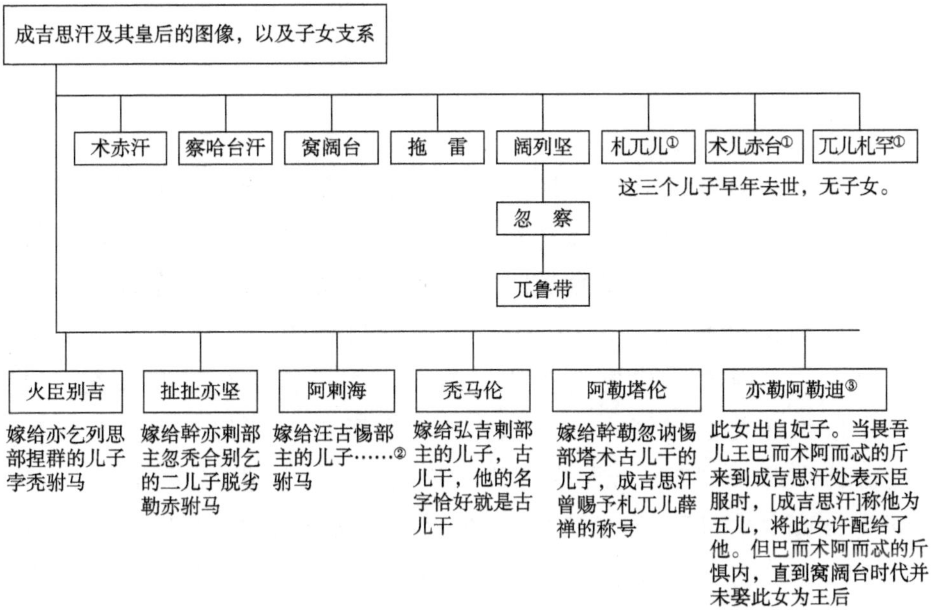

图 5-1　成吉思汗和哈敦的肖像以及子女的系谱

① 这三个儿子夭折，没有后代。

② 笔者注：《史集》伊斯坦布尔抄本将忽察、兀鲁带误置于拖雷之下。

③ 笔者注：原文ايل آلتى（aīl āltī），俄译本作 aīl āltī，汉译本译作“亦勒阿勒迪”，英译本作 El Ägätäi。《元史》卷 122《巴而术阿而忒的斤传》，北京：中华书局，1976 年，第 3000 页载：“辛未，朝帝于怯绿连河，奏曰：‘陛下若恩顾臣，使臣得与陛下四子之末，庶几竭其犬马之力。’帝感其言，使尚公主也立安敦，且得序于诸子。”畏吾儿巴而术阿而忒的斤所娶者是也立安敦公主，原文ايل آلتى（aīl āltī）中最后一个字母ى（Y）应该在上面加上一个音点变为ن（N），校正为 ايل آلتن（īl āltn）。

第六章　《马可波罗行纪》冯承钧译本中的“塔古音”

《马可波罗行纪》是13世纪时意大利威尼斯商人马可波罗游历世界的见证，他在书中对自己在地中海、欧亚大陆、印度洋等地的见闻予以记述，风靡一时，成为当时欧洲了解东方的主要信息来源。1936年，冯承钧据沙海昂（A.J.Charigon，1872—1930）法文译注本将其译为中文，并根据元代史料对沙海昂译注本进行了更正和补充，成为学术界最为通行的汉译本。冯承钧将《马可波罗行纪》中提到一种记录预言的小册子“Tacuin”音译为“塔古音”，并据 Tavernier 书将其考证为波斯语的历书①。法国东方学家伯希和在其名著《马可波罗注》（Notes on Marco Polo）中没有对 Tacuin 一词进行注释。日本学者爱宕松男指出所谓 Tacuini 乃是源自阿拉伯语 Takwim 的波斯语 Tacuim（历法）之讹误②。本章利用元代的相关史料，对“塔古音”这一历书的具体情况进行研究。

---

① 《马可波罗行纪》，冯承钧译，北京：中华书局，2004 年，第 413—415 页。按，Tacuini 今译达文尼（1605—1689），法国旅行家和珠宝商，在 1631—1633 年，他曾 6 次东航至印度和中东等地，著有《达文尼六航记》。

② （日）爱宕松男译注：《东方见闻录》，东京：平凡社，1971 年，第 267 页。

一、蒙古人的预言与占卜

预言是人们对未来将要发生的事情做出的预报或者断言。现代人们的预言大多根据科学规律，有一定的合理性，而古代人们的预言往往借助某种非凡能力而使其具有可信性。在被誉为13世纪蒙古草原的百科全书——《蒙古秘史》中记载了多个通过解梦、神告、占卜等方式做出的预言。

铁木真九岁时，他的父亲也速该带他到斡勒忽纳兀惕部聘娶姑娘，路上遇到了弘吉剌部的德薛禅，他一眼就看上了铁木真，对也速该说："你这个儿子目中有火，面上有光。"[①]为了让铁木真成为自己的女婿，德薛禅接着对也速该说："也速该亲家，我昨夜做了一个梦，梦见白海青抓着日、月飞来，落在我手上。我把这个梦对人说：日、月是仰望所见的，如今这海青抓来落在我的手上；这白（海青）落下，是何吉兆？也速该亲家，如今见你领着儿子而来，正应了我的梦。我做了个好梦。这是什么梦？是你们乞牙惕氏人的守护神来告的梦。"[②]德薛禅将铁木真说成是自己梦（ǰewüdün）里抓住日、月的白海青，预言铁木真将来会大富大贵，最终打动了也速该，从而促成了铁木真和孛儿帖的婚姻，开启了乞颜部和弘吉剌部的世代联姻。

1189年，在铁木真首次称汗前，巴阿邻氏萨满巫师豁儿赤脱离札木合投奔铁木真，他说：

> 我们是圣贤孛端察儿掳来的妇人所生的（后代），我们与札木合是同生于一腹而异胞的（后代）。本不应该和札木合分离。但（上天的）神告降临于我，使我目睹了：有一头黄白色乳牛围绕着札木合走，撞了他的房车，又撞札木合，撞折了一只角，成了斜角，就扬起尘土，向札木合连声吼叫："还我角来！"。又有一头无角的黄白

① 余大钧译注：《蒙古秘史》第62节，石家庄：河北人民出版社，2001年，第58页。
② 余大钧译注：《蒙古秘史》第63节，石家庄：河北人民出版社，2001年，第59页。

色公牛驮着、拉着大帐房的下桩，从帖木真（即铁木真——笔者注）后边循着大车路而来，吼叫说：“天地商量好，让帖木真当国主，我把国家载来了！”这是（上天的）神指示我，使我目睹到的。帖木真，我向你预报了吉兆，如果你做了国主，你让我怎样享乐呢？[1]

札木合与铁木真结为安答，帮助他从宿敌蔑儿乞部夺回了妻子，铁木真非常感激，两家一起放牧，然而札木合的部下有很多曾经是也速该的旧部，这些人不经札木合同意，回到铁木真家，札木合因此决定与铁木真分开。豁儿赤在比较札木合和铁木真的为人后，预言铁木真将成为国主，因此将神告（ǰa'arin）告知铁木真，并决定追随他。做出同样预言的还有萨满巫师阔阔出，1206 年，他给铁木真献上了至高无上的成吉思汗尊号。铁木真建国后，豁儿赤的神告得以应验。这个神告被成吉思汗视为先兆（ǰöng），他对豁儿赤说：“你曾预告先兆。从朕年轻时至今，你曾与朕同历艰辛，做着（朕的）护福神。”[2]豁儿赤被封为万户，并获得了从秃马惕部任选三十个美女为妻的特权。而阔阔出在铁木真建国后预言说：“长生天有旨，宣示（谁应当）为汗的神谕：一次命帖木真执掌国政，一次命合撒儿执掌国政，如果不及早对合撒儿下手，今后会怎么样就不知道了。”[3]阔阔出妄图通过挑拨成吉思汗和他的弟弟合撒儿之间的关系来扩大自己的势力，最后被成吉思汗处死。

占卜是古代人们用来推断未来吉凶祸福最常见的方法。1204 年，铁木真讨伐乃蛮部，其首领太阳汗战死，投靠太阳汗的弘吉剌等部纷纷投降铁木真。札木合逃走，后被他的五个那可儿捉住献给了铁木真。铁木真历数自己对札木合的恩德，札木合听后十分惭愧，求速死。铁木真说：“我这位安答虽曾离我而去，虽对我们满口讥议，但尚未听说他想害我的性命，他是个可让人们向他学习的人。他不愿活，只求赐死。我令人占卜，并未入卦。无缘无故害他性命是不合适的。”[4]铁木真对是

---

① 余大钧译注：《蒙古秘史》第 121 节，石家庄：河北人民出版社，2001 年，第 145 页。
② 余大钧译注：《蒙古秘史》第 207 节，石家庄：河北人民出版社，2001 年，第 351 页。
③ 余大钧译注：《蒙古秘史》第 244 节，石家庄：河北人民出版社，2001 年，第 404 页。
④ 余大钧译注：《蒙古秘史》第 201 节，石家庄：河北人民出版社，2001 年，第 324 页。

否处死这位既是安答又是竞争者的札木合时，十分犹豫，因此叫人进行占卜（tölge），得到的结果是不应处死札木合。因为札木合求死的请求，铁木真找了几个理由在不流血的情况下处死了札木合。

成吉思汗有四个儿子：术赤、察合台、窝阔台和拖雷。术赤先于成吉思汗死去，1229 年，窝阔台在察合台和拖雷的拥戴下成为大汗。由于蒙古有遵循幼子继承父母家产的传统，拖雷成为窝阔台大汗权威的最大威胁。1231 年，窝阔台率军出征金国，过了居庸关驻扎在龙虎台时，窝阔台病倒了。人们请巫师为窝阔台占卜，巫师说窝阔台的病因是“金国的土地神、水神们，因为他们的地方和水被毁，百姓、人口被掳，急遽作祟，占卜时许（神）以别的什么为替身禳之，（神）作祟愈急。”[①]窝阔台问可否用亲人做替身，巫师认为可以。这时在旁边的拖雷听到巫师和窝阔台的谈话后，请求代替窝阔台接受诅咒，喝下巫师给的诅咒之水后，将妻儿托付给兄长窝阔台，走到大帐外死去。

关于蒙古人的占卜方法，多来自前往蒙古使臣的报告。1221 年，南宋人赵珙出使木华黎控制下的燕京，回来后将出使见闻著录成书，他这样记载蒙古人的占卜：“凡占卜吉凶，进退杀伐，每用羊骨扇，以铁椎火椎之，着其兆坼，以决大事，类龟卜也。”[②]1234 年，南宋人彭大雅作为书状官随使臣抵达蒙古，回来后将自己在蒙古的经历写成报告，他关于蒙古人占卜的记载比赵珙更为生动：“其占筮，则灼羊之杴子骨，验其文理之逆顺，而辨其吉凶。天弃天予，一决于此，信之甚笃，谓之‘烧琵琶’。事无纤粟不占，占必再四而已”[③]。1236 年，到达蒙古的南宋使臣徐霆对“烧琵琶”作了解释：“霆随一行使命至草地，鞑主数次烧琵琶，以便卜使命去留。想是琵琶中当归，故得遣归。烧琵琶即钻龟也。”[④]

蒙古人用烧羊骨的方法进行占卜，亦见于当时欧洲传教士的记载，

① 余大钧译注：《蒙古秘史》第 272 节，石家庄：河北人民出版社，2001 年，第 473 页。

② 王国维：《蒙鞑备录笺证》，《王国维遗书》第 13 册，上海：上海古籍书店，1983 年，第 17 页。

③ 许全胜校注：《黑鞑事略校注》，兰州：兰州大学出版社，2014 年，第 68—69 页。

④ 许全胜校注：《黑鞑事略校注》，兰州：兰州大学出版社，2014 年，第 71—72 页。

如1254年到达蒙哥汗宫廷的鲁布鲁克说：

> 这类占卜的做法如下：当他（蒙哥）想干什么事时，他要来三块原来没有烧焦的这类骨头，拿着一块，问他是否该干他想干的事，然后他把它交给仆人拿去烧。他居住的宫室旁有两所小房屋，仆人就在里面烧这些骨头，而每天都要尽力整个营地寻找它们。骨头被烧成黑色，送回给他。他观察骨头是否被火彻底烧裂。如果是这样，那他想干的事是可行的。不过，如果骨头裂成横斜纹，或者上面露出小圆点，那他不可行动。因为这种骨头总是在火里开裂，或者上面散布裂纹。只要三块骨头中他发现有一块满意，那他就行动。①

蒙哥汗的占卜用三块羊骨就够了，不需要第四块羊骨，鲁布鲁克的观察比彭大雅和徐霆更为仔细，他的记载可以很好地解释彭大雅记载中“占不再四而已”的意思。除此之外，鲁布鲁克对蒙古人的在小孩出生时请占卜者命名及占卜者预报天气、召唤鬼神等习俗也有记载。

二、耶律楚材与忽撒马丁的天文星占

（一）耶律楚材的天文星占

耶律楚材（1190－1244），字晋卿，号玉泉老人，法号湛然居士，契丹东丹王突欲之后，金尚书右丞耶律履之子。1215年，蒙古军攻占燕京。成吉思汗闻知耶律楚材贤人之名，派人前往征聘。耶律楚材遂归属蒙古，凭借他掌握的占卜、医术等技艺为成吉思汗服务。成吉思汗每次遇到大事，都命令耶律楚材预卜吉凶，“己卯夏六月，大军征西，禡旗之际，雨雪三尺，上恶之，公曰：此克敌之象也。庚辰冬，大雷，上以

① 《柏朗嘉宾蒙古行纪 鲁布鲁克东行纪》，耿昇、何高济译，北京：中华书局，1985年，第273页。

问公，公曰：梭里檀当死中野。已而果然；梭里檀，回鹘王称也。”[1]这两则预言应当是耶律楚材根据《周易》中的“坎卦”和“震卦”做出的。“雨雪三尺”用的是坎卦，《象》曰：“水洊至，《习坎》。君子以常德行，习教事。”[2]意思是流水相继而至、潮涌而来，是《习坎》卦，也就是前方充满无数极深的陷坑，所以象征重重的艰险困难，君子因此应当坚持不懈的努力，熟悉教育事业。因此耶律楚材预言成吉思汗会克敌制胜。而“大雷”用的是震卦，《象》曰：“洊雷，《震》。君子以恐惧修省。”[3]意思是不停地打霹雳，是《震》卦，君子要居安思危，怀恐惧心理，来反省自己。当时的回鹘王摩诃末在成吉思汗发动西征后，仍然一意孤行，所以耶律楚材预言他会死。

在西征途中，耶律楚材除了利用《周易》占卜外，还用中国传统的星占学为成吉思汗服务。元初文人宋子贞在其神道碑中写道：

> 初，国朝未有历学，而回鹘人奏五月望夕月食，公言不食，及期，果不食。明年，公奏十月望夜月食，回鹘人言不食，其夜月食八分。上大异之，曰：汝于天上事，尚无不知，况人间事乎！壬午夏五月，长星见西方，上以问公，公曰：女直国当易主矣。逾年，而金主死。于是，每将出征，必令公预卜吉凶，上亦烧羊髀骨以符之。行次东印度国铁门关，侍卫者见一兽，鹿形马尾，绿色而独角，能为人言，曰：汝君宜早回。上怪而问公，公曰：此兽名角端，日行一万八千里，解四夷语，是恶杀之象。盖上天遣之，以告陛下，愿承天心，宥此数国人命，实陛下无疆之福。上即日下诏班师。[4]

---

① （元）苏天爵：《国朝文类》卷 57《中书省耶律公神道碑》，北京：商务印书馆，1958 年，第 831 页。
② 周振甫译注：《周易译注》，北京：中华书局，1991 年，第 103 页。
③ 周振甫译注：《周易译注》，北京：中华书局，1991 年，第 183 页。
④ （元）苏天爵：《国朝文类》卷 57《中书省耶律公神道碑》，北京：商务印书馆，1958 年，第 831 页；角端，波斯语 karagdun 的音译，意为“犀牛”，参见刘迎胜：《有关元代使用的几个波斯语词汇——摩合罗、里木与角端》，唐孟生，李政主编：《21 世纪东方文化的传承与创新》，北京：北京大学出版社，2017 年，第 383—388 页。

根据美国国家航空航天局（NASA）公布的1201—1300年月食目录（Catalog of Lunar Eclipses），1220年有三次月食，分别在6月17日（农历五月十五）17:47:16，最佳点在南纬24°，东经96°；11月12日（农历十月十六）00:31:04，最佳点在北纬18°，西经8°；12月11日（农历十一月十五）11:03:49，最佳点在北纬25°，西经164°。1221年有两次月食，分别在5月8日（农历四月十五）04:20:55，最佳点在南纬18°，西经63°；11月1日（农历十月十六日）15:36:50，最佳点在北纬16°，东经125°。利用日、月食和月亮、五大行星的行踪校正历法，并借助这些天象预言国家的兴亡和帝王的祸福，是中国传统星占学的主题之一。耶律楚材利用金代《大明历》推算1220年（庚辰）5月15日没有月食，其实这次月食是南半球可见。他又推算1221年10月15日有月食，其实这次月食发生在10月16日下午，是看不到的。耶律楚材也没有推算出另外三次月食。

1222年（壬午）夏五月，有长星出现在西方，耶律楚材根据这个星象预言金国将会出现皇位更迭。1223年，金宣宗去世，耶律楚材的预言再次得到应验。耶律楚材或据《汉书》做出的上述预言：“（中文帝八年）有长星出于东方。”颜师古注引文颖曰：“孛、慧、长三星，其占略同，然其形象小异……长星光芒有一直指，或竟天，或十丈，或三丈，或二丈，无常也。大法，孛、彗星多为除旧布新，火灾，长星多为兵革事。”[①]在耶律楚材预卜的同时，成吉思汗也烧羊髀骨进行占卜。在蒙古大军行至东印度铁门关时，耶律楚材预言“角端”为“恶杀之象”，劝成吉思汗班师。

（二）忽撒马丁的天文星占

蒙古人在军事远征中，除了使用中国传统星占学外，还使用西域星占学预报吉凶。生于呼罗珊巴里黑城，卒于886年的艾卜·麦耳舍尔著有四部星占学著作，是当时最权威的学者。他认为星辰能够影响万物的

① 《汉书》卷4《文帝纪》，北京：中华书局，1962年，第122页。

生死和祸福，月亮的出没能够影响潮汐，而研究星占学，必须确定世界各地的经纬度[①]。西域星占家大都以艾卜·麦耳舍尔的星占学著作为依据，通过观察星座进行占卜。

1251 年，蒙哥合罕派三弟旭烈兀率军出征波斯。1257 年，旭烈兀的军队到达报达（今巴格达）。旭烈兀召集诸将领、大臣商议是否攻取报达。旭烈兀让蒙哥合罕派来的星占家忽撒马丁选择出征和休息的时间，并让他通过观察星座预测吉凶。忽撒马丁大胆地对旭烈兀说："企图侵害阿拔思家族、出兵报达是不幸的，因为迄今为止任何一个企图侵犯报达和阿拔思朝君主的君王都不能享有王国的称号和生命。如果君王不听微臣之言向那里进军，将会发生六件不祥的事：其一，马倒毙，士兵得病。其二，太阳不升起。其三，雨水不降。其四，将刮起一场寒冷的旋风，世界毁于地震。其五，植物不会从地面上长出。其六，大王将于当年去世。"[②]忽撒马丁将上面的预测写在纸上作为证词。

旭烈兀的文武官员认为出征报达是吉利的。旭烈兀为了验证忽撒马丁的预言，召来了火者纳昔剌丁·徒昔，他是当时伊斯兰教什叶派最杰出的学者，精通数学、天文、地质、哲学、神学等多门学科，曾经居住在阿剌模忒堡长达二十年，1255年归附旭烈兀，掌管财政，后来建立麻剌合天文台，编制了《伊利汗天文表》（al-Zīj al-Ilkhānī）。火者纳昔剌丁·徒昔认为旭烈兀正在怀疑他，便说这六件事都不会发生，并做出旭烈兀将取代哈里发的预言。随后，旭烈兀叫来忽撒马丁，让他与火者纳昔剌丁·徒昔进行辩论。火者纳昔剌丁·徒昔说："据全体木速蛮（伊斯兰教徒）公认，许多伟大的战友［穆罕默德的神使］都牺牲了，却并无任何灾难发生。如果说，这是阿拔思氏的特性，那么塔希尔曾从呼罗珊尊奉马蒙的旨意杀死了他的兄弟马合谋·阿明，木塔瓦乞勒曾被他的儿子在异密们的帮助下杀死，蒙塔昔儿和木塔思曾被异密们和奴隶军杀死，另外几个哈里发也曾死在各种各样的人的手中，却并无任何灾

① （美）希提：《阿拉伯通史》，马坚译，北京：新世界出版社，2008 年，第 342 页。

② （波斯）拉施特主编：《史集》第三卷，余大钧、周建奇译，北京：商务印书馆，1986 年，第 57 页。

难发生。”[①]马蒙，又译作麦蒙，曾与他的哥哥马合谋·阿明打了长达六年的战争。木塔瓦乞勒，被他的儿子唆使禁卫军谋杀，自他开始，阿拔思王朝陷入动荡。蒙塔昔儿和继任的哈里发木塔思，都是被突厥雇佣军杀死的傀儡。火者纳昔剌丁·徒昔用这些死于非命的哈里发并未带来灾难反驳忽撒马丁的证词。旭烈兀接受了火者纳昔剌丁·徒昔的预言，决定攻取报达。

像忽撒马丁这样通过观察星座做出吉凶预测的星占家，还有速来蛮·沙，报达城破之时，他被绑住双手，旭烈兀问他：“既然你是个星占家，深通天际［星］运的吉凶，为什么预见不到自己的凶日，不劝你的君主通过和平道路归顺我们。”[②]速来蛮·沙答道哈里发刚愎自用，群星没有给他吉兆。旭烈兀去世后，“按照火者纳昔剌丁·徒昔（愿真主宽恕他）择定的日子，在室女星座的照耀下，阿八哈汗在彼剌罕地区察罕—纳兀儿胡怕即位，举行了即位的全部仪式。”[③]火者纳昔剌丁·徒昔的儿子撒都剌丁、阿昔里丁也是星占家。1284年，他俩根据星相，预言阿合马出征阿鲁浑不吉利，而遭到阿合马痛打。

三、元代的历法

元代初年通行金代《大明历》。此历是在金国灭北宋后，司天监杨级根据北宋《纪元历》增删而成。1180年，赵知微对《大明历》进行修订。1222年，耶律楚材在寻思干城（今撒马尔罕）居住时，注意到利用金代《大明历》推算的五月十五日月食没有应验，二月十五和五月十五的月牙出现在西南的时间也早于《大明历》推算的时间，他决定为成吉思汗创制新历：“臣又损节气之分，减周天之杪，去文终之率，治月转之

---

① （波斯）拉施特主编：《史集》第三卷，余大钧、周建奇译，北京：商务印书馆，1986年，第57—58页。

② （波斯）拉施特主编：《史集》第三卷，余大钧、周建奇译，北京：商务印书馆，1986年，第65页。

③ （波斯）拉施特主编：《史集》第三卷，余大钧、周建奇译，北京：商务印书馆，1986年，第103页。

余，课两耀之后先，调五行之出没，大明所失，于是一新，验之于天，若合符契。又以西域、中原，地里殊远，创立里差以增损之，虽东西数万里不复差矣。故题其名曰《西征庚午元历》，以记我圣朝受命之符，及西域、中原之异也。"[①]与《大明历》相比，耶律楚材的新历在日法、气朔、五星周期等方面没有做出改变，而岁差、转终、交终等数仅仅减少了数秒。此历的最大贡献在于创制了里差法，也就是发现了时区差，以撒马尔罕为中心，东加西减，以东西相距远近来校正天文现象发生的时间。根据陈久金的研究，耶律楚材用里差法算出的时间差相当于现在时区差的十分之六七[②]。因为 1210 年（庚午）冬至出现了日月合璧、五星连珠的天象，耶律楚材认为这是成吉思汗接受天命的象征，所以他把新历命名为《西征庚午元历》。他将新历献给成吉思汗，但未获颁行。《西征庚午元历》简称为《庚午元历》，曾经由耶律楚材自己刊刻发行，今刻本已不存，内容保存在《元史》卷 57《历志五》和卷 58《历志六》中。

宋子贞评价耶律楚材"其学务为该洽，于星、历、医、卜、杂算、音律、儒、释、异国之书，无不通究。尝言西域历五星密于中国，乃作麻答把历，盖回鹘历名也。"[③]按照宋子贞的说法，耶律楚材曾经说西域历法中的五大行星要比中国历法严密，于是创作了《麻答把历》。阿姆斯特丹大学 van Dalen 教授认为耶律楚材参考的是伊斯兰教 zīje[④]。zīj，元代音译为"积尺"，意为"诸家历"，阿拉伯语作زيج，意思是تقويم فلكى，即星历表[⑤]。12 世纪时东西方各种星历表的蓝本是著名天文学家花剌子密制作的星历表。至于耶律楚材参考的是哪一种星历表，《麻答把历》是一种什么样的历法，还需要进一步研究。

---

① （元）耶律楚材：《湛然居士文集》卷 8《进征西庚午元历表》，谢方点校，北京：中华书局，1986 年，第 186 页。

② 陈久金：《回回天文学史研究》，南宁：广西科学技术出版社，1996 年，第 74 页。

③ （元）苏天爵：《国朝文类》卷 57《中书省耶律公神道碑》，北京：商务印书馆，1958 年，第 836 页。

④ 引自 S.Mohammand Mozaffari,Eclipses in the Middle East from the Late Medieval Islamic Period to the Early Modern Period,*Journal of Astronomical History and Heritage*,Vol.16,No.3,2013,p.314.

⑤ （元）王士点，商企翁：《秘书监志》卷 7，高荣盛点校，杭州：浙江古籍出版社，1992 年，第 130 页；北京大学外国语学院阿拉伯语系编：《阿拉伯语汉语词典》，北京：北京大学出版社，2008 年，第 501 页。

蒙哥合罕曾经下令如果旭烈兀俘获火者纳昔剌丁·徒昔，就将他送到中国来建天文台。旭烈兀将火者纳昔剌丁·徒昔留在巴格达附近的麻剌合建设天文台，而委派另外一位波斯科学家札马鲁丁前往中国。札马鲁丁以其杰出的才能在中国完成了两项天文工作，一是至元四年（1267），他制造了七件西域仪器，包括咱秃哈剌吉（浑天仪）、咱秃朔八台（测验周天星曜之器）、鲁哈麻亦渺凹只（春秋分晷影堂）、苦来亦撒麻（浑天图）、苦来亦阿儿子（地理志）、兀速都儿剌不定（昼夜时刻之器）等，这些仪器的形制、功能记载在《元史》卷 48《天文志》中。二是在制成西域仪器的同一年，他向元世祖进呈《万年历》。

关于《万年历》，《元史》卷 52《历志》载："至元四年，西域札马鲁丁撰进《万年历》，世祖稍颁行之。"[①]至元二十二年（1285），札马鲁丁奏请编修全国地理志，至元二十三年（1286）得到批准，《秘书监志》保存了一份修志文件："至元二十四年，添设令史一名。五月内秘府见役令史二人，一人分监上京，止有一人，供事仓卒，省台呼召，艰于应接。纂修地理图志，未曾添设。乞增设令史一人。都省准设。至元二十五年，设通事一名。二月内为秘府纂修地理图志，监官扎马剌丁西域人，华言未通，可设通事一人。奉都省准设。"[②]上述文件中的扎马剌丁即札马鲁丁，他来到中国已近三十年，汉语仍然不通，所以元朝政府给他配备了一名翻译。可见札马鲁丁是用阿拉伯文或者波斯文编撰《万年历》的，因此元世祖只在回回人中颁行此历。皇庆二年（1313）"十二月辛酉，可里马丁上所编《万年历》。"[③]此时札马鲁丁已经去世，才由他的副手可里马丁完成《万年历》的修订，并进呈给元仁宗。

元朝灭亡后，明太祖立即下令编修《元史》，用了不到一年时间就编成了。明朝史臣说："今衡、恂、守敬等所撰《历经》及谦《历议》故存，皆可考据，是用具着于篇。惟《万年历》不复传，而《庚午元历》虽未尝颁用，其为书犹在，因附着于后，使来者有考焉。作《历

① （明）宋濂：《元史》卷 52《历志》，北京：中华书局，1976 年，第 1120 页。

② （元）王士点，商企翁：《秘书监志》卷 1《设吏属》，高荣盛点校，杭州：浙江古籍出版社，1992 年，第 28 页。

③ 《元史》卷 24《仁宗纪》，北京：中华书局，1976 年，第 559 页。

志》。”[①]中书左丞许衡、太子赞善王恂、都水少监郭守敬编撰的《授时历经》和李谦所撰《授时历议》都保存下来了，耶律楚材编成的《庚午元历》一书也保存下来了，明朝史臣认为札马鲁丁进呈的《万年历》已经失传，所以明朝史臣就将《授时历》和《庚午元历》抄录到《元史·历志》中。洪武十五年（1382），明太祖下令让海答儿、马沙亦黑等回回人与汉族文人合作，翻译以前元朝宫廷收藏的西域典籍，先后翻译出了《回回天文书》《回回历法》《七政推步》等书。这些西域典籍以前是札马鲁丁负责管理的，札马鲁丁编撰《万年历》可能用过这些西域典籍。

至元十三年（1276），元军攻占南宋都城临安，南宋灭亡。元世祖决定修订历法，由许衡、王恂、郭守敬负责这项工作。他们参考前代历法，又经过实地测量，于至元十七年（1280）制成新历，元世祖赐名《授时历》，于至元十八年（1281）正月初一颁行天下。《授时历》以365.2425日为一岁，每月为29.530593日，与近代观测值相当。它以无中气之月为闰月，废除了古代的上元积年，而截取近世任意一年为历元，是我国历法史上的一大创新。安南、高丽也曾经施行元朝赐予的《授时历》，明朝一直颁行的《大统历》基本上是《授时历》的翻版，可以说《授时历》是中国古代影响最大的一部历法。根据李约瑟博士的研究，郭守敬在制定《授时历》时，参考了札马鲁丁从西域带来的摩洛哥天文学家阿布·阿里·哈桑·马拉库西完成的西鲁哈麻日晷图[②]。

四、元代的历日

中国古代的天文官员除了制定与修订历法外，还要在每年年底之

① 《元史》卷52《历志》，北京：中华书局，1976年，第1120页。
② （英）李约瑟：《中国科学技术史》卷3《天文学》第二分册，北京：科学出版社，1975年，第470—474页。

前，计算整理出次年的历日，然后呈报给皇帝，皇帝在颁正朔的典礼上，将历日颁发给臣民。历日由年月日和具注组成。具注的内容是指导人民在衣食住行、婚丧嫁娶等方面如何选择趋吉避凶，是中国古代社会生活的百科全书。近年来，元朝历日残页多次被考古工作者发现，如1983年，黑城遗址出土了五张元代末年的历日残纸（图6-1）；1999年，河北隆化鸽子洞窖藏中出土了一张至正二十年（1360）历日残页；2004年，敦煌莫高窟出土了一张至正二十八年（1368）历日栏残页。

(2) F19:W18

图6-1　黑城出土的元代末年历日残纸

资料来源：李逸友编：《黑城出土文书（中文文书卷）——内蒙古额济纳旗黑城报告之一》，北京：科学出版社，1991年，图版伍拾（2）

元朝政府延续了前代编制次年历日的制度，在冬至那一天，天文官员要将历日进呈皇帝：

> 十一月，（达元、省方、郊祀、田猎、礼乐、立后、王礼、往聘、下嫁、征伐、命相、册谥。）回回历（用紫色印之。）太史院以冬至日进历。上位、储皇、三宫、省院、台、百司、六部、府寺监并进。历有四等，国子历、畏吾儿字历、回回历并上进。上位自有

> 光白厚纸，用采色画成诸相属。拜郊祀，除宰辅军政之历，非授时之历也。内庭之历，非士庶可详，姑识其闻见耳。[①]

根据以上记载，元朝有四等历日，分别是国子历、畏吾儿字历、回回历和授时之历。国子历应当是“国字历”，至元六年（1269），元世祖将国师八思巴创制的蒙古新字颁行全国，用于译写一切文字，这种新字被称为“国字”，也就是用八思巴字书写的历日；畏吾儿字历，根据何启龙博士的研究，应该是畏吾体蒙古文书写的历日，黑城出土的蒙古文历日残页译自中文《授时历》具注历日[②]；回回历，由回回太史呈进，用紫色印刷，至元十五年（1278）十月十一日，司天少监可马束丁曾经奉皇子安西王阿难答令旨，每岁推算写造回回历日两本送将来者”[③]，据此，回回历可能是用阿拉伯文或者波斯文书写，用札马鲁丁《万年历》推算的历日；授时之历即用汉字书写、用《授时历》推算的历日。元朝用四种文字印刷历日，体现了它多元文化的特点。

元朝政府对历日实行专卖制度，禁止民间私造历日。“太史院钦奉圣旨：印造大德《授时历》，颁行天下。敢有私造者，以违制论，告捕者赏银一百两。如无本院历日印信，便同私历。”[④]历日只有太史院制造并盖上印章后才是合法的。《元史》记载了天历元年（1328）历日的销售情况：

> 历日：总三百一十二万三千一百八十五本，计中统钞四万五千九百八十锭三十二两五钱。内腹里，七万二千一十本，计钞八千五百七十锭三十一两一钱；行省，二百五十五万一千一百七十

---

① （元）熊梦祥著：《析津志辑佚》，北京：北京古籍出版社，1983 年，第 212 页。

② 何启龙：《〈授时历〉具注历日原貌考——以吐鲁番、黑城出土元代蒙古文〈授时历〉译本残页为中心》，饶宗颐主编：《敦煌吐鲁番研究》第 13 卷，上海：上海古籍出版社，2013 年，第 263—289 页。

③ （元）王士点，商企翁：《秘书监志》卷 7《司属》，高荣盛点校，杭州：浙江古籍出版社，1992 年，第 124 页。

④ 《元典章》卷 32《礼部五·学校二·阴阳学·禁私造授时历》，陈高华等点校，天津、上海：天津古籍出版社、中华书局，2011 年，第 1121 页。

五本，计钞三万七千四百一十锭一两四钱。大历，二百二十万二千二百三本，每本钞一两，计四万四千四十四锭三两。小历，九十一万五千七百二十五本，每本钞一钱，计一千八百三十一锭三十二两五钱。回回历，五千二百五十七本，每本钞一两，计一百五锭七两。

大历的销售数量是小历的一倍多，而回回历只销售了五千多本，大历和回回历的价格是一样的，每本售一两钞，小历是每本售一钱钞。

五、结　　论

在蒙古族刚刚兴起的时候，蒙古人用烧羊骨的办法进行占卜，并不知道汉地和西域的天文星占。随着耶律楚材归附蒙古，以其天文、占卜、医术等技艺为成吉思汗服务，蒙古人开始接触到中国传统的天文星占，而蒙古发动西征以后，西域人也开始进入蒙古宫廷，用他们掌握的星座占卜预言吉凶。

耶律楚材所撰《西征庚午元历》，其书虽存，但未获颁行，元朝初年仍旧通行金朝的《大明历》。札马鲁丁进呈的《万年历》，可能是用阿拉伯文或者波斯文书写的，通行于回回人中，此书在元末已经失传。许衡、王恂、郭守敬等人的《授时历》，在元朝完成大一统后颁行，成为中国古代使用时间最长的一部历法。《大明历》《西征庚午元历》《授时历》这三部历法，主要内容为回归年长度、冬至夏至时刻、朔望月长度、五星会和周期、日食月食日期等天文数据和二十四节气时间长度表、二十四节气晷影长度表、黄赤道宿度变换表等天文表格，并无占卜内容。

元朝政府曾经设立太史院，由汉地、西域的学者负责天文星占工作。这些天文官员要在每年的年末制造历日，在冬至那一天进呈皇帝，再由元朝各级政府负责专卖，禁止民间私造。在考古发现的元朝历日残页上，上半部分为年月日，下半部分为吉凶祸福的占卜内容。冯译

《马可波罗行纪》中的“塔古音”，所对应的阿拉伯语词汇是تقويم，意思是“日历、月历牌”，也即是元朝的历日。《马可波罗行纪》中对大都星座占卜者的描述也基本符合元朝当时的情况，从而印证马可波罗是到过中国的。

第七章 《大汗贵由致教皇英诺森四世书》波斯语录文

1245 年 4 月，罗马教皇英诺森四世（Innocent IV）派遣约翰·柏朗嘉宾（Jean du Plan Carpin）出使蒙古，他携带教皇致蒙古大汗的书信，劝其悔过，次年 7 月，约翰·柏朗嘉宾一行到达蒙古，见证了贵由的即位大典。贵由大汗接到教皇书信后，命人作答书，由约翰·柏朗嘉宾带回转交教皇。20 世纪初，西方学者在罗马教廷档案中发现了与蒙古有关的文件，法国东方学大师伯希和以这些文件为基础，撰成《蒙古与教廷》（Les Mongols et la Papauté），将《大汗贵由致教皇英诺森四世书》的照片及波斯语录文收录在内（图 7-1）[①]。1941 年，冯承钧将伯希和《蒙古与教廷》译成中文，该遗稿后由陆峻岭整理出版，但书中未附《大汗贵由致教皇英诺森四世书》的照片及波斯语录文[②]。1955 年，英国学者道森（Christopher Dawson）编译出版了《出使蒙古记》（Mission to Asia），其中，《大汗贵由致教皇英诺森四世书》波斯语的译文是以梅特兰·马勒（D.A.Maitland Muller）的翻译为基础的，并未附照片及录文[③]。今笔者将伯希和《罗马与教廷》中收录的《大汗贵由致教皇英

① Paul Pelliot,Les Mongols et la Papauté,*Revue de l'orient Chrétien*,Vol.23,1922-1923,pp.15-16.

② （法）伯希和：《蒙古与教廷》，冯承钧译，北京：中华书局，1994 年，第 13 页。

③ Christopher Dawson,*Mission to Asia*,Toronto：University of Toronto Press,1980,pp.85-86；（英）道森：《出使蒙古记》，吕浦译，北京：中国社会科学出版社，1983 年，第 90—93 页。

诺森四世书》波斯语录文转写，参考《出使蒙古记》中的英语译文对录文进行试译，以补《蒙古与教廷》汉译本之阙①。

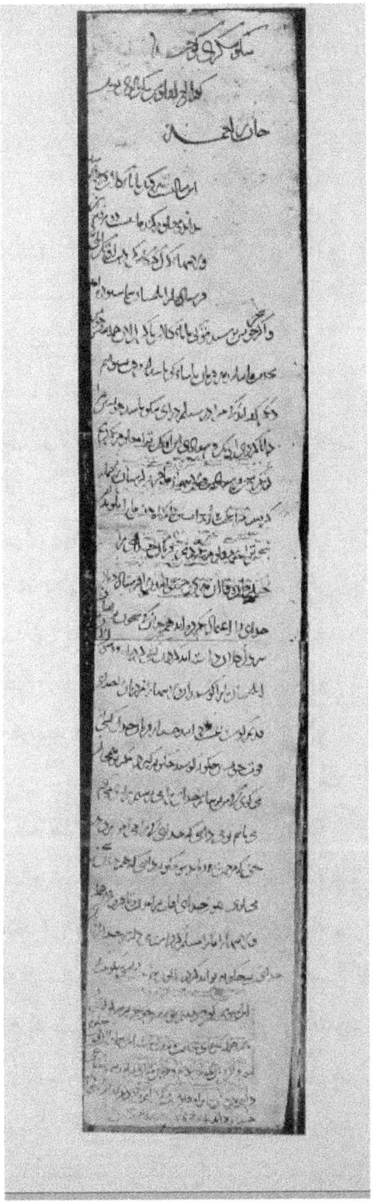

图 7-1　《大汗贵由致教皇英诺森四世书》波斯语本照片

① 感谢辽宁师范大学白玉冬老师提供《东方基督教杂志》（Revue de l'orient Chrétien）电子版。

一、录　　文

1. منک تنکر کوچندا

2. کور الغ اولوس ننک تالوی نونک

3. خان یولغمز

4. این مثالیست بنزدیک پاپا کلان فرستاده شد

5. بداند و معلوم کند ما نبشت(؟) در زفان(؟)

6. ولایتها کرل کنگاش کردست اوتک ایلی بندگی

7. فرستاده از ایلچییان شما شنوده آمد

8. و اگر(ب)سخن خویش برسد تو کی پاپا کلان با کرللان جمله بنفس جوسش

9. بخدمت ما بیابید هر فرمان یاسا کی باشد آن وقت بشنوانیم

10. دیگر گفته اید کی مرا در شیلم درای نیکو باشد خویشتن را

11. دانا کردی اوتک فرستادی این اوتک ترا مغلوم نکردیم

12. دیکر سخن فرستادیت ولایتها ماجر و کرستان را جمله

13. گرفتیت مرا عجب می آید ایشان را گناه چیست ما را بگوید این

14. سخن ترا هم معلوم کردیم فرمان خدای را

15. چنگیز خان و قاآن هر دو شنوانیدن را فرستاده فرمان

16. خدای را اعتماد نکرده هم چنان کی سخون تو ایسان

17. نیز دل (؟) کلان داسته اند گردن کشی کرده اند و رسولان

18. ایلچییان ما را گرشتند آن ولایتها را مردمان را خدای

19. قدیم گرشت و نیست گردانید جز از فرمن خدای کسی از

20. قوت خویشتن چگونه کوشد چگونه گیرد مگر تو همچنان

21. می گوئی کی من ترسایم خدای را می پرستم زاری می کنم

22. می باسم تو چی دانی که خدای کی را می آمورزد در

23. حق کی مرحمت می فرماید تو چگونه دانی که همچنان سخن

24. می گوئی بقت خدای [از] افتاب بر آمدان و تا فرو رفتن جمله

25. ولایتها را ما را مسلم کرد[ه] است می داریم جز فرمان

26. خدای کسی چگونه تواند کرد اکنون شما بدل راستی بگوییت کی

27. ایل شویم کوچ دهیم بنفس خویش بر سر کرللان

28. همه جمله یک بخدمت وبندگی ما بیاید ایلی شما را آن وقت معلوم

29. کنیم و اگر فرمان خدای نگوید و فرمان ما را دیکر کند شما را یاغی

30. دانیم هم چنان شما معلوم می کردانیم و اگر دیگر کند آنرا ما چه دانیم

31. خدای داند فی اواخر جمادی الاخر سنه اربعة اربعین وستمائة

二、转　写

1. Mengü tängri küčüde

2. kür uluγ ulus nung taluï nung

3. khan yarlïγïmïz

4. īn misālīst be-nazdīk Pāpā kalān farstāda shid

5. be-dānid wa mu'lūm kanid mā be-našit dar fān

6. walāyathā-ye Kerel kanggāš kardast ūtuk-i īli bandgi

7. farstāda az īlčīniyān-i shumā šinūda āmd

8. wa agar (be-)sakhan-i khīš be-rasid tū ki Pāpā kalān bā Karlānān jumla be-nafas-i khīš

9. be-khadmat-i mā biyābīd har farmān yāsā ki bāshid ān waqt be-šinewāndīm

10. dīgar gaftaīd ki ma-rā dar šīlem darāi nikū bāshid khīštan rā

11. dānā kardi ūtuk farstādī īn ūtuk-i tu-rā mu'lūm na-kardīm

12. dīgar sakhan farstādīt walāyathā-ye Mājar wa Kiristān rā jumla

13. girftīt ma-rā 'ajab mi āyid īnshān rā ganāh čīst mā rā be-gūyid īn

14. sakhan-i tu-rā ham mu'lūm kardīm farmān-i Khudā rā

15. Čīngīz Khān wa Qā ān har dū šinewāndan rā farstāda farmān-i

16. Khudā rā iti'mad na-karda ham chinān ki sakhūn-i tū īnshān

17. nīz dil-i kalān dāštaand gardan kaši kardaand wa rasūllān

18. īlčīniyān-i mā rā garštand ān walāyathā rā mardumān rā Khudā-ye

19. qadīm garshit wa nīst gardānīd juz az farmān-i kasi az

20. quwat-i khīštan čigūna gūshit čigūna gīrd magar tū hamčinān

21. mi gūyī ki man Tarsāyam Khudā rā mi parastam zārī

22. mi bāsam tū či dāni ki Khudā ki rā mi āmūrzid dar

23. huqq ki marhamat mi farmāyid tū čigūna dāni ki hamčinān sakhan

24. mi gūyī be-quwat-i Khudā [az] āftāb bar āmadān wa tā farū raftān jumla

25. walāyathā rā mā rā musalllam kard[a] ast mi dārīm juz farmān-i

26. Khudā kasi čigūna tawānid kard aknūn shumā be-dil-i rāsti be-guyīt ki

27. īl šūyīm kūč dahīm be-nafas-i khīš bar sar Karlānān

28. hama jumla yek be-khadmat wa bandgi-ye mā be-yāyīd īl-i šumā rā ān waqt mu‘lūm

29. kanīm wa agar farmān-i Khudā na-guyīd farmān-i mā rā dīgar kanid šumā rā mā yāghi

30. dānīm ham činān šumā mu‘lūm mi kardanīm wa agar dīgar kanid ān-rā mā či dānīm

31. Khudā dānīd fi awākhir-i jumāda alākhar sana arba‘e arba‘īn wastamāyīt

三、翻　　译

1. 长生天气力里，

2. 大民族全部之海内

3. 汗圣旨。

4. 这是带到大教皇处的诏书，

5. 使他知悉我们……

6. 怯邻诸国商量后，送来臣服的请求，

7. 已经从你们的使臣听到。

8. 如果遵守自己的话，你——大教皇同全部怯邻诸国亲自

9. 为我们效劳，届时我们使人听到每一道命令

10. 再者，你们说把我们受洗，这是好的，你亲自

11. 告知，送来请求，我们不理解你的请求。

12. 再者，你们送来话，“你们把马扎儿和怯邻诸国全部

13. 占领，让我感到惊奇，他们有什么罪？”你向我们说，

14. 我们同样不理解你的这番话，

15. 把成吉思汗和合罕两人听到的上天的命令发布，

16. 把上天的命令不相信，像你说的话一样，他们

17. 也召开大会，固执己见，

18. 把我们的使臣处死，古代的上天把那些国家、人民

19. 毁灭与屠杀，除了上天的命令外，你们谁敢以

20. 自己的力量怎样的杀和怎样的拿？难道像你那样

21. 说：“我是基督教徒，把上帝崇拜，我蔑视

22. ……”你怎么知道上天把某人宽恕，在

23. 仁慈的保佑中，你怎么知道说那样的话？

24. 以上天的力量，太阳从升起到落下，把全部

25. 国家交给我们，我们统治，除

26. 上天的命令外，谁能做呢？现在，你们以真诚的心说：

27. “我们臣服，我们迁移。”你亲自带着怯邻诸王

28. 全部一起来为我们效劳，那时我们知道你们的臣服。

29. 如果你不遵守上天的命令，把我们的命令也违背，我们知道你们是敌人，

30. 我们知道你们又会怎样呢？如果你违反，我们会知道那些，

31. 上天知道。六四四年第二月主马答之末数日内写来。

下篇

基于域外文献的蒙古史研究

第八章　斡亦剌部首领忽都合别乞事迹考索

忽都合别乞是12世纪末到13世纪初斡亦剌部的首领，明代初期修成的《元史》中没有他的传记，其事迹散见于《元朝秘史》《史集》《元史》等书中。杜荣坤在论述13—14世纪斡亦剌部政治经济的变化时，对忽都合别乞的事迹作了概述，白翠琴在论述斡亦剌部与成吉思汗家族联姻时涉及忽都合别乞本人的事迹，周清澍撰写了“斡亦剌”的词条，甄金对记载斡亦剌部首事的《元朝秘史》第239节作了翻译校注[①]。本章在前人研究的基础上，重新检视相应史料原文，对忽都合别乞的事迹再作搜集和研究。

一、札木合的盟友

铁木真的父亲也速该死后，泰亦赤兀惕等部将诃额仑母子遗弃。铁

① 杜荣坤：《试论斡亦剌十三——十四世纪政治经济的变化》，《民族研究》1980年第6期；白翠琴：《斡亦剌贵族与成吉思汗系联姻考述》，《民族研究》1984年第1期；中国历史大辞典辽夏金元史编纂委员会编：《中国历史大辞典·辽夏金元史》，上海：上海辞书出版社，1986年，第505页；甄金：《斡亦剌惕部首事——校录、译注〈元朝秘史〉第239节原文》，《内蒙古师范大学学报》（哲学社会科学版）1987年第3—4期。

木真的新婚妻子孛儿帖以及别勒古台的母亲不幸被篾儿乞部掳去，铁木真求助于他的义父汪罕和安答札木合。在两人的帮助下，铁木真攻破蔑儿乞部的营寨，夺回了孛儿帖。铁木真与札木合再次结为安答，朝夕相伴，共同游牧。一天，札木合说："咱每如今挨着山下，放马的得帐房住，挨着涧下，放羊的、放羔儿的喉咙里得吃的。"孛儿帖听后以为札木合喜新厌旧，又怕对自己家不利，就劝铁木真与札木合分手。铁木真听从了他的妻子和母亲的意见，连夜率领部众离开了札木合。由于事发突然，好多札木合的部众跟随铁木真起营了，天明以后，这些部众才发现跟随的不是札木合而是铁木真，这些"糊里糊涂"跟着铁木真的部众详见表8-1。

表8-1　跟随铁木真的部众

序号	部族	首领姓名	备注
1	札剌亦儿	合赤温·脱忽剌温、合剌孩·脱忽剌温、合阑勒歹·脱忽剌温、薛扯·多抹黑和二子阿儿孩·合撒儿、巴剌	
2	塔儿忽惕	合答安·答勒都儿罕	
3	乞颜部	汪古儿、答里台·斡惕赤斤	铁木真大伯父蒙格秃·乞颜之子，带领敞失兀惕部、巴牙兀惕部同来；铁木真叔父
4	巴鲁剌思	忽必来、忽都思、速忽·薛禅、合剌察儿及子	
5	忙忽惕	者台、多豁勒忽·扯儿必	
6	阿鲁剌惕	斡歌连·扯儿必	博尔术之弟
7	兀良合	察兀儿罕、速别额台·把阿秃儿	察兀儿罕为者勒蔑之弟
8	别速惕	迭该、古出古儿	
9	速勒都思	赤勒古台、塔乞、泰亦赤歹	
10	晃豁坛	雪亦客秃·扯儿必	
11	速客虔	者该·晃答豁儿及子速客该·者温	
12	捏古思	捏兀歹·察合安·兀洼	
13	斡罗忽讷兀惕	轻吉牙歹	
14	豁罗剌思	薛赤兀儿	
15	亦乞列思	不图	
16	那牙勤	种赛	
17	斡罗纳儿	只儿豁安	

续表

序号	部族	首领姓名	备注
18	巴阿邻	豁儿赤、兀孙、阔阔搠思	
19	格泥格思	忽难	
20	札答阑	木勒合勒忽	
21	温真		
22	撒合亦惕		

资料来源：《元朝秘史》第120节、第122节，呼和浩特：内蒙古人民出版社，1980年校勘本

铁木真对他们的追随非常感激，说他们永远是自己吉庆的伴当。成吉思汗建国后，好多人被成吉思汗委任为千户长，特别是忽难、阔阔搠思、迭该、兀孙四个人还被成吉思汗称为他的耳目，不管是听见的还是看见的，都没有隐瞒，如实的向他禀报，可见成吉思汗对他们非常信任。

而在札木合看来，他的安答铁木真的行为其实是偷盗，比草原上的盗马贼更为可恨。为此，他邀请草原上其他部族的领袖共同结盟，以惩治铁木真，《元朝秘史》详细记载了此事：

> 其后鸡儿年（辛酉，一二〇一年），合答斤、撒勒只兀惕［两族］连合，合答斤的巴忽·搠罗吉等合答斤［人］为首，撒勒只兀惕的赤儿吉歹·把阿秃儿等为首，与朵儿边的合只温·别乞等，塔塔儿［部］的阿勒赤—塔塔儿的札邻·不合等，亦乞列思的土格·马合等，翁吉剌惕的迭儿格克、额篾勒、阿勒灰等，豁罗剌思的绰那黑·察合安等，乃蛮的不亦鲁黑汗，篾儿乞惕部的脱黑脱阿·别乞的儿子忽秃，斡亦剌部的忽都合别乞，泰亦赤兀惕部的塔儿忽台·乞邻勒秃黑，豁敦·斡儿长、阿兀出·把阿秃儿等泰亦赤兀惕［人］，这［十一个］部族，在阿勒灰·不剌黑聚集，说是要拥立札只剌歹［氏的］札木合为汗，一同砍杀牡马、牡牛，立誓结盟。[①]

忽都合，拉施都丁对这个词语有所解释，他说："其他［蒙古人］

① 《元朝秘史》第141节，札奇斯钦：《蒙古秘史新译并注释》，台北：联经出版事业公司，1979年，第175页。引文中的翁吉剌惕即弘吉剌，篾儿乞惕部即蔑儿乞部，脱黑脱阿·别乞即脱黑脱阿别乞。

称刀子为‘乞秃合’，而他们称作‘木答合’，诸如此类的词语还有很多。”[①]忽都合，疑为蒙古语“刀子”之意。不剌黑，蒙古语意为“泉”，其位置在额尔古纳河上游。当时的斡亦剌部，分布在贝加尔湖的西边，首领是忽都合别乞，他闻讯后，可能是出于对铁木真崛起的担忧，率领军队前来和札木合结盟，与其他部族的首领一起拥立札木合为古儿罕，并准备发动偷袭消灭铁木真。忽都合别乞与泰亦赤兀惕部首领阿兀出·把阿秃儿、乃蛮首领忽察儿忽思·不亦鲁黑汗和篾儿乞部首领脱黑脱阿别乞组成联军，被札木合派出执行偷袭任务。豁罗剌思部的豁里歹向铁木真告密，铁木真迅速通知克烈部首领汪罕，两人决定派军队迎战。在战斗中，忽都合别乞与忽察儿忽思·不亦鲁黑汗对成吉思汗施展了萨满使用的札答之术，但他们招来的风雨却袭击了自己的军队。札木合认为上天已不再保佑他，同盟迅速瓦解。这次战役后，忽都合别乞狼狈地回到了贝加尔湖的西边。

1204 年，成吉思汗决定攻打乃蛮部。“（乃蛮）太阳罕（即太阳汗——笔者注）至自按台，营于沆海山，与蔑里乞惕（即篾儿乞——笔者注）部长脱脱、克烈部长阿怜太石、猥剌（即斡亦剌——笔者注）部长忽都花别吉（即忽都合别乞——笔者注）暨秃鲁班（即朵儿边——笔者注）、塔塔儿、合答斤、散只兀（即撒勒只兀惕——笔者注）诸部合，兵势颇盛。”[②]成吉思汗征服乃蛮人以后，札木合侥幸逃脱，但与他在一起的札答阑、合答斤、撒勒只兀惕、朵儿边、泰亦赤兀惕、弘吉剌等部族无力再战，他们只好在阿尔泰山那边归降了成吉思汗。札木合不久也被他的五个伴当擒住，送给了成吉思汗。成吉思汗要求札木合与他再次做伴当，札木合拒绝了他的要求并请求让自己不流血死，成吉思汗只好找了个借口将札木合处死。直到此时，参加阿勒灰·不剌黑会盟的大部分部族已经归附了成吉思汗。1207 年，成吉思汗派遣使者招降了吉利吉思部，之后派兵继续追击以脱黑脱阿别乞为首的篾儿乞部，成吉思汗的军队在路上遇到了以忽都合别乞为首的斡亦剌部，此时忽都合

---

① （波斯）拉施德主编：《史集》第一卷第一分册，余大钧、周建奇译，北京：商务印书馆，1983 年，第 193 页。

② 《元史》卷一《太祖本纪》，北京：中华书局，1976 年，第 12 页。

别乞已没有能力对抗成吉思汗，就归附了成吉思汗。

二、成吉思汗的向导

忽都合别乞归附成吉思汗后，成吉思汗让他做向导，引领军队前往也儿的石河，围歼以脱黑脱阿别乞为首的蔑儿乞部，而《元朝秘史》所记则为忽都合别乞引导术赤征服贝加尔湖附近的林木中百姓：

> 兔儿年，成吉思命拙赤（即术赤——笔者注）领右手军去征服林木中百姓，令不合引路。斡亦剌种的忽都合别乞，比万斡亦剌种先来归附，就引拙赤去征万斡亦剌。入至失黑失惕地面，斡亦剌、秃巴思诸种都投降了。至万乞儿吉思种处，其官人也迪亦纳勒等，也归附了，将白海青、白骟马、黑貂鼠来拜见拙赤。自失必儿等种以南林木中百姓，拙赤都收捕了，遂领着乞儿吉思万户、千户，并林木中百姓的官人，将着海青、骟马、貂鼠等物，回来拜见成吉思。成吉思以斡亦剌种的忽秃阿别乞先来归附，将扯扯亦坚名的女子与了他的子亦纳勒赤，将拙赤的女儿豁雷罕与了亦纳勒赤的兄。将阿剌合名的女子与了汪古种。却对拙赤说；"我儿子中你最长，今日初出征去，不曾教人马生受，将他林木中百姓都归附了，我赏与你百姓。"①

兔儿年即 1207 年，而《圣武亲征录》将此事系于 1217 年，"（戊寅）先吐麻部叛，上征兵乞儿吉思（即吉利吉思——笔者注）部，不从，亦叛去，遂命大太子往讨之，以不花为前锋，追乞儿吉思（即吉利吉思——笔者注）部。大太子领兵涉谦河水顺下招降之，因克乌思憾、哈纳思、帖良兀、克失的迷、火因亦儿干诸部。己卯，上总兵征西域。"②文中提及的戊寅年即 1218 年，《元史》《史集》中的系年与之相同。

---

①《元朝秘史》第 239 节总译，呼和浩特：内蒙古人民出版社，1980 年校勘本，第 1030 页。

② 王国维：《圣武亲征录校注》，《王国维遗书》第 13 册，上海：上海古籍书店，1983 年，第 74—75 页。

术赤征服林木中百姓一事，《元朝秘史》与《元史》《史集》的系年并不相同。王国维认为《元朝秘史》的系年正确，他在校注中说："《秘史》大太子征克儿克思（即吉利吉思——笔者注）及招降林木中百姓事系于兔儿年，远在辛未（1211）伐金以前，则此兔儿年乃丁卯（1207）年非己卯（1219）也。此《录》系于己卯之前一年，疑撰人欲系此事于己卯而未及厘正也。"[①]巴托尔德、杉山正明亦认为《元朝秘史》系年正确；而陈得芝先生认为《圣武亲征录》系年正确，认为1207年成吉思汗只派了两个使臣前去招降吉利吉思，并无术赤远征之事；洪钧则认为《元朝秘史》与《圣武亲征录》记载都正确，术赤于1207年、1218年两次征服林木中百姓，乌兰、白翠琴亦持此说[②]，其实术赤1207年并无出征林木中百姓一事，曾经出席过贵由即位大典的欧洲教士约翰·柏朗嘉宾，对成吉思汗建国后的征战亦有记载：

> 稍事休整之后，这位成吉思汗又重新准备战斗，并且出师远征畏吾儿人（Huiur），后者属于景教派的基督徒。成吉思汗征服了他们，但他自己的人却采纳了畏吾儿的字母，因为蒙古人从前没有文字，而现在则称这种文字为"蒙古字母"。再从那里兴师，他又发大兵进攻撒里畏吾儿人（Sarihuiur）、进攻哈剌尼惕人（Karanit）地区、进攻斡亦剌人（Voyrat）地区和进攻哈讷讷人（Kanana）地区。他用武力征服了所有上述疆土。[③]

1209年，畏吾儿巴而术阿而忒的斤看到蒙古军队的强盛，于是杀

---

① 王国维：《圣武亲征录校注》，《王国维遗书》第13册，上海：上海古籍书店，1983年，第74—75页。

② （俄）巴托尔德：《蒙古入侵时期的突厥斯坦》，张锡彤、张广达译，上海：上海古籍出版社，2007年，第446页，杉山正明：《蒙古帝国的原始形象——关于成吉思汗分封家族的研究》，马冀译，内蒙古社会科学院情报研究所编：《蒙古学译文选——历史专集》，1984年第5页；陈得芝：《元外剌部〈释迦院碑〉札记》，《蒙元史研究丛稿》，北京：人民出版社，2005年，第91页；（清）洪钧：《元史译文证补》，田虎校注，石家庄：河北人民出版社，1990年，第135页，乌兰：《蒙古征服乞儿吉思史实的几个问题》，《内蒙古大学学报》（哲学社会科学版）1979年第3—4期；白翠琴：《斡亦剌贵族与成吉思汗系联姻考述》，《民族研究》1984年第1期。

③ 《柏朗嘉宾蒙古行记　鲁布鲁克东行纪》，耿昇、何高济译，北京：中华书局，1985年，第47—48页。

死西辽所置监国等官，归附蒙古，并帮助杀死忽秃等人。畏吾儿人与成吉思汗并无血海深仇，约翰·柏朗嘉宾所记成吉思汗出征畏吾儿人实为追击屈出律、忽秃等人，而蒙古文字的创制是乃蛮部的掌印官塔塔统阿所为，更与畏吾儿人无涉。至于他所记成吉思汗从畏兀儿地区进攻撒里畏吾儿人地区（位于今甘肃南部的山区）、斡亦剌部等地，正与篾儿乞部首领脱黑脱阿别乞之子屈出律的逃跑路线相反，他的记载是错误的。柏朗嘉宾接着记载了成吉思汗出征契丹之事，他提到的契丹地区即金国，根据《圣武亲征录》《元史》等史料的记载，成吉思汗出征金国事在 1211 年。在叙述完此事后，他记载了术赤出征之事：

> 在经过一段略有懈怠松弛的时间之后，成吉思汗又分兵几路。他的一位儿子名叫术赤（Tossu），又称作“汗”，即皇帝，被他点将统兵前往进攻库蛮人，在经过一场旗开得胜的战争之后战胜了他们。在战胜库蛮人之后，术赤班师回朝。[①]

成吉思汗自 1211 年春挥师南下，经过野狐岭之战，将金军大部分消灭，于 1214 年将中都（今北京）围住，金宣宗被迫献女求和。成吉思汗这次出征，除获得金国公主、皇后外，还掠得了大量金银财帛、奴隶作为战利品。约翰·柏朗嘉宾所说的“略有懈怠松弛的时间”即成吉思汗征金回来后，与手下一起分享战利品的时间。而在此之后，他派术赤出征库蛮，库蛮地方包括黑海、高加索、里海以北的大平原[②]。术赤征服库蛮后班师回朝，术赤死于 1224 年，并未返回蒙古。所以术赤这次出征是在跟随成吉思汗西征以前，约翰·柏朗嘉宾所记术赤征服库蛮实为征服林木中百姓。

约翰·柏朗嘉宾受教皇之命出使蒙古，旨在收集蒙古人的情报，为此他对蒙古军情、风俗等做了详细记载。由于他到过拔都的大帐，他关于术赤的记载有可能来自拔都。根据他的记载，术赤是在进攻金国以后出征库蛮的，从而印证《圣武亲征录》的记载是正确的。据《元朝秘史》

---

① 《柏朗嘉宾蒙古行记　鲁布鲁克东行纪》，耿昇、何高济译，北京：中华书局，1985 年，第 49 页。

② 《西域南海史地考证译丛》第一卷第二编，冯承钧译，北京：商务印书馆，1995 年，第 5—6 页。

第 239 节所记，忽都合别乞引导术赤去征斡亦剌部。由于斡亦剌部在乃蛮被铁木真击败后已经主动投降，而在斡亦剌部归附之后，畏吾儿巴而术阿而忒的斤亦跟着归附成吉思汗，成吉思汗将女儿嫁给巴而术阿而忒的斤，并让他做第五子，可以说巴而术阿而忒的斤得到了极高的宠幸。同样是归附者的身份，巴而术阿而忒的斤做了第五子，而忽都合别乞却要带领术赤去征服自己的部落，这不符合成吉思汗对归附者采取的处置办法。《元朝秘史》的撰写者是把 1207 年忽都合别乞给成吉思汗引路去也儿的石河和 1218 年术赤征服林木中百姓混淆了。结合以上分析，1207 年，忽都合别乞归附后引导成吉思汗的军队前往也儿的石河围歼蔑儿乞部的残众，后来与斡亦剌部分布在同一地区的分支秃马惕部发生冲突。1218 年，成吉思汗派术赤征服林木中百姓，忽都合别乞又做起了向导。

三、与成吉思汗的联姻

忽都合别乞归附成吉思汗后，与成吉思汗家族建立起联姻关系，《元朝秘史》、明朝初年修成的《元史》及伊利汗国宰相拉施特编修的《史集》，对他们两家的联姻都有记载，我们根据这些记载，审视一下忽都合别乞如何安排他的子女的婚姻。

（1）脱劣勒赤：他是忽都合别乞的长子。

《元朝秘史》第 239 节总译：（成吉思汗）将拙赤（即术赤——笔者注）的女豁雷罕与了亦纳勒赤的兄。

《元史》卷 109《诸公主表》延安公主位：阔阔干公主，适脱栾赤（即脱劣勒赤——笔者注）驸马。

《史集》第一卷第一分册《部族志·斡亦剌惕[①]》：成吉思汗曾把自己的女儿扯扯干嫁给了这个脱劣勒赤驸马。

（2）亦纳勒赤：他是忽都合别乞的次子。

① 斡亦剌惕又译为斡亦剌。

《元朝秘史》第 239 节总译：（成吉思汗）将扯扯亦坚名的女子与了他的子亦纳勒赤。

《元史》卷 109《诸公主表》延安公主位：火鲁公主，适哈答驸马（即亦纳勒赤—— 笔者注）。

《史集》第一卷第一分册《部族志·斡亦剌惕》：拔都曾把自己的一个姊妹豁雷亦客只嫁给了他（即亦纳勒赤—— 笔者注）。

（3）斡兀立海迷失：她是忽都合别乞的女儿。

《史集》第二卷《蒙哥合罕纪》：蒙哥合罕的另一个皇后名叫斡兀立秃忒迷，出自斡亦剌部忽都合别乞氏族，她是完者哈敦的姊妹，十分聪明。最初她是拖雷汗的未婚妻，因此她把自己丈夫的兄弟忽必烈合罕、旭烈兀汗称为孩子们，他们都敬畏他。

据《元朝秘史》记载，脱劣勒赤是亦纳勒赤的哥哥，拉施都丁也是先叙述脱劣勒赤，再叙述亦纳勒赤。也就是说，脱列勒赤是兄，亦纳勒赤是弟，《元朝秘史》和《史集》在这一点上是一致的。但他们所娶的对象，《元朝秘史》的作者说脱劣勒赤娶了豁雷罕，而《史集》和《元史》则认为脱劣勒赤娶的是扯扯亦坚；《元朝秘史》的作者说亦纳勒赤娶了扯扯亦坚，《史集》和《元史》记载的是亦纳勒赤娶的是豁雷罕。白翠琴认为《史集》和《元史》都使用了宫廷档案[①]，两书的记载是正确的，白翠琴进而怀疑《元朝秘史》的明初汉字标音本有失误之处。笔者以为《元朝秘史》的记载是正确的。1218 年，这时术赤刚刚征服林木种百姓，成吉思汗把术赤的女儿豁雷罕嫁给了脱列勒赤，把自己的女儿扯扯亦坚嫁给了亦纳勒赤。术赤死于 1224 年，成吉思汗死于 1227 年，之后术赤之子拔都才成为成吉思汗家族的长者，把他的姊妹豁雷亦客只嫁给了亦纳赤勒。豁雷罕和豁雷亦客只如果是同一人的话，那么只有一种解释，脱列勒赤死于 1227 年之后，他的兄弟亦纳勒赤请求拔都，按照蒙古的收继婚风俗聚了他的寡嫂豁雷罕。正是因为亦纳勒赤先娶了扯扯亦坚，后娶了豁雷罕，才导致《元朝秘史》《史集》和《元史》卷 109

① 根据王慎荣的研究，《元史》卷 109《诸公主表》来源是元人所撰与皇室有联姻关系的世家的碑文、家传，参阅王慎荣主编：《元史探源》，长春：吉林文史出版社，1991 年，第 140 页。

《诸公主表》在记载脱劣勒赤和亦纳勒赤婚姻时出现混乱，《元朝秘史》记载的是亦纳勒赤的第一次婚姻，而《史集》《元史》所记载的是亦纳勒赤的第二次婚姻。《史集》和《元史》既然认定亦纳勒赤娶的是豁雷罕，并没有考虑到这是收继婚。因此，笔者认为脱劣勒赤娶了成吉思汗之女扯扯亦坚，《史集》和《元史》的此处记载是错误的。

斡兀立秃忒迷，《史集》第一卷第一分册《部族志》写作斡兀立海迷失。忽都合别乞打算把女儿斡兀立海迷失嫁给拖雷，但拖雷死于1232年，此婚事并未实现。忽都合别乞只好把女儿嫁给了拖雷的长子蒙哥。由此可知忽都合别乞在1232年的时候仍然健在。这位斡兀立海迷失和贵由汗的哈敦斡兀立海迷失是否是同一人，尚需进一步研究。

四、结　语

铁木真在克烈部汪罕和札答阑部札木合的帮助下，一举击溃宿敌蔑儿乞部，之后，铁木真的实力逐渐壮大。作为当时斡亦剌部首领的忽都合别乞应札木合之邀，从今贝加尔湖西边的驻地参加了位于额尔古纳河上游的阿勒灰·不剌黑会盟，作战失败后逃回了驻地。铁木真在剪除汪罕、太阳汗、札木合等群雄之后，忽都合别乞顺势归附了成吉思汗，并于1207年帮助成吉思汗围歼蔑儿乞残部，又于1218年协助术赤征服林木中百姓。

关于他的儿子脱劣勒赤、亦纳勒赤与成吉思汗家的通婚，《元朝秘史》《元史》和《史集》所记并不相同，可能是存在收继婚的原因。忽都合别乞把女儿斡兀立海迷失嫁给蒙哥，此事发生在1232年拖雷去世之后，那时忽都合别乞依然健在。

第九章 成吉思汗分封制度新探

分封制是中国古代帝王将自己控制范围以外的土地分给儿子、兄弟、外戚、勋臣等受封者，让他们控制地方，以达到中央集权的目的。它包括两种形式，一是受封者完全控制地方的军政大权，是实封，这种又称为封建。二是受封者名义上控制地方，是虚封。分封制作为中国古代的一项重要政治制度，对中国的统一和分裂产生了深远影响。元朝虽然是由少数民族完成统一后建立的王朝，但也实行分封制度，并颇具特色，体现了元朝二元文化因素的特点①。

成吉思汗在蒙古草原地区实行的分封措施后来又被他的子孙继承，推广到中原、西域、江南等农耕区域，逐渐形成了元朝的分封制度。笔者通过研读和考辨波斯文《史集》和《世界征服者史》中的相关记载，重新探讨成吉思汗建国后的分封问题。

一、分封的时间

1206 年，铁木真在击败蒙古草原上最后一个劲敌乃蛮部后，于斡

① 周良霄：《元代投下分封制度初探》，《元史论丛》第 2 辑，北京：中华书局，1983 年；洪金富：《从“投下”分封制度看元朝政权的性质》，《“中央研究院”历史语言研究所集刊》1987 年第 58 本第 4 分；李治安：《元代分封制度研究》增订本，北京：中华书局，2007 年，第 26—29 页。

难河源召集贵族、那颜举行忽里台，即大汗位，建立起大蒙古国，他也被尊称为成吉思汗。铁木真建国后，对有功之臣进行封赏，任命了九十五个千户和四个万户。

波斯史家志费尼也记载了这次分封："当汪罕被解决，蒙古各部或出于自愿，或出于被迫，都听命于他，服从他的指挥，这时，他便把蒙古、乃蛮各部和各族，连同所有军队，全分给这四个儿子；其余诸子及他的兄弟、族人，他也赐予一部分军队。"①志费尼是蒙古呼罗珊总督阿儿浑的书记官，他跟随阿儿浑于1252年前往哈剌和林觐见蒙哥，在此之前，他已经多次到过蒙古，因此他对蒙古的记载是很准确的，但在此处他犯了一个错误，把克烈部首领汪罕和乃蛮部首领太阳汗混为一人了。在述及屈出律和脱黑脱阿别乞时，他说："成吉思汗打败汪罕，后者之子及另外一些拥有大量部下的人却得为逃脱。他奔往别失八里，从那里抵达苦叉，在苦叉山里东游西荡，既无粮食又乏给养，而跟随他的那些人已作鸟兽散。"②别失八里，突厥语意为"五城"，今新疆吉木萨尔，苦叉，今新疆库车县，两地均在当时的西辽境内。正如波义耳所指出的，逃亡西辽的是乃蛮部太阳汗之子屈出律，而非克烈部汪罕之子桑昆。志费尼不仅确切记载了成吉思汗的分封时间，还用蒙哥即位后的分封作为证明："天下之王蒙哥可汗在第二次忽邻勒塔（忽里台——笔者注）上，把他的整个国土都分封给他的族人、子女、兄弟和姐妹了。"③志费尼是1253年离开蒙古返回呼罗珊的，他所说的第二次忽邻勒塔为蒙哥的即位大典。蒙哥的这次分封也见于中文资料，姚燧《中书左丞姚文献公神道碑》云："其年大封同姓，敕上于南京、关中自择其一。"④蒙哥即位后，派忽必烈出征南宋，让他在原金朝的南京（今河南开封）、关中选择一处作为封地，忽必烈听从了姚枢的建议，选择了关中。由此可见志费尼关于蒙哥给族人分赐国土的记载是准确的。

---

① （伊朗）志费尼：《世界征服者史》，何高济译，北京：商务印书馆，2004年，第40页。
② （伊朗）志费尼：《世界征服者史》，何高济译，北京：商务印书馆，2004年，第66页。
③ （伊朗）志费尼：《世界征服者史》，何高济译，北京：商务印书馆，2004年，第42页。
④ （元）姚燧：《牧庵集》卷15《中书左丞姚文献公神道碑》，《姚燧集》，北京：人民文学出版社，2011年，第218页。

1213年，成吉思汗发动了对金国的战争。

> 是秋，分兵三道：命皇子术赤、察合台、窝阔台为右军，循太行而南，取保、遂、安肃、安定、邢、洺、磁、相、卫、辉、怀、孟，掠泽、潞、辽、沁、平阳、太原、吉、隰，拔汾、石、岚、忻、代、武等州而还；皇弟哈撒儿及斡陈那颜、拙赤解、薄刹为左军，遵海而东，取蓟州、平、滦、辽西诸郡而还；帝与拖雷为中军，取雄、霸、莫、安、河间、沧、景、献、深、祁、蠡、冀、恩、濮、开、滑、博、济、泰安、济南、滨、棣、益都、淄、潍、登、莱、沂等郡[①]。

在这次出征当中，成吉思汗的右翼由诸子率领，左翼由诸弟担当，成吉思汗本人和拖雷坐镇中军，杉山正明认为此次出征的规模反映了蒙古帝国的基本结构，即蒙古草原为成吉思汗和拖雷的中央兀鲁思，东侧大兴安岭一带是诸弟组成的三个兀鲁思，西侧阿尔泰山一带是诸子组成的三个兀鲁思，所论甚是。可见成吉思汗在此之前早就进行了分封，他把诸弟分封在自己的左手边，诸子分封在右手边。

根据以上蒙古文、波斯文和中文材料的综合研究，笔者认为成吉思汗分封家人的时间是在1206年消灭乃蛮部以后，《元朝秘史》关于此事的系年是正确的。

二、成吉思汗对四个儿子的分封

志费尼对成吉思汗分封的记载依赖的是他父亲巴哈丁的追忆和他本人的回忆，而他的父亲也是蒙古呼罗珊总督的书记官，曾经多次到过蒙古，因此志费尼的记载应该是可靠的。根据他的记载，成吉思汗给四个儿子分赐了蒙古、乃蛮各部、各族和所有军队，很可惜他没有提供有关这次分封的具体情况。《元朝秘史》记载了成吉思汗给诸子分封百姓

① 《元史》卷1《太祖纪》，北京：中华书局，1976年，第17页。

的数量：给了术赤九千百姓（irge），给了察合台八千百姓，给了窝阔台五千百姓。给了拖雷五千百姓。成吉思汗给四个儿子总共分了两万七千人。在这些百姓中有一部分是乃蛮人和篾儿乞人，他们是成吉思汗武力征服的战利品。拉施都丁记载拖雷得到了两位乃蛮妃子："拖雷汗有一个妻子，名叫领昆哈敦；她是古失鲁克汗的女儿；古失鲁克汗被击溃时，她当了俘虏。她［给拖雷汗］生下了一个儿子，名为忽睹都；他早年去世。［拖雷汗］有一妾，名为伯撒剌黑，是乃蛮部人；她是末哥之母。这个伯撒剌黑是忽必烈合罕的乳母，她把自己的儿子末哥给了另一个［妇人哺育］。"①忽必烈的乳母伯撒剌黑，亦见于《元史》："伯撒王妃病目，治者针误损其明。"②而窝阔台则得到了篾儿乞部首领脱黑脱阿别乞的儿媳脱列哥那，她出自乃蛮部，后来嫁到了篾儿乞部。

成吉思汗分给诸子的百姓中还有一些曾经是札木合的盟友，《元朝秘史》记载了他们结盟的经过。此后，这些部族拥立札木合为古儿罕，并发动了试图消灭成吉思汗的十三翼之战。成吉思汗在阿尔泰山前征服了乃蛮人的国家以后，札木合侥幸逃脱，但与他在一起的札答阑、合答斤、撒勒只兀惕、朵儿边、泰亦赤兀惕、弘吉剌等部族无力再战，他们只好在阿尔泰山那边归降了成吉思汗。札木合不久也被他的五个伴当擒住，送给了成吉思汗。成吉思汗要求札木合与他再次做伴当，札木合拒绝了他的要求并请求让自己不流血死，成吉思汗只好找了个借口将札木合处死。

这时刚刚降服的乃蛮、篾儿乞和札木合属部，对成吉思汗并非心悦诚服，时常发生反叛行为。1205年，一部分篾儿乞部百姓发生叛变，成吉思汗以速勒都思部的沈白为长官，带领左手军前往平叛。沈白攻下了篾儿乞部的寨子，成吉思汗命令他把该杀的杀了，剩下的任凭士兵们掳掠。以前投降的篾儿乞人这时又在老营里造反，被成吉思汗留在老营的

---

① （波斯）拉施特主编：《史集》第一卷第一分册，余大钧、周建奇译，北京：商务印书馆，1983年，第227页。

② 《元史》卷168《许国桢传》，北京：中华书局，1976年，第3962页。（波斯）拉施特主编：《史集》第一卷第二分册，余大钧、周建奇译，北京：商务印书馆，1983年，第317页载："拖雷汗由于唆儿忽帖尼别吉失明，落后了几天，后来才来到成吉思汗处。"此处《史集》记载错误，失明的是伯撒王妃而非唆儿忽帖尼别吉。

人平定。成吉思汗认为让他们全部在一起，他们就会造反，于是把篾儿乞部打散编入忠于成吉思汗之人的手下。成吉思汗对篾儿乞部实行分而治之的办法，势必会影响到札木合的部众札答阑、合答斤、撒勒只兀惕、朵儿边、泰亦赤兀惕、翁吉剌等部族。

为了防止他们的叛乱，成吉思汗给每个儿子指定了千户长。根据《元朝秘史》第 243 节的记载，成吉思汗给术赤任命的千户那颜，有三人：忽难，格泥格思部，为第 7 千户；蒙客兀儿，《元朝秘史》未记其族属，为第 40 千户；客帖，《元朝秘史》亦未记其族属，为第 51 千户。给察合台任命的千户那颜有四人：合剌察儿，八鲁剌思部，为第 29 千户；木格，弘吉剌部，为第 38 千户；亦都舍歹，《元朝秘史》未记其族属，为第 67 千户，姚大力先生考证此人为札剌亦儿部，拙赤答儿马剌次子①；阔客搠思，八邻部，为第 30 千户。给窝阔台任命的千户那颜有两人：亦鲁该，《元朝秘史》未记其族属，为第 5 千户；迭该，别速惕部，为第 11 千户。给拖雷任命的千户那颜也有两人：者台，忙忽惕部，为第 23 千户；巴剌，札剌亦儿部，为第 50 千户。

成吉思汗分给四个儿子军队的数量，拉施都丁有着很详细的记载，分给了术赤四千人，千户长有失主兀惕部蒙古儿那颜、轻吉惕部轻吉台·忽丹、许慎部旭失台、许慎部拜忽；分给了察合台四千人，千户长有巴鲁剌思部巴鲁剌台·合剌察儿、札剌亦儿部蒙格那颜、阙名（《五世系》作雪你惕部小察合台）、阙名；分给了窝阔台四千人，千户长有札剌亦儿部亦鲁该、速勒都思部亦剌黑秃阿、晃豁坛部答亦儿、阙名；分给幼子拖雷的军队，是除了成吉思汗分给子弟的军队外，剩下的左翼、右翼、中军②。

学者们早已注意到《元朝秘史》和《史集》的记载存在很大的差异。例如，拖雷、别勒古台的分封见于《元朝秘史》，却不见于《史

① 姚大力：《草原蒙古国的千户百户制度》，《蒙元制度与政治文化》，北京：北京大学出版社，2011 年，第 17 页。

② 轻吉台·忽丹，《史集》若山和穆萨维波斯文刊本作 Kinggutai Qutan；《五世系》作雪你惕部小察合台，引自金浩东：《对于成吉思汗子弟分封的再探讨——以分析〈史集〉中的“千户一览”为中心》，《中央亚细亚研究》2009 年第 4 期。

集》，阔列坚的分封见于《史集》，却不见于《元朝秘史》；分封部民的数量，除阿勒赤台外，《元朝秘史》要高于《史集》。箭内亘认为通过计算《史集》中成吉思汗的总兵力和子弟的兵力，得出拖雷应该分得十一万人，而非《元朝秘史》中的五千人，他认为按照蒙古幼子守灶的习俗，拖雷作为成吉思汗的幼子，也是蒙古本土继承人，分得十一万人是合理的。杉山正明则研究了别勒古台分封的情况，在成吉思汗任命千户长的时候，别勒古台没有表态，他据此认为别勒古台应是答里台·斡惕赤斤的千户长。他又举出《元史·食货志·岁赐》和《史集》分封数量之间的关系为证，认为《史集》的记载是可靠的。巴菲尔德认为《元朝秘史》所记是成吉思汗 1206—1210 年的子弟分民数，《史集》所记是成吉思汗死后分配的民户。刘迎胜先生认为成吉思汗建国后进行过两次分封，《史集》所记是西征之前的分封，而《元朝秘史》所记是西征之中或之后的分封①。

然而《元朝秘史》中诸子的千户长名单与《史集》相比，亦有相同之处，为方便讨论，我们把上述材料列表如 9-1、表 9-2 所示。

表 9-1 《元朝秘史》记载成吉思汗对诸子的分封

诸子姓名	分封结果			
术赤	忽难 格你格思部 第 7 千户	蒙古兀儿 氏族不详 第 40 千户	客帖 氏族不详 第 51 千户	
察合台	合剌察儿 巴鲁剌思部 第 29 千户	木格 弘吉剌部 第 38 千户	亦都舍歹 札剌亦儿部 第 67 千户	阔客搠思 八邻部 第 30 千户
窝阔台	亦鲁该 札剌亦儿部 第 5 千户	迭该 别速惕部 第 11 千户		
拖雷	者台 忙忽惕部 第 23 千户	巴剌 札剌亦儿部 第 50 千户		

① （日）箭内亘：《元代经略东北考》，陈捷、陈清泉译，商务印书馆，1934 年，第 42—43 页；杉山正明：《蒙古帝国的原始形象——关于成吉思汗分封家族的研究》，马冀译，内蒙古社会科学院情报研究所编：《蒙古学译文选——历史专集》，1984 年，第 9—10 页；（美）巴菲尔德：《危险的边疆——游牧帝国与中国》，袁剑译，南京：江苏人民出版社，2011 年，第 246—247 页；刘迎胜：《察合台汗国史研究》，上海：上海古籍出版社，2006 年，第 66 页。

表 9-2　《史集》记载成吉思汗对诸子的分封

诸子姓名	分封结果			
术赤	蒙古儿那颜 失主兀惕部	轻吉台·忽丹 轻吉惕部	旭失台 许慎部	拜忽 许慎部
察合台	巴鲁剌台·合剌察儿 巴鲁剌思部	蒙格那颜 札剌亦儿部	阙名（《五世系》作雪你惕部小察合台）	阙名
窝阔台	亦鲁该 札剌亦儿部	亦剌黑·秃阿 速勒都思部	答亦儿 晃豁坛	阙名
拖雷	除了成吉思汗分给子弟的军队外，剩下的左翼、右翼、中军			

表 9-1 和表 9-2 的相同点是有一些千户长的姓名相同。表 9-1 中的蒙古兀儿（Möng-ke'ür），表 9-2 中作蒙古儿那颜（波斯文写作 Mnggūr），虽然在读音上存在差异，但《史集》载蒙古儿那颜有后裔在术赤后王宽阇处，名为撒耳客思，而撒耳客思是高加索地区的游牧部落，在术赤家族的领地内，这表明蒙古儿那颜的确是术赤的千户长，蒙古兀儿与蒙古儿那颜实为一人；表 9-1 中的合剌察儿与表 9-2 中的巴鲁剌台·合剌察儿出自同一部族，无疑是同一人；表 9-1 中的亦鲁该与表 9-2 中的亦鲁该亦是同一人。成吉思汗委任同一个人为千户长，而他们又没有被罢免的记录，所以这些千户长成吉思汗只委任了一次。两个表中有相同的千户长名单，表明《元朝秘史》的作者和拉施都丁都承认成吉思汗的确将军队分给了术赤、察合台和窝阔台，由此可见志费尼的记载是准确的。只是在关于拖雷是否分封军队的问题上，《元朝秘史》的作者予以承认，而拉施都丁则予以否认。

在表 9-1 和表 9-2 中，更多的千户长姓名是不同的，而且表 9-1 中的千户长数目要少于表 9-2。一般认为《元朝秘史》成书于 1252 年，而《史集》的成书则是 14 世纪初的事了。从距离成吉思汗 1206 年分封的时间上来说，《元朝秘史》比《史集》离得更近，应该更为可靠。拉施都丁之所以有着不同于《元朝秘史》的记载，笔者以为有以下三个原因。第一，拉施都丁所用的抄本（naskha）①不全，他讲到："成吉思汗把上述

① نسخهnaskha,《波斯语汉语大词典》有以下几个意思：（1）（书籍）的本，份。（2）抄本，副本，缮本，摹本。（3）药方，处方。（4）（手写的）护符，护身符。译见北京大学东语系编：《波斯语汉语大词典》，北京：商务印书馆，2012 年，第 2415 页。

两个异密和其他不知道他们名字的异密总共四千军队给了察合台”，这表明他看到的抄本本来就缺少那两个千户的名字，并非是《史集》传抄中出现的问题。第二，拉施都丁用了非蒙古语的材料，“成吉思汗把上述四位异密和四千军队给了术赤汗，在当代，很多脱脱和伯颜的军队是这四个［千户］的后代，而另一方面他们变得众多是由于罗斯、撒耳柯思（即撒耳柯思——笔者注）、钦察、马札儿和其他部队加入了他们，在兄弟争斗中某些人投奔了那里。”①罗斯，波斯语原文作 Rūs，由于这个词汇以颤音 r 开头，蒙古人会把 r 后的元音放到 r 前面，读作 Oros（元代音译为斡罗思），拉施都丁将其写作 Ūrūs。而此处“罗斯”并未按照蒙古人的读法拼写，表明拉施都丁可能利用了非蒙古文的材料。第三，拉施都丁对成吉思汗的分封名单进行了取舍加工。学者们早已注意到《史集》中的千户数量多于《元朝秘史》中的95千户，成吉思汗先祖的世系也与《元朝秘史》的记载不同。拉施都丁记载的千户长数目要多于《元朝秘史》，这些都与拉施都丁重新选择材料建构蒙古帝国的历史有关，很可惜他并没有把取舍加工的依据记载下来。

《史集》的来源除了已经失传的《金册》外，还有一种就是志费尼的《世界征服者史》，书中记载了蒙古的千户制：“军队的检阅和召集，如此有计划，以致他们废除了花名册，用不着官吏和文书。因为，他们把全部人马编成十人一小队，派其中一人为其余九人之长；又从每十个十夫长中任命一人为‘百夫长’，这一百人均归他指挥；每千人和每万人的情况相同，万人之上置一长官，称为‘土绵长’。”②志费尼的记载可以得到很多材料的佐证，如《元史·兵志》载：“考之国初，典兵之官，视兵数多寡，为爵秩尊卑。长万夫者为万户，千夫者为千户，百夫者为百户。”③黄溍《答禄乃蛮氏先茔碑》云：“有旨遣忽都虎、留乞与公三人以奉御为万户，发西京、大名、真定、河间等诸州郡军四千六十余人

① Rashīd al-Dīn, *Jāmi'al Tawārīkh*, Printed Text by Muhammad Rawshan and Mustafa Mūsavī, Tehran: Nash-i Alburz, 1994-1995, p.707.

② （伊朗）志费尼：《世界征服者史》，何高济译，北京：商务印书馆，2004年，第30页。

③ 《元史》卷98《兵志一》，北京：中华书局，1976年，第2508页。

占籍征行，每千人领以官一员，及镇守随州召集人户。”[①]作为伊利汗国宰相的拉施都丁无疑是知道千户制的。从他的记载可以看出，既然成吉思汗分给了术赤、察合台、窝阔台各四千人军队，那么每个王子也应该有四个千户长，这正是表 9-2 看起来要比表 9-1 要更加整齐的原因。至于拉施都丁留下的四个阙名，只有一个在《五世系》中做了增补，《五世系》的增补是否正确以及其他三个人的身份，还需要进一步的研究。

三、成吉思汗对其他家人的分封

根据志费尼的记载，成吉思汗只给其他家人分配了部分军队，至于分配的具体情况，他也没有提供。《元朝秘史》记载了成吉思汗给母亲、诸弟分配百姓的数量，分给母亲和答里台·斡惕赤斤一万百姓，分给合撒儿四千百姓，分给合赤温之子阿勒赤台两千百姓，分给了别勒古台一千五百百姓。接着，他又给诸弟委任千户长，详见表 9-3。

表 9-3　成吉思汗对诸弟的分封

家人姓名	分封结果			
答里台·斡惕赤斤	曲出 （养子） 篾儿乞部 第 17 千户	阔阔出 （养子） 别速惕部 第 18 千户	豁儿合孙 族属不详 第 19 千户	种赛 那牙勤部 第 33 千户
合撒儿	者卜客 （木华黎叔父） 札剌亦儿部 第 45 千户			
阿勒赤台 （合赤温子）	察兀儿罕 （者勒蔑之弟） 兀良合部 第 60 千户			
别勒古台				

在表 9-3 这份名单里，种赛和察兀儿罕是铁木真和札木合分离时，

① （元）黄溍：《金华黄先生文集》卷 28《答禄乃蛮氏先茔碑》，上海：上海古籍出版社，2011 年，第 287 页。

脱离札木合而投奔铁木真的。比他们更早归附铁木真家族的是者卜客，他出自札剌亦儿部。自成吉思汗先祖海都征服札剌亦儿部后，整个札剌亦儿部便成为他家的世代奴仆。在成吉思汗诛杀主儿勤部首领薛扯别乞和泰初之后，札剌亦儿部的帖列格秃·伯颜和他的三个儿子古温·兀阿、赤剌温·孩亦赤和者卜客恰好也在主儿勤部，他们前来拜见铁木真，表示愿意做铁木真家的奴隶。古温·兀阿把自己的两个儿子木合黎、不合献给了铁木真，说：

我教［他们］做你门限内的奴隶；
若［敢］绕过你的门限啊，
就挑断他们的脚筋！
我教［他们］做你梯己的奴隶；
若［敢］离开你的［大］门啊，
就剜出他们的心肝！①

赤剌温·孩亦赤也把自己的儿子秃格、合失献给了铁木真，所说的话与古温·兀阿之语类似。古温·兀阿兄弟这么说是强调他们作为铁木真“梯己奴婢”（emčü bo'ol）应该尽的义务和违反之后遭受的惩罚。铁木真把帖列格秃·伯颜的第三子者卜客给了合撒儿做“梯己奴婢”，他两位兄长说的话，他也是要履行的。此后帖列格秃·伯颜一家为铁木真忠勤效劳，铁木真建国后，对他们都进行了封赏，木华黎被封为左手万户，后来又被封为国王，他的叔父者不客也被封为第 45 千户。由于者卜客早就是合撒儿的“梯己奴婢”，成吉思汗封他为千户后，他的身份并没有改变，还是合撒儿的“梯己奴婢”，成吉思汗没有必要把他再次分给合撒儿做千户长。笔者以为《元朝秘史》此处的记载与者卜客的身份是矛盾的。

拉施都丁记载了成吉思汗分给其他家人的军队，他分给庶子阔列坚四千人，异密有巴鲁剌思部的忽必来那颜，捏古思部的脱斡里勒，另外

① 《元朝秘史》第 137 节，札奇斯钦：《蒙古秘史新译并注释》，台北：联经出版事业公司，1979 年，第 169—170 页。梯己的奴隶，原文作“奄出孛斡勒”，旁译作“梯己奴婢”。

一个捏古思部的脱斡里勒，阙名；分给答里台·斡惕赤斤五千人，其中两千人来自乞里克讷惕——斡罗纳儿，一千人来自别速惕部，剩下的来自其他部族；分给合撒儿之子也苦、脱忽、移相哥各一千人，是从各个营地抽出一百人组成的；分给合赤温之子阿勒赤台两千人，一些人来自乃蛮部，一些人来自其他的部族，另一些来自兀良合部；分给母亲三千人，来自豁罗剌思和斡勒忽讷兀惕部。拉施都丁没有提供分给母亲、答里台·斡惕赤斤、四个侄子的千户长姓名。①

成吉思汗把斡罗纳儿军队分给答里台·斡惕赤斤，也见于中文史料。《元史·怀都传》载："怀都，斡鲁纳台氏。祖父阿术鲁，与太祖同饮黑河水，屡从征讨，赐银印，总大军伐辽东女直诸部。……诸王塔察儿以阿术鲁年老，俾其子不花袭职。中统二年，不花卒，子幼，兄子怀都领其职。"阿术鲁，《元史》亦有传："阿术鲁，蒙古氏。太祖时，命同饮班朱尼河之水，扈驾亲征有功，命领兵收附辽东女直。……诸王塔察儿命其子不花代领其军。"斡鲁纳台氏此处写成了蒙古氏，黑河即班朱尼河。诸王塔察儿是答里台·斡惕赤斤的孙子，他能够任命不花继承父职，可见阿术鲁是答里台·斡惕赤斤家的家臣。斡鲁纳台氏又作斡耳那氏，见于《元史·怯怯里传》："怯怯里，斡耳那氏。太宗七年南伐，以千户从阔端攻安丰、寿州。又从诸王塔察儿率蒙古军两千攻荆山，破之，赐马二匹。与万户纳解以兵守沂、郯，略涟海，又从元帅怀都攻襄阳。"②怯怯里是怀都的部将，与怀都一样，怯怯里也是答里台·斡惕赤斤家的家臣。《史集》中明确记载阿勒赤台分得了一部分乃蛮军队，志费尼的记载中有一部分得到了印证，即答里台·斡惕赤斤和阿勒赤台的确分得了一部分军队。

由于合赤温早亡，成吉思汗才分给他的儿子阿勒赤台一部分军队，

---

① 根据《元朝秘史》第 244 节，蒙力克的第四子阔阔出，是萨满巫师，挑拨成吉思汗兄弟之间的关系，说合撒儿有称汗的野心。成吉思汗听后立刻派人捉拿合撒儿，诃额仑太后闻讯后连夜赶去训斥铁木真，成吉思汗只好把合撒儿放了，但暗地里将合撒儿百姓夺去大半，只留下一千四百人。

② 以上史料见《元史》卷 131《怀都传》，北京：中华书局，1976 年，第 3196 页；《元史》卷 123《阿术鲁传》，北京：中华书局，1976 年，第 3024 页；《元史》卷 123《怯怯里传》，北京：中华书局，1976 年，第 3033 页。

合撒儿之子也苦、脱忽、移相哥分的一部分军队也是由于合撒儿亡故而分封的。合撒儿的卒年，文献中没有明确的记载，1213年他还是成吉思汗进攻金国大军中的猛将，1216 年随成吉思汗回到蒙古。1225 年，成吉思汗西征归来，当他回到土拉河时，前来拜见的已是其子移相哥，说明合撒儿在此之前已经死去。也苦、脱忽、移相哥应该是在成吉思汗西征归来以后得到分封的。《史集》中所记合撒儿之子也苦、脱忽、移相哥各分得一千人军队与志费尼此处的记载无涉。《史集·唐兀惕部》云：“［成吉思汗］激起了一股［惩罚唐兀惕王的］劲头，但因为他年岁已高，知道并断定归天之时已近，所以他将儿子们、众异密和近臣们召到自己身边，［立下了］有关国家、王位、王冠、宝座、军队以及诸子［封地］分封的遗嘱和训示。”[①]但拉施都丁在《史集·成吉思汗纪》末尾并未将军队分配名单说成是成吉思汗的遗嘱，由此可见《史集·成吉思汗纪》末尾所记并不完全是 1206 年的分封，可能是拉施都丁综合多次分封的结果。

四、《史集》成吉思汗分封记载译注

آنچه بر پسران خود غیر یکه نویان و برادرزادگان و بردار کوچکین اوتچگین و مادر خویش اولون ایکه قسمت کرده بود بیست و هشت هزار نفر

ānchi bar pisarān-i khūd ghīr Īka Nūīān wa bardārzādgān wa bardār kūchikīn Ūtchgīn wa mādar-i khwesh Ūlūn Īka qismat karda būd bīst wa hasht hazār nafar

分给除了也可那颜以外的诸子、诸侄、幼弟斡惕赤斤、母亲诃额仑太后共两万八千人。

حصه

آنچه به پسر بزرگتر جوچی خان داده است چهار هزاره نفر

① （波斯）拉施特主编：《史集》第一卷第一分册，余大钧、周建奇译，北京：商务印书馆，1983 年，第 236 页。

hissa

ānchi ba pisar-i buzurk-tar Jūchī Khān dāda ast chahār hazāra nafar

部分

分给大儿子术赤的是四千人。

هزاره منگگور

از قوم سیجیوت بوده و در عهد بادو دست چپ را او می دانسته و این زمان چرکس نام از امرای توقتای از فرزندان او است و راه پدر می داند

Hazāra-ye Munggūr

az qaum-i Sījīūt būda wa dar ‘ahd-i Bādū dast-i chap rā o mi dānista wa īn zamān-i Chirks nām az umrā-ye Tūqtāī az fazand-ān-i o ast wa rāh-i pidar mi dānand

蒙古儿千户

他出自失主兀惕（Sījīūt）部，在拔都时代，他掌管左翼。在当代，来自脱脱异密的撒耳柯思是他的后代并掌管他父亲的职务。

按，失主兀惕，见《史集·昔只兀惕》（汉译本第一卷第一分册第 300 页）："在成吉思汗时，当他在诸王间分配众异密和军队时，他将这个部落中的蒙格秃那颜授予了术赤汗；在拔都时代，他掌管军队。现今在脱脱的名为扯儿客思的大异密出自他的氏族。"蒙格秃，若山和穆萨维波斯文刊本第 192 页写作 Mungdū。《元朝秘史》第 46 节总译：纳臣把阿秃儿自娶的妇人又生儿子，一名失主兀歹，一名朵豁剌歹。失主兀惕即失主兀歹后裔形成的部族；而《史集》与《元史·宗室世系表》都认为失主兀惕是海都幼子的后代（周良霄《元史北方氏族表》，第 104 页）。余大钧汉译本作撒勒只兀惕（《史集》第一卷第二分册第 375 页），Thackston 英译本作泰亦赤兀惕（第 279 页），两种翻译均误。汉译本的错误，陈得芝先生已经指出，详《蒙古哈答斤撒勒只兀惕部史地札记》（《蒙元史研究丛稿》，第 274 页）。撒耳柯思（即撒耳柯思——笔者注），冯承钧《西域地名》（第 21 页）：一作 Tcherkesses，一作 Cherks，《元朝秘史》作薛儿客速，又作薛儿格速，《元史·西北地附录》作撒耳柯思，《蒙古游牧记》注作色尔克斯。拉施特《史集》有此名，为高加索北之一支游牧民族。查《元史·地理志》（第 1570 页），“撒耳柯思”作“撒耳柯思”。

هزاره کشکتای قونان نویان

از قوم کنیگت بوده و پسر او هوران نام که پیش شهزاده قونچی بود از جمله امرای بزرگ آن الوس است

Hazāra-ye Kshktāī Qūnān Nūīān

az qaum-i Knīgt būda wa pisar-i o Hūrān nām ki pish-i shahazāda Qūnchī būd az jumla umrā-ye buzurg ān ulūs ast

Kshktāī Qūnān 那颜千户

他出自 Knīgt 部，他的儿子忽兰在宽阇大王处，是那个兀鲁思的大异密。

按，Kshktāī Qūnān，汉译本（《史集》第一卷第二分册第 376 页）作轻吉台·忽丹（Kīnkītāī Qūdān），英译本（第 279 页）作 Kinggutai Qutan；Knīgt 部，汉译本作轻吉惕（Kīngīt），英译本作 Kinggut，《史集·轻吉惕部》（汉译第一卷第一分册第 290 页）Knīgt 写作轻吉惕（Kīnkīt）：但成吉思汗时，当他将众异密连同军队一起分赐给诸子时，他曾将若干异密连同四千军队赐给自己的长子术赤汗，其中有个异密，命叫忽坛（qūtn）那颜，就出自这个分支，他在出自术赤氏族的斡儿答的后裔宽撤的兀鲁思里；该兀鲁思的众异密中的著名大人物忽兰（hūrān），就出自他的氏族。宽阇大王，世系为术赤—— 拔都—— 秃罕—— 忙哥帖木儿—— 宽阇[①]。

هزاره هوشیتای

از قوم هوشین بوده از جمله خویشان و نزدیکان بورچی نویان

Hazāra-ye Hūshītāī

az qaum-i Hushīn būda az jumla khweshan wa nazdīk Būrchī

① （波斯）拉施特主编：《史集》第二卷，余大钧、周建奇译，北京：商务印书馆，1985 年，第 128 页。

Nūīān

旭失台千户

他出自许慎部，是博尔术那颜的亲属。

按，村上正二认为客帖的本名是旭失台（引自余大钧汉译本注《蒙古秘史》第338页）。

هزاره بايقو

از قوم هوشين بوده براون قار يعنی دست راست او دانسته

Hazāra-ye Bāīqū

az qaum-i Hushīn būda brāūn qār ya‘nī dast-i rāst-i o dānista

拜忽千户

他出自许慎部，掌管 bara’un qar，也就是他的右翼。

按，Bāīqū，英译本第279页作 Bai Sinqor。

چينگگيز خان اين چهار امير مذکور را با چهار هزار لشکر به جوچی خان داده بود و اين زمان اکثر لشکرهای توقتای و بايان از نسل اين چهار هزار ند و آنچه در اين آخرهای زيادت شده اند از لشکرهای روس و چرکس و قپچاق و ماجار و غير هم اند که اضافت ايشان اند و در بولغاقها ميان آقا و اينی هم بعضی آنجا رفته باشد

Chīnggīz Khān īn chahār amīr-i muzkūr rā bā chahār hazār lashkar ba Jūchī Khān būd wa īn zamān aksar lashkarhā-ye Tūqtāī wa Bāyān az nasl-i īn chahār and wa ānchi dar īn ākhar ziyādat shuda-and az lashkarhā-ye rūs wa Chirks wa Qipchāq wa Mājār wa ghīr ham and ki izāfat īshān and wa dar būl-ghāq-i miyān-i aqā wa īni ham ba‘zi ānjā rafta bāshid

成吉思汗把上述四位异密和四千军队给了术赤汗，在当代，很多脱脱和伯颜的军队是这四个［千户］的后代，而另一方面他们变得众多是由于罗斯、撒耳柯思、钦察、马札儿和其他部队加入了他们，在兄弟争斗中某些人投奔了那里。

按，脱脱，世系为术赤——拔都——忙哥帖木儿——脱脱，名见《元史·术赤传》（第 2906 页）；伯颜，世系为术赤——斡鲁朵——撒儿塔台——火你赤——伯颜[①]。罗斯（Rus），蒙古人读为斡罗思（Orus），《史集》若山和穆萨维刊本第 707 页写作 اوروس，拉施都丁此处可能用了非蒙古文的资料。

حصه

پسر دوم چقتای خان چهار هزار نفر

hissa

pisar-i dūwum Chaqtāī Khān chahār hazār nafar

部分

第二子察合台四千人。

هزاره برلاتای قراچار

از قوم برولاس بود از فرزندان امیری بزرگ در خدمت آباقا خان بوده و او را عزیز می داشت و با تکودر اغول می گردید نام او ایجیک نویان

Hazāra-ye Brlātāī Qarāchār

az qaum-i Brūlās būd az farzandān amīri-ye buzurg dar khadmat-i Ābāqā Khān būda wa o rā ‘azīz mi dāsht wa bā Takūdir aghūl mi girdīd nām-i oĪjīk Nūīān

巴鲁剌台·合剌察儿千户

他出自巴鲁剌思部，子孙中有一位大异密为阿八哈汗服务，他非常机敏，与塔忽答儿斡兀立在一起，名为 Ījīk 那颜。

按，Ījīk 那颜，汉译本和英译本俱缺。Ījīk 或为 Īljīk 之误，Īljīk 蒙古语“驴子”之意，汉译“燕只哥”。

هزاره مونگکه نویان

از قوم جلایر بوده و پدر ییسور نویان که دوا او را لشکر داده بود به سرحد خراسان فرستاده برابر لشکرها در حدود بلخ و باد غیص می نشست و پسری از آن او به غارت آوارده بودیم و پیش امیر حاجی برادر نوروز می بود

① （波斯）拉施特主编：《史集》第二卷，余大钧、周建奇译，北京：商务印书馆，1985 年，第 117—120 页。

اینجا وفات یافت و در آنجا پسران دیگر دارد

Hazāra-ye Mūngga Nūīān

az qaum-i Jalāīr būda wa pidar Īīsūr Nūīān ki Dūā o rā lashkar dāda būd ba sar-hadd-i Khurāsān farstāda barābr lashkarhā dar hudūd-i Balikh wa Bādghīs mi nishst wa pisari az ān o ba ghārat āwārda būdīm wa pish amīr Hājī barādar-i Nurūz mi būd īnjā wafāt yāfta wa dar ānjā pisarān dīgar dārad

蒙格那颜千户

他出自札剌亦儿部，是也速儿那颜的父亲，都哇将军队交给他，派到呼罗珊边境，驻守在巴里黑和巴德吉斯境内，我们曾经俘虏他的一个儿子并带到纳鲁兹兄弟哈只异密处，他在这里死去，在那边他还有其他儿子。

按，蒙格那颜，英译本作 Mügü，出自 Jalayir（第 279 页），《史集》载："当成吉思汗把军队分赐给诸子时，他将札剌亦儿人的一个异密木客（mūk<u>eh</u>），给了察合台；其子也速儿，为八剌军队中的异密，人们称他为也可—也速儿。"①虞集《道园类稿》卷 42《立只理威忠惠公神道碑》："太祖命金紫与札剌可抹哥那颜，屑金和酒饮以为盟，约为兄弟。抹哥，贵族重臣，饮金，国之重盟也。"金紫即察罕之父曲也怯律，为西夏甘州守将，后被部将所杀。成吉思汗平定甘州后，"得其子曲也怯祖，则察罕之兄也。怯祖于夏国，尝居进士第一人，及见太祖，命从诸王察合台镇回鹘，其官曰达鲁花赤，犹言为之监也。"因为曲也怯律和抹哥那颜是结拜兄弟，所以成吉思汗才命曲也怯祖代其父曲也怯律跟随察合台镇守西域。可见《史集》中的蒙格那颜或木客即《立只理威忠惠公神道碑》中的抹哥那颜，"札剌可"应为"札剌亦儿"，成吉思汗任命抹哥那颜为察合台千户长应在察合台出镇西域以前。而察合台镇守西域是在 1223 年成吉思汗西征回来以后。汉译本（《史集》第一卷第二分册第 375 页）作"弘吉剌惕（即弘吉剌——笔者注）部人

① （波斯）拉施特主编：《史集》第一卷第一分册，余大钧、周建奇译，北京：商务印书馆，1983 年，第 159 页。

术哥那颜千户”，误。巴德吉斯①（Bādghīs），在也里（Herat）附近。纳鲁兹，波斯语“元旦”，呼罗珊总督阿儿浑之子，斡亦剌部人（《史集》第三卷第 102 页）。

هزاره ……

Hazāra-ye……

……千户。

按，此千户为雪你惕部小察合台。《五世系》中有“Changtai yi kuchuk，又叫 suntai，成吉思汗分配军队的时候给了察合台。”②《史集·部族志》载：“另一异密为小察合台；由于当时察合台［成吉思汗之子］死去，禁用其名，此后［小察合台］就被称为雪你台，因为他是雪你惕部人。”③

هزاره ……

Hazāra-ye……

……千户。

چنگگیز خان این دو امیر مذکور را با امرای دیگر که نام ایشان معلم نشده و تمام چهار هزار لشکر به چغتای داده بود و اصل لشکر چغتای و فرزندان او که امروز با دوا به هم اند این چهار هزار مرد بودند که به توالد و تناسل زیادت گشته اند و یمکن از اضاف غیر مغول قومی اضافت ایشان شده باشند

Chīnggīz Khān īn dū amīr muzkūr rā bā umrā-ye dīgar ki nām-i īnshān mu'lam nashuda wa tamām chahār hazār lashkar ba Chaghtāī wa dāda būd wa asl-i lashkar-i Chaghtāī wa fazandān-i o ki imrūz bā dūā ba ham and īn chahār hazār mard būdand ki ba tawālud wa tanāsul ziyādat gashta-and wa yumkinu az izāfat ghīr Mughūl qaumi izāfat

① Le Strange,*The Lands of the Eastern Caliphate-Mespotamia,Persia,and Central Asia from Moslem Conquest to the Time of Timur*,New York:Cosimo Classics,2011,p.412.

② 金浩东：《对于成吉思汗子弟分封的再探讨——以分析〈史集〉中的“千户一览”为中心》，《中央亚细亚研究》2009 年第 4 期，第 36 页。

③ （波斯）拉施特主编：《史集·部施志》第一卷第一分册，余大钧、周建奇译，北京：商务印书馆，1983 年，第 163 页。

īshān shuda bāshand

成吉思汗把上述两个异密和其他不知道他们名字的异密总共四千军队给了察合台，察合台军队的根源和他的子孙今天同都哇在一起的都是这四千人的后代，他们繁衍生息，也可能由于加入了其他蒙古部族，他们人口增多。

按，从上文叙述中可以看出后两个千户的姓名在拉施都丁修纂时就缺失，并非传抄时脱掉。

حصه

پسر سومین اوگتای قاآن چهار هزار نفر

hissa

pisar-i siwum Ogtāī Qāān chahār hazār nafar

部分

第三子窝阔台合罕四千人。

هزاره ایلوگای

از قوم جلایر بوده و آن است که وقتی ارغون آقا پدر نوروز را به رانی گوشت خریده بود و پسر این ایلوگی آن است که چون منگگه قاآن به پادشاهی می نشست گفته که پادشاهی به آروغ اوگتای قاآن می رسد و آن حکایت نوشته شد

Hazāra-ye īlūgāī

az qaum-i Jalāīr būda wa ān ast ki waqti Arghūn Āqā pidar-i Nūrūz rā ba rāni gusht kharīda būd wa pisar īn Īlūgi ān ast ki chūn Mungga Qāān ba pādshāhi nishst gufta ki pādshāhi ba Arūg-i Ogtāī Qāān mi risid wa ān hikāyat niwishta shud

亦鲁该千户

他出自札剌亦儿部，他是用肉买下纳鲁兹的父亲阿儿浑的那个人，亦鲁该之子在蒙哥合罕登基时说过王位属于窝阔台合罕家族，此事前面已经讲述。

按，《史集·札剌亦儿》载：

> 另一个异密札剌亦儿部人合丹，是成吉思汗的侍从，他有个儿子，名叫亦鲁格。[成吉思汗]将这个亦鲁格连同军队一起给了自己的儿子窝阔台合罕，因为他曾做过窝阔台幼年时的看护人，并对他有过父亲般的关怀。在窝阔台合罕时代，[亦鲁格]受到尊重，并是一位可敬的[长昔]和军队异密。据说异密阿儿浑之父，在饥饿贫困的日子里，将异密阿儿浑卖给亦鲁格那颜之父合丹，换得了一条牛腿。当[合丹]将自己的一个儿子送到窝阔台合罕处充任宿卫时，他把异密阿儿浑给这个儿子做亲兵。[阿儿浑]成了他的奴仆……海都曾派遣一个名叫答失蛮的使者到阿八哈汗处去，他是亦鲁格那颜的儿子。亦鲁格有个弟弟，名叫额勒只带……在蒙哥合罕登临汗位时，他[额勒只带]说道："你们曾全体一致决议并说道：直到那时，只要是从窝阔台合罕诸子出来的，哪怕是一块[臭]肉，如果包上草，牛不会去吃那草，如果将它涂上油脂，狗不会瞧一眼那油脂，我们[仍然]要接受他为汗，任何其他人都不得登上宝位。为什么你们另搞一套呢？"①

据此，买下阿儿浑的是亦鲁该的父亲合丹而非亦鲁该，反对蒙哥即位的是亦鲁该的弟弟额勒只带而非他的儿子答失蛮。

هزاره ایلک توا

آقای ایلچیگتای بوده از استخوان تمغالیق که شعبه ای اند از قوم سلدوس و در این ملک نسل اینشان توما است که در خراسان امیر هزاره بود و این زمان امیر مولا هزاره می داند

Hazāra-ye Īlk Tūā

āqā-ye Īlchīgtāī būda az ustukhwan-i Tamghālīq ki shu'abai and az qaum-i Sldūs wa dar īn mulk nasl-i īshān Tūmā ast ki dar Khurāsān amīr-i hazāra būd wa īn zamān amīr Mūlā hazāra mi dānad

亦剌黑·秃阿千户

① （波斯）拉施特主编：《史集》第一卷第一分册，余大钧、周建奇译，北京：商务印书馆，1983年。第153—154页。

> 他是额勒只带之兄，出自速勒都思部的一个分支 Tamghālīq 氏族，在本国他们的后代是秃马，他在呼罗珊是千户长，在当代他管辖木剌千户。

按，亦剌黑·秃阿，英译本第289页作 Elig To'a。额勒只带（Eljigetei），又作燕只吉台，此人即贵由汗的大断事官野里只吉带。他曾经是成吉思汗的宿卫，《元朝秘史》第229节总译："在先，有可依仗的人额勒只吉歹（即额勒只带——笔者注）曾在宿卫上行，被宿卫的拿了有来。"窝阔台组织长子西征后，贵由曾经和拔都发生争执，《元朝秘史》第279节总译："古余克说：'他（拔都）是带弓箭的妇人，胸前教柴打他。'额勒只带子合儿合孙说：'他（拔都）后头接与他个木尾子。'"额勒只带的儿子合儿合孙竟然敢跟着贵由辱骂拔都，说明额勒只带是窝阔台的家臣。贵由即位后，额勒只带被任命为大断事官，《元史·定宗本纪》载："（定宗二年）八月，命野里只吉带（即额勒只带——笔者注）本率搠思蛮部兵征西。"[①]蒙哥即位后，他被处死，《元史·宪宗本纪》载："（宪宗元年）冬，以宴只吉台（即额勒只带——笔者注）违命，遣合丹诛之，仍籍其家。"[②]Tmghālīq，汉译本（第一卷第二分册第377页）作"塔木合里黑"，英译本第280页作 Tamghaliq，tamgha，原义为"印"，是个古老的突厥词，早见于《阙特勤碑》[③]。突厥语后缀-liq，表示具体的、抽象的名词及形容词，Tamghaliq，意为"有印的"。额勒只带出自速勒都思部，可补《元朝秘史》《元史》之缺。Tamghaliq 不见于周良霄《元史北方部族表》。

هزاره داير

از قوم قونگقتاى بوده جمله آروغ منگليک يچيگه

Hazāra-ye dāīr

az qaum-i Qūngqtāī būda jumla Ārūg-i Minlīk Īchīga

答亦儿千户

① 《元史》卷2《定宗本纪》，北京：中华书局，1976年，第39页。

② 《元史》卷3《宪宗本纪》，北京：中华书局，1976年，第45页。

③ 亦邻真：《亦邻真蒙古学文集》，呼和浩特：内蒙古人民出版社，2001年，第441页。

他出自晃豁坛部，与蒙力克父亲一起

按，《史集·部族志》载："在成吉思汗时代，有个异密名叫答亦儿，被他［成吉思汗］连同军队一起，赐给了窝阔台合罕，他曾在察合台左右。"[①]《元史》卷193《伯八传》载："伯八，［晃］合丹氏。祖明里也赤哥，尝隶太祖帐下。……父脱伦阇里必，扈从太祖征西域，累立奇功。世祖即位，以伯八旧臣子孙，擢为万户，命领诸部军马屯守欠欠州。"[②]明里也赤哥即蒙力克父亲。

هزاره ...

در نسخه نبود

Hazāra-ye……

dar naskha nabūd

……千户

在抄本上缺。

按，此千户名称诸抄本均缺。若山和穆萨维波斯文刊本增。

دگای از قوم بیسوت

Digāī az qaum-i Bīsūt

迭该，出自别速惕部。

چنگگیز خان این امرای مذکور با تمامی چهار هزار لشکر به اوگتای قاآن داده بود و هر چند دیگر اقوام دیگر بوده اند اما اعتبار اینها داشته اند و هر لشکری که به خاصه قا آن تعلق داشت از جمله از نسل این چهار هزاره بودند

Chīnggīz Khān īn umrā-ye muzkūr bā tamāti chahār hazāra lashkar ba Ogtāī Qāān dāda būd wa har chand dīgar aqwām-i dīgar būda-and amā i'tibār īnhā dāshta-and wa har lashkari ki ba Khass-i Qāān ta'allaq dāsht az jumla az nasl-i īn chahār hazāra būdand

成吉思汗把上述异密和所有军队给了窝阔台合罕，每一个部族

① （波斯）拉施特主编：《史集》第一卷第一分册，余大钧、周建奇译，北京：商务印书馆，1983年，第275页。

② 《元史》卷193《伯八传》，北京：中华书局，1976年，第4384页。

中都有其他部族的人，但他们受到尊重。属于合罕产业的每一支军队都是这四千人的后代。

حصه

پسر پنجمین کولکان چهار نفر

hissa

pisar-i panjumīn Kūlkān chahār nafar

部分

第五子阔列坚四千人。

هزاره قوبیلای نویان

از قوم برولاس بوده است

Hazāra-ye Qūbīlāī Nūīān

az quam-i Brūlās būda ast

忽必来那颜

他出自巴鲁剌思部。

هزاره طغریل

از قوم نکوز بوده است و در این ملک جاورچی و پسرش قرا و پسرزاده او سوبتای که امیر هزاره است از نسل ایشان اند

Hazāra-ye Tughrīl

az qaum-i Nikūz būda ast wa dar īn mulk Jāūlchī wa pisarash Qarā wa pisarzāda-ye o Sūbtāī ki amīr hazāra ast az nasl-i īshān and

脱斡里勒千户

他出自捏古思部，在本国作为千户长的抄兀儿赤和他的儿子哈剌、他的孙子速不台是他的后代。

按，余大钧汉译本（第一卷第二分册第378页）此处错行，捏古思部，《史集·部族志》（汉译本第一卷第一分册第 301 页）作赤那思：在波斯地区，千夫长札兀儿赤出自他们的氏族。速不台，汉译本作雪你台，英译本第280页作 Sübütäi。虞集《道园类稿》卷46《靖州路总管捏古台墓志铭》云："捏古台之人，其族四：曰播而祝吾，曰厄只吾，曰脱忽剌兀，曰撒哈儿秃"。

هزاره طغريل

هم از قوم نکوز بوده است

hazāraye Tughrīl

ham az qaumi Nikūz būda ast

脱斡里勒千户

他也出自捏古思部。

هزاره……

نبود

Hazāra-ye……

nabūd

……千户

缺。

چنگگيز خان اين امراى مذکور را با چهار هزار لشکر به کولکان داده بود و پسر کولکان اورودای بود و کار خانه اورودای که تبريز است و جاورچی و فرزندان او می دادنند از آن وی بوده

Chīnggīz Khān īn umrā-ye muzkūr rā bā chahār hazār lashkar ba Kūlkān dāda būd wa pisar-i Kūlkān Ūrūdāī būd wa kār khāna-ye Ūrūdāī ki Tibrīz ast wa Jāūlchī wa farzand-i o mi dānand az ān wi būda

成吉思汗把上述异密和四千军队给了阔列坚，阔列坚之子是兀鲁带，兀鲁带的作坊在帖必力思，由抄兀儿赤和他的子孙替他管理。

按，兀鲁带为阔列坚之孙。《史集》载：兹将阔列坚及其直系后裔的宗支记述如下：他有四个儿子，长子名忽察。父亲似乎，他被授予六千人，并赐予父位。这个忽察有个儿子命叫兀鲁带①。《元史·宗室世系表》中亦记其世系为：阔列坚——河间王忽察——忽鲁歹大王。成吉思汗分了四千军队给阔列坚，他的儿子忽察即位后被授予六千人。

حصه

① （波斯）拉施特主编：《史集》第一卷第二分册，余大钧、周建奇译，北京：商务印书馆，1983年，第89页。

برادرش اوتچگین نویان و او برادر چهارمین است کوچکتر همه پنجهزار نفر

hissa

barādarash Ūtchgīn Nūīān wa o barādar-i chahārumīn ast kūchiktar hama panjhazār nafar

部分

他的兄弟斡惕赤斤那颜，他是四弟，也是幼弟，共五千人。

چنگگیز خان این پنجهزار لشکر را با وی داده دو هزاره از قوم کلنگغوت اورنر و یک هزاره از قوم بیسوت و باقی از هر قومی و بعضی از قوم جاجیرات که چون جاموقه ساچان را که مخالفت کرده بود بگرفتند و چنگگیز خان بواسطه آنکه او را انده خوانده بود خواست نکشد او را به اوتچگین نویان داد تا او داند چون اوتچگین او را بکشت چهار صد نفر لشکر از جاجیرات که با او بودند جمله پنجهزار بودند

Chīnggīz Khān īn panjhazār lashkar rā bā wi dāda dū hazāra az qaum-i Kilngghūt Ūrnar wa yak hazāra az qaumi Bīsūt wa bāqī az har qumi wa ba‘zi az quam-i Jāchīrāt ki chūn Jāmūqa sāchān rā ki mukhālafat karda būd bi-girftand wa Chīnggīz Khān ba-wāwsita ānki o rā anda khwānda būd khwāst nakashid o rā ba Ūtchgīn Nūīān dād tā dānid chūn Ūtchgīn o rā bi-kasht chahār sad nafar lashkar az Jāchīrāt ki bā o būdand jumla panjhazār būdand

成吉思汗把五千军队给了他，两千人来自乞里克讷惕——斡罗纳儿，一千来自别速惕部，剩下的来自其他部族，出自札答阑部的一些人由于捉住了作乱的札木合薛禅，成吉思汗因为把他称为安答并不想亲自处死他，把他交给了斡惕赤斤那颜处理。由于斡惕赤斤把他杀死，札答阑部四百人的军队给了斡惕赤斤，总共五千人。

按，余大钧汉译本（第一卷第二分册第37页）未译出“斡罗纳儿”。四百人，余大钧汉译本文作一百人，英译本第281页作四千人。成吉思汗把斡罗纳儿军队分给斡惕赤斤，也可得到中文资料的印证。《元史·怀都传》载：“怀都，斡鲁纳台氏。祖父阿术鲁，与太祖同饮黑河水，屡从征讨，赐银印，总大军伐辽东女直诸部。……诸王塔察儿以阿术鲁年老，俾其子不花袭职。中统二年，不花卒，子幼，兄子怀都领其职。”[①]斡鲁纳台氏又作蒙古氏，《元史·阿术鲁传》载：“阿术鲁，蒙古氏。太祖时，命同饮班朱尼河之水，扈驾亲征有功，命领兵收附辽东女直……诸王塔察儿命其子不花代领其军。”[②]黑河即班朱尼河，诸王塔察儿为斡惕赤斤之孙，能够任命不花继承父职，可知阿术鲁为斡惕赤斤家的家臣。《元史·怯怯里传》载：“怯怯里，斡耳那氏。太宗七年南伐，以千户从阔端攻安丰、寿州。又从诸王塔察儿率蒙古军两千攻荆山，破之，赐马二匹，与万户纳解以兵守沂、郯，略涟海，又从元帅怀都攻襄阳。”[③]与怀都一样，怯怯里也是斡惕赤斤家的家臣。

حصه

فرزندان جوچی قسار که برادرزادگان چنگگیز خان بودند ییگو توقو و ییسونگه

hissa

farzandān-i Jūchī Qasār ki barādarzādagān-i Chīnggīz Khān būdand Īīgū Tūqū wa Īīsūnga

部分

术赤·合撒儿之子成吉思汗之侄也苦、脱忽、移相哥。

چنگگیز خان از هر جایگاه متفرق این یک هزاره لشکر به برادرزادگان خود پسران جوچی قسار داده بود و حال مرتبه و عزت اینشان در تاریخ کفته شده است

Chīnggīz Khān az har jāy-gāh-i mutafarraq īn yak hazāra lashkar ba barādarzādagān-i khūd Jūchī Qasār dāda būd wa hāl martaba wa'izzat-i īshān dar tārīkh gafta shuda ast

成吉思汗从每个分开的营地中抽出一百人给了自己的侄子也就是合撒儿之子，他们的荣誉和尊贵在史书中已经有了。

حصه

پسر قاچیون الچیتای نویان که برادرزاده چنگگیز خان سه هزار نفر

① 《元史》卷131《怀都传》，北京：中华书局，1976年，第3196—3197页。
② 《元史》卷123《阿术鲁传》，北京：中华书局，1976年，第3024—3025页。
③ 《元史》卷123《怯怯里传》，北京：中华书局，1976年，第3033页。

hissa

pisar-i Qachīūn Alchītāī Nūīān ki barādarzāda-ye Chīnggīz Khān sah hazāra nafar

部分

合赤温之子成吉思汗之侄阿勒赤台三千人。

چنگگیز خان این سه هزار لشکر را به برادرزاده خویش الچیتای نویان داده و
بعضی از اقوام نایمن بوده اند و بعضی از اقوام دیگر متفرق و امرای معتبر
آن لشکر اق سو ودای و اورچغاش گویانگ بوده اند و بعضی امرای دیگر از قوم
اوریانگقت که اسامی ایشان معلم نشده

Chīnggīz Khān īn sah hazār lashkar rā ba barādarzāda-ye khwesh Alchītāī Nūīān dāda wa ba'zi az qaum-i Nāīman būda-and wa ba'zi az aqwām-i dīgar wa umrā-ye mu'tabar ān lashkar Aqsūūdāī wa Ūrchghāsh Gūīāng būda-and wa ba'zi az umrā-ye dīgar qam-i Ūrīāngqt ki asāmi-ye īshān mu'lam nashuda

成吉思汗把三千军队给了自己的侄子阿勒赤台那颜，一些人来自乃蛮部，一些来自其他的部族，那支军队中受人尊敬的异密有 Aqsūūdāī 和 Ūrchghāsh Gūīāng，另一些异密来自兀良合台部，但他们的名字不知道。

按，Aqsūūdāī，余大钧汉译本（第一卷第二分册第 380 页）作阿忒速阿带（Atsūūdāī），英译本作“Aqsu'udai”； Ūrchghāsh Gūīāng，汉译本（第一卷第二分册第 380 页）作兀赤合失国王，英译本作 Ujgash Guyang。《史集》载：“当成吉思汗把军队分给诸子时，他分给额勒只带那颜三千人，［这三千人］的统将是兀惕撒兀带—兀只合失国王。‘兀惕撒兀带’是［氏族］支系名，‘兀只合失’是人名，而‘国王’是尊号。这位异密是乃蛮部落人，而另一些异密为兀良合惕（即兀良合——笔者注）和塔塔儿部人。[1]”

حصه

① （波斯）拉施特主编：《史集》第一卷第二分册，余大钧、周建奇译，北京：商务印书馆，1983 年，第 70—71 页。

مادر چنگگیز خان اولون ایکه سه هزار نفر

hissa

mādar-i Chīnggīz Khān Ūlūn Īka sah hazār nafar

部分

成吉思汗的母亲诃额仑母亲三千人。

چنگگیز خان از جمله امرا و لشکر یانی که با مادرش بهم آمده بودند از قوم قورلاس و اولقونوت این سه هزار نفر بدو داده و اسامی ایشان معلم نیست

Chīnggīz Khān az jumla umrā wa lashkar-i yāni ki bā mādrash baham āmada budand az qaum-i Qūrlās wa Ūlqūnūt īn sah hazāra nafar ba-o dāda wa asāmi-ye īshān mu'lam nīst

成吉思汗把曾和他母亲一起来的出自豁罗剌思和斡勒忽讷惕部的所有异密和相关军队共三千人给了她，他们的名字不详。

按，豁罗剌思和斡勒忽讷惕部为弘吉剌部分支，是诃额仑太后的族人，成吉思汗十三翼之战时第一翼的主力，详参韩儒林先生《成吉思汗十三翼考》[①]。

بیرون از این لشکرها چنگگیز خان تعیین فرموده بود تمامت لشکرهای دیگر را با اوردوها و یورتهای خاصه به پسر کوچکتر تولوی خان و لقب او یکه نویان بوده جمله را او دانست و مجموع امرای معتبر که به دست راست و چپ و قول تعلق می داشتند و اسلمی ایشان نوشته شد و امرای دیگر لشکرها که نامهای ایشان معلم شد تمامت ملزم او می بودند

bīrūn az īn lashkarhā Chīnggīz Khān tā'yīn farmūda tamāmat lashkarhā- ye dīgar rā bā Ūrdū wa Īūrthā-ye khāssa ba pisar-i kūchiktar Tūlūī Khān wa laqab-i o Yaki Nūīān būda jumla rā o dānist wa mujmū' umrā-ye mu'tabar ki ba dast-i rāst wa chap wa qūl ta'alluq mi dāshtand wa asālm-i īshān shud wa umrā-ye dīgar lashkarhā ki nāmhā-ye īnshān mu'lam shud tamāmat mulāzim-i o mi būdand

除了这些军队，成吉思汗分配所有其他部队和自己的斡耳朵、

① 韩儒林《穹庐集》，上海：上海人民出版社，1982 年，第 3—4 页。

禹儿惕一起给了幼子拖雷汗，并给了他也可那颜的称呼，他掌管一切，包括上述尊贵异密统辖的右翼、左翼和中军，他们的名字有的知道，有的不知道，所有人都为他服务。

按，《鲁布鲁克东行纪》载："父母的斡耳朵总是属于幼子，所以正是幼子必须供奉带着父室归于他的其父的妻妾，而如果他愿意，他把她们当作自己的妻妾，因为他并不认为她们死后如回到其父那里，他自己会受到什么损害。"[①]鲁布鲁克并未提到幼子继承父亲的军队。

（以上译自《史集》，若山和穆萨维刊本，第605—612页）

五、结　　论

元太宗期间，南宋使臣彭大雅和徐霆出使蒙古，并把他们在草地的见闻写成《黑鞑事略》，详细记载了蒙古的制度、风俗等，对蒙古的西征亦有提及："霆在草地见其头目民户，车载辎重及老小畜产尽室而行，数日不绝，亦多有十三四岁者，问之，则云此皆鞑人调往征回回国，三年在道，今之年十三四，到彼则十七八岁，则已胜兵。"[②]由于拔都西征需要大量兵丁，只好签发十三四岁的孩子，他们走到西域正好能够到达参军的年龄。《元史》亦载："蒙古军皆国人，探马赤军则诸部族也。其法，家有男子，十五以上、七十以下，无众寡尽签为兵。十人为一牌，设牌头，上马则备战斗，下马则屯聚牧养。孩幼稍长，又籍之，曰渐丁军。"[③]蒙古族是游牧民族，所有的战士都是牧民，所有的牧民并非都是战士，老人、十七八岁以下的孩子、妇女都不是战士。南宋的使臣能够将蒙古的民户和战士区分开来，志费尼无疑也是知道这个区别的，他其实是把成吉思汗给子弟的分封也分成了民户和军队

① 《柏朗嘉宾蒙古行纪　鲁布鲁克东行纪》，耿昇、何高济译，北京：中华书局，1985年，第219页。

② 王国维：《黑鞑事略笺证》，《王国维遗书》第13册，上海：上海古籍书店，1983年，第25页。

③ 《元史》卷98《兵志》，北京：中华书局，1976年，第2508页。

两部分。

关于成吉思汗建国后对家人的分封，尽管《元朝秘史》和拉施都丁根据其他资料进行的加工重构存在着区别，但《元朝秘史》的作者、拉施都丁各自留下的记载仍然有相同的部分，这反而印证志费尼的记载是可信的。根据他的记载，成吉思汗给四个儿子分得了各部族和军队，拖雷是这四个儿子之一，自然也获得分封。

第十章　阿儿浑觐见蒙哥史事

窝阔台合罕时期，蒙古统治者在与农耕文明的接触中，逐步改变“变农田为牧场”的统治政策，开始采用农耕地区传统的治理方法，他任命耶律楚材、马合木·牙老瓦赤等人管理汉地、西域居民的事务，取得了一定成效。由于资料多少的原因，学者们较多关注耶律楚材和马合木·牙老瓦赤，而不太关注主管呼罗珊地区事务的阿儿浑。巴托尔德、本田实信曾据《世界征服者史》和《史集》等波斯文史料，对阿儿浑的事迹做了辑考①。阿儿浑自 1251 年 8 月启程前往蒙古觐见蒙哥，直到1252年5月才抵达，历时10个月，而同时期刘郁的出使仅用了2个月，与刘郁相比，阿儿浑的旅程显得过于漫长。巴托尔德和本田实信都没有注意到这个现象，本章将其置于蒙哥即位风波的历史背景下加以分析。

一、阿儿浑的决定

1228 年在窝阔台宣告即位的忽里台②上，窝阔台与诸王制定了远征

① （俄）巴托尔德：《蒙古入侵时期的突厥斯坦》，张锡彤、张广达译，上海：上海古籍出版社，2007 年，第 542—543 页；本田实信：《阿母河等处行尚书省考》，（日）内田吟风等：《北方民族史与蒙古史译文集》，余大钧译，昆明：云南人民出版社，2003 年，第 513—519 页。

② 忽里台，蒙古语 quriltai，“聚会”之意，元代汉译“大朝会”。参见《中国历史大辞典·辽夏金元史》，上海：上海辞书出版社，1986 年，第 318 页。

计划，派绰儿马浑率军远征花剌子模，杀死札兰丁，彻底毁灭花剌子模的势力。为了配合这次远征，窝阔台合罕派成帖木儿作为绰儿马浑的后援，到呼罗珊地区镇守。成帖木儿成为蒙古统治波斯地区的第一任总督。成帖木儿死于1235年，他的书记官畏吾儿人阔儿吉思在他的同族镇海丞相的推荐下成为第二任总督。

1241年窝阔台合罕去世，皇后脱列哥那临朝称制①。窝阔台合罕留下遗命，让皇孙失烈门即位，而脱列哥那却想让她的长子贵由即位，为此她一上台，就开始清洗窝阔台合罕时期的大臣。《世界征服者史》载："但在合罕活着期间，在她心中已经积存了对几个廷臣的仇怨，这个创痛日益加深。一旦她被委与朝政，她的地位增强，而且没有人敢于同她争辩，她决定立即行动，不丢失时间，也不坐失良机……向这些人一个个报复以消她的心头恨。她因此遣使者到契丹地区去取丞相马合木·牙老瓦赤来，也企图抓获异密镇海。"②马合木·牙老瓦赤，花剌子模人，成吉思汗攻灭花剌子模后，受命主管中亚布哈拉等城市的行政财赋，1241年改任中州大断事官，主管汉地事务；镇海，"初以军伍长从太祖同饮班朱尼河水。与诸王、百官大会兀难河。上太祖尊号曰成吉思皇帝。"③两人都是成吉思汗朝的老臣，他们为了躲避脱列哥那的迫害，都投奔窝阔台的次子阔端以寻求保护，而马合木·牙老瓦赤的儿子麻速忽毕，作为主管阿姆河以北地区事务的长官也同样遭到迫害，不过他逃到了术赤长子拔都的宫廷。而镇海举荐的阔儿吉思就没有那么幸运了，由于政敌成帖木儿的儿子额忒古·帖木儿等人的诬告，脱列哥那派阿儿浑前往呼罗珊逮捕了阔儿吉思，将他押回自己的斡耳朵并处死，同时任命阿儿浑为新的波斯地区总督。阿儿浑是斡亦剌部人，成吉思汗击败乃蛮部后，俘虏了掌印官塔塔统阿，让他教授蒙古子弟学习畏吾儿文，阿儿浑就是这些子弟中的一人。在通晓畏吾儿文之后，他被窝阔台

① 蔡美彪：《脱列哥那后史实考辨》，《蒙古史研究》第3辑，1989年，第12—29页。

② （伊朗）志费尼：《世界征服者史》，何高济译，北京：商务印书馆，2004年，第265页。

③ 陆峻岭，何高济：《元代回教人物牙老瓦赤与赛典赤》，《元史论丛》第3辑，北京：中华书局，1986年，第225—240页；（元）许有壬：《圭塘小稿》卷10《元故丞相怯烈公神道碑铭并序》，李修生：《全元文》第21册，南京：凤凰出版社，2004年，第482—484页；《元史》卷120《镇海传》，北京：中华书局，1976年，第2963页。

合罕录用为书记官，曾到汉地执行重要使命。从窝阔台合罕时期起，他就成为蒙古帝国的官员和窝阔台家族的家臣。

1246 年贵由即位成为新的大汗，作为伊朗地区最高长官的阿儿浑，率领来自波斯地区的众多显贵名人出席即位大典，贵由非常高兴，“伊剌克、阿哲儿拜占、失儿湾、罗耳，起儿漫、法儿思和印度方向的疆域，他委诸异密阿儿浑”①。阿儿浑由于他的忠诚和能力被贵由再次任命为波斯地区总督。即位大典结束后，阿儿浑返回他的治所马鲁（今土库曼斯坦马雷），像往常一样治理他的辖区。

1248年，贵由汗在西征拔都的途中死去，窝阔台家族也随之分裂。阔端由于和贵由争位失败，又庇护马合木·牙老瓦赤和镇海，和脱列哥那皇后的关系早已恶化；贵由的皇后斡兀立海迷失按照蒙古惯例暂时称制，整天跟萨满策划于密室；而他的另外两个儿子禾忽和脑忽却各自为政，都有争取汗位的野心。拔都以长支宗王的身份在阿剌豁马黑之地（今巴尔喀什湖东岸某处）主持召开忽里台，在窝阔台第六子合丹斡兀立等人的支持下确定拖雷的长子蒙哥为下任大汗。斡兀立海迷失皇后以这次忽里台不是在成吉思汗的龙兴之地曲雕阿兰（今蒙古巴颜乌兰山之南）召开为由加以否认，并派遣使者去见拔都说：“我们不同意选举另外的汗，我们绝不承认那个协定。”②针对斡兀立海迷失皇后的责难，拔都等人同意在曲雕阿兰再次召开忽里台，正式推戴蒙哥即位。

阿剌豁马黑大会后，拔都派遣他的弟弟别儿哥、儿子撒礼塔率领两万大军护送蒙哥返回蒙古，麻速忽毕也随护送大军同行③。1251 年 7 月 1 日，蒙哥即位的大聚会在曲雕阿兰召开，蒙哥在东、西道诸王尤其是代表窝阔台家族的阔端和合丹斡兀立的拥戴下，成为蒙古帝国的第四任大汗，也标志着汗位从窝阔台家族转移到了拖雷家族。按照惯例，出席即位庆典的除了诸王外，还应该有东、西方的大将和主管农耕地区的长官。贵由汗时期，主管汉地事务的长官是马合木·牙老瓦赤，由于遭到脱列哥那皇后的迫害后，他投奔了阔端，贵由即位后，他官复原职，重

① （伊朗）志费尼：《世界征服者史》，何高济译，北京：商务印书馆，2004 年，第 281 页。
② （伊朗）志费尼：《世界征服者史》，何高济译，北京：商务印书馆，2004 年，第 291 页。
③ （伊朗）志费尼：《世界征服者史》，何高济译，北京：商务印书馆，2004 年，第 575 页。

新管理汉地事务。阔端派遣他的儿子蒙哥都出席忽里台，马合木·牙老瓦赤很可能和蒙哥都一起到了曲雕阿兰。

这样，主管农耕地区的三位长官中，马合木·牙老瓦赤父子出席了庆典，只有阿儿浑没有出席。贵由汗死后，拔都主持召开的两次忽里台，对窝阔台家族十分不利，作为窝阔台家族族长的斡兀立海迷失皇后力图使汗位保持在窝阔台家族，拒绝出席忽里台。而作为窝阔台家族家臣的阿儿浑，在本主斡兀立海迷失皇后的抵制态度下，是不敢出席蒙哥的即位庆典的。由于拔都、蒙哥等人的不断催促，失烈门和脑忽等人决定出席，他们与察合台后王也速蒙哥定下阴谋，将兵器藏在车辕中，到达即位庆典后寻找时机刺杀蒙哥，以夺回汗位。由于鹰夫克薛杰的报告，蒙哥发现了他们的阴谋，随之对窝阔台家族和察合台家族展开了大清洗[①]。他派合丹斡兀立前去逮捕贵由汗时期的大断事官额勒只带，而为额勒只带提供军需的正是阿儿浑，他得知失烈门等人的阴谋败露后，看到窝阔台家族已经回天无力，改变了态度，决定出席蒙哥即位庆典。

二、滞留别失八里

失烈门等人的阴谋败露后，蒙哥立即任命拖雷家族的心腹大臣察哈札剌儿人忙哥撒儿为大断事官，逮捕参与阴谋的诸王和异密，并进行审讯，“叶孙脱、按只艄、畅吉、爪难、合答曲怜、阿里出及刚疙疸、阿散、忽都鲁等，务持两端，坐诱诸王为乱，并伏诛。”[②]蒙哥在审讯得到初步结果后，“派出失烈门必阇赤担任使者前往还没有来的斡兀立海迷失和忽察处去转告说：‘如果你们没有参与那些人的阴谋，那么，你

① 关于蒙哥的清洗，参见（俄）巴托尔德：《蒙古人侵时期的突厥斯坦》，张锡彤、张广达译，上海：上海古籍出版社，2007 年，第 550 页；Thomas T. Allsen,*Mongol Imperialism:the Policies of the Grand Qan Möngke in China, Russia, and the Islamic Lands,1251-1259*,Berkeley, University of California Press,1987,pp.30-34；刘迎胜：《察合台汗国史研究》，上海：上海古籍出版社，2006 年，第 117—125 页。

② 《元史》卷 3《宪宗纪》，北京：中华书局，1976 年，第 45 页；《元史》卷 124《忙哥撒儿传》，北京：中华书局，1976 年，第 3054 页。

们赶快来见［合罕］陛下，你们就可获得幸福’”[①]斡兀立海迷失皇后在她的儿子忽察招供后仍然拒绝前来，“［蒙哥合罕］立即派遣急使去把她抓住，把她的双手缝住在一张软的生皮里押送了来”[②]。蒙哥把她抓回交给忙哥撒儿审判，“忙哥撒儿赶到那里去，因这些女人的儿子们承认是阴谋的策划者，她们在受到审问和坦白了她们的罪行后因她们的行为而受刑。”[③]《元史·宪宗本纪》载：“定宗后及失烈门母以厌禳事觉，并赐死”[④]，并将此事系于1252年6月。程钜夫《信都常忠懿王神道碑》云：“（宪宗）二年夏，会诸侯王于胪驹河之上。”胪驹河即克鲁伦河，蒙哥即位的大聚会一直延续到了1252年夏天[⑤]。根据成吉思汗制定的皇族有罪须经宗亲会审始得处罚的法令[⑥]，斡兀立海迷失皇后是在1252年夏天大聚会结束以前被处死的，《元史·宪宗本纪》关于斡兀立海迷失被处死的系年是正确的。

同样，窝阔台家族的家臣也受到了牵连。《史集》在记载了蒙哥对斡兀立海迷失皇后的审讯后，接着记载道：“镇海也来了，他的重案由哈只卜答失蛮审理解决。”[⑦]镇海，曾经是贵由幼年时的老师，贵由即位后将他官复原职。在贵由去世之后，他继续为斡兀立海迷失皇后效力。镇海很可能是和斡兀立海迷失皇后一起被处死的。跟镇海一起复职的马合木·牙老瓦赤也遭到了审讯。《史集》载：“有一天，他（蒙哥合罕）坐在宫中宝座之上，命令异密们和国家栋梁们各自根据自己的所见所闻，讲一段有关犯人的必里克。于是，每人各按照自己见识高低和

① （波斯）拉施特主编：《史集》第二卷，余大钧、周建奇译，北京：商务印书馆，1985年，第253页。
② （波斯）拉施特主编：《史集》第二卷，余大钧、周建奇译，北京：商务印书馆，1985年，第254页。
③ （伊朗）志费尼：《世界征服者史》，何高济译，北京：商务印书馆，2004年，第648页。
④ 《元史》卷3《宪宗纪》，北京：中华书局，1976年，第45页。
⑤ （元）程钜夫：《雪楼集》卷7《信都常忠懿王神道碑》，《程钜夫集》，张文澍校点，长春：吉林文史出版社，2009年，第81页；陈得芝：《成吉思汗墓葬所在与蒙古早期历史地理》，《中华文史论丛》2010年第1期。
⑥ （俄）巴托尔德：《蒙古入侵时期的突厥斯坦》，张锡彤、张广达译，上海：上海古籍出版社，2007年，第549页。
⑦ （波斯）拉施特主编：《史集》第二卷，余大钧、周建奇译，北京：商务印书馆，1985年，第255页。

官位大小，依次讲了一段，但没有一个合乎他的心意。马合木·牙老瓦赤站立在最末。蒙哥合罕问道：‘那位老人为何一言不发？’人们对[马合木]·牙老瓦赤说；‘到前面去讲吧。’”[①]马合木·牙老瓦赤作为成吉思汗朝的老臣，又做过中州大断事官，“按照自己见识高低和官位大小”，他不应该站在最末，很明显，马合木·牙老瓦赤是在接受审讯。马合木·牙老瓦赤讲了亚里士多德答复亦思罕答儿的故事，蒙哥对这个故事很满意，再次委任他为燕京断事官。中文史料中也有马合木·牙老瓦赤再次出任燕京断事官的记载。姚燧《便宜副总帅汪公神道碑》载：“王（阔端）高其行，以公（汪忠臣）巩昌元帅知府事。丙午，以前茅忠南功换金符。故事，祖宗宾天，取授符节悉收还之，故公金符亦归之官。宪宗二年壬子，偿赐之，俾权都总帅事。”[②]丙午即1246年，贵由登基后，他按照功劳给汪忠臣换受金符。贵由去世后，汪忠臣按照“故事”将金符还给政府，以等待新的换受。马合木·牙老瓦赤也曾经按照这个“故事”换受符印，《元史·赵璧传》载：“一日，断事官马合木·牙老瓦赤持其印，请与帝（蒙哥）曰：‘此先朝赐臣印也，今陛下登基，将仍用此旧印，抑易以新印者耶？’时璧侍旁，质之曰：‘用汝与否，取自圣裁，汝乃敢以印为请耶！’夺其印，置帝前。帝默然久之，既而曰：‘朕亦不能为此也。’自是马合木·牙老瓦赤不复用。”[③]根据这段记载，蒙哥没有给马合木·牙老瓦赤换受符印，马合木·牙老瓦赤也不再被任用，这与《史集》的记载并不相同。《元史·世祖本纪》：“（宪宗二年）令断事官牙鲁瓦赤（即马合木·牙老瓦赤——笔者述）与不只儿等总天下财赋于燕”[④]，《析津志》云：“宪宗皇帝元年辛亥，道士冯志亨退庙及地，与在京儒士主领。明年壬子，世祖皇帝潜邸，三月令魏祥卿传旨，六月令杨中书传旨，二次令阿鲁瓦赤（即马合木·牙老瓦赤——笔者述）众断事官增修文庙。”[⑤]马

① （波斯）拉施特主编：《史集》第二卷，余大钧、周建奇译，北京：商务印书馆，1985年，第250页。
② （元）苏天爵：《国朝文类》，北京：商务印书馆，1958年，第687页。
③ 《元史》卷159《赵璧传》，北京：中华书局，1976年，第3747页。
④ 《元史》卷4《世祖纪》，北京：中华书局，1976年，第68页。
⑤ 北京图书馆善本组辑：《析津志辑佚》，北京：北京古籍出版社，1983年，第199页。

合木·阿鲁瓦赤、马合木·牙鲁瓦赤与马合木·牙老瓦赤为同名异译，忽必烈大王两次给马合木·牙老瓦赤下达令旨，命他增修文庙。由此可见，蒙哥确实重新任命马合木·牙老瓦赤主管汉地事务，《元史·赵璧传》关于"自是马合木·牙老瓦赤不复用"的记载是错误的。根据《析津志》的记载，忽必烈第一次下达令旨是在 1252 年 3 月，此时马合木·牙老瓦赤已在燕京担任断事官一职。

综上所述，自 1251 年 7 月蒙哥即位 7 天后失烈门案发，至 1252 年夏斡兀立海迷失皇后被处死是可以说是蒙哥清洗的第一阶段，受到株连的除了诸王外，窝阔台家族的家臣也不能幸免。镇海被处死，马合木·牙老瓦赤在确认没有参与失烈门的阴谋后，才在1252年3月前重新担任主管汉地事务的断事官。志费尼将蒙哥合罕的大清洗系于 1252 年冬天是错误的。

在蒙哥派遣急使抓捕斡兀立海迷失皇后的同时，"蒙哥合罕便派遣不怜吉歹那颜统率一支英勇的突厥人［组成的］十万军队前往别失八里（今新疆吉木萨尔北）和哈剌和林（今蒙古额尔德尼召）之间的兀鲁黑塔黑……和……的边境"[①]，让他管辖别失八里地区，而别失八里地区是窝阔台家族的封地，又是前往蒙古的必经之地，蒙哥此举正是为了防止窝阔台家族的反叛。

阿儿浑也接到了蒙哥的命令，1251 年 8—9 月，他派使者召集波斯地区的蔑力克、异密和书记官随他一同从马鲁出发前往蒙古觐见蒙哥。尽管天气寒冷，大雪封山，他们在蒙哥合罕圣旨的催促下仍然策马前进。大概在 1251 年 10 月份，他们抵达了别失八里，遇到了从忽里台返回的麻速忽毕，"他们以各种高雅的礼仪，相互招待，举行酒宴。"[②]可能就在酒宴刚刚结束，紧随麻速忽毕而来的不怜吉歹率军进驻别失八里，对参与失烈门阴谋的诸王、异密展开审讯，阿儿浑作为窝阔台家族的家臣，自然是不能避免的。然而志费尼使用了他的"春秋笔法"，对

---

① （波斯）拉施特主编：《史集》第二卷，余大钧、周建奇译，北京：商务印书馆，1985 年，第 253 页；不怜吉歹，生于 1201 年，十三岁时曾随军征回鹘，见（元）罗天益：《卫生宝鉴》，许敬生校注，北京：中国中医药出版社，2007 年，第 21、289 页。

② （伊朗）志费尼：《世界征服者史》，何高济译，北京：商务印书馆，2004 年，第 575 页。

此事并未做任何记载。在忙哥撒儿确认阿儿浑没有参与阴谋后，“他离开该地，先向蒙哥可汗遣使，报告说他们的牲口疲累。该使者途遇另一使者，携来谕旨要他赶快［去见汗］。随此，天惠的真真和风开始吹动，浩荡圣恩的希望蓓蕾开始吐露。服从这个命令，异密阿儿浑加快他的步伐，并于（伊斯兰历）649 年沙法儿月中，到达宫廷。”①

三、抵达宫廷

1251 年 5 月，阿儿浑一行终于抵达蒙哥宫廷，“此时忽里台已散，诸王各已动身回家。”“蒙哥合罕在顺利地登上帝位，奖赏了朋友，惩罚了敌人之后，便在哈剌和林境内窝阔台合罕领地的汪吉地方，度过了冬季。在大忽勒台召开后的第二年，国位已经巩固，涉及敌人和朋友的事也已办完，圣虑开始移注于征服世界上东、西方的远方各城。”②失烈门行刺一案已经告一段落，诸王等也得到了赏赐，蒙哥开始安排远征事宜。“首先，他遣师出征阿拉伯人和非阿拉伯人的国土。东方诸邦和契丹（地区）、蛮子、肃良合和唐兀各省，他委付给聪慧机智著称的忽必烈斡兀立。他指派高位的那颜去伴随他，把驻在那些地区的所有异密置于他的统率下。西方诸邦邑，他交给他的另一个兄弟旭烈兀斡兀立，后者以他的刚毅威猛，机警持重，以及驭下有力、功名心切而享誉。同时他调双倍的兵力追随他。”③像窝阔台安排成帖木儿为绰儿马浑后援，贵由安排阿儿浑为额勒只带后援一样，蒙哥开始为他出征的两个弟弟安排后援。先看忽必烈的后援，《世界征服者史》载：“把契丹地区交给马合木·牙老瓦赤”，《元史·宪宗本纪》载：“以马合木·牙老瓦赤、不只儿、斡鲁

① （伊朗）志费尼：《世界征服者史》，何高济译，北京：商务印书馆，2004 年，第 575 页。按，（伊斯兰历）649 年应为 650 年之误，见（伊朗）志费尼：《世界征服者史》，何高济译，北京：商务印书馆，2004 年，第 584 页。

② （波斯）拉施特主编：《史集》第二卷，余大钧、周建奇译，北京：商务印书馆，1985 年，第 264 页。

③ （伊朗）志费尼：《世界征服者史》，何高济译，北京：商务印书馆，2004 年，第 655 页。

不、睹答儿等充燕京等处行尚书省事，赛典赤、匿赞马丁佐之”[①]，蒙哥交给忽必烈的任务是征服“包括契丹（地区）在内的东部地区”，以马合木·牙老瓦赤为首的燕京等处行尚书省的设立正是为了配合忽必烈的南征；再看旭烈兀的后援，《世界征服者史》载：“统辖呼罗珊、马椤答而、印度、伊剌克、法儿思、起儿漫、罗耳、阿阑、阿哲儿拜占、谷儿只、毛夕里和阿勒颇诸州的政柄交给了他（阿儿浑）的手中”，《元史·宪宗本纪》载：“以阿儿浑充阿姆河等处行尚书省事，暗都剌兀尊、匿只马丁佐之”[②]，蒙哥交给旭烈兀的任务是征服“西部地方”，以阿儿浑为首的阿父母河等处行尚书省的设立也正是为了配合旭烈兀的远征。

1257 年，忽必烈在也可迭烈孙觐见蒙哥，“议分道攻宋，以明年为期”[③]，这其实是蒙古出兵的惯例，在定下远征目标后，一般有一年的准备时间。蒙哥为旭烈兀定下远征目标是在 1252 年 7 月，“（宪宗二年）秋七月，旭烈［兀］征西域素丹诸国”[④]，而正式出兵是在 1253 年 6 月，“（宪宗三年）夏六月，命诸王旭烈兀及兀良哈台等帅师征西域哈里发巴哈塔等国”[⑤]。旭烈兀按照蒙哥的命令，开始在哈剌和林集结他的军队，并派遣怯的不花作为先锋率先出发。阿儿浑等人为了给旭烈兀效劳，在蒙古停留了一年，也正是在这一年，志费尼开始写作他的不朽之作——《世界征服者史》。1253 年 10 月，阿儿浑一行随旭烈兀的远征大军开始向波斯进发，他的觐见之旅至此结束。

四、结　语

1251 年 7 月 1 日，蒙哥在曲雕阿兰召开的忽里台上成为新任大汗，

---

① （伊朗）志费尼：《世界征服者史》，何高济译，北京：商务印书馆，2004 年，第 655 页；《元史》卷 3《宪宗纪》，北京：中华书局，1976 年，第 45 页。

② （伊朗）志费尼：《世界征服者史》，何高济译，北京：商务印书馆，2004 年，第 656 页；《元史》卷 3《宪宗纪》，北京：中华书局，1976 年，第 45 页。

③ 《元史》卷 4《世祖纪》，北京：中华书局，1976 年，第 61 页。

④ 《元史》卷 3《宪宗纪》，北京：中华书局，1976 年，第 46 页；

⑤ 《元史》卷 3《宪宗纪》，北京：中华书局，1976 年，第 47 页；据《元史》卷 121《兀良哈台传》，兀良哈台并未参加旭烈兀西征，此处“兀良哈台”为“怯的不花”之误。

标志着蒙古帝国的汗位从窝阔台家族转移到了拖雷家族。由于当时称制的斡兀立海迷失皇后坚决抵制，阿儿浑在本主反对的情况下不敢前往出席即位庆典。随后发生了失烈门等人阴谋行刺蒙哥一案，蒙哥对涉案诸王、异密展开残酷的大清洗，阿儿浑迫于压力，前往蒙古觐见蒙哥。当他到达别失八里时，蒙哥所遣不怜吉歹正好率军赶来，由于阿儿浑是窝阔台家族的家臣，他在别失八里遭到了不怜吉歹的审讯，而这正是他的觐见之旅显得漫长的原因。

蒙哥在确定阿儿浑没有参与失烈门一案后，命令他动身前往宫廷，并任命他为阿姆河等处行尚书省的长官，给旭烈兀西征做后援。1256年 4—5 月，阿儿浑按照蒙哥的命令将金帐献给旭烈兀，让旭烈兀坐上王座，从此阿姆河等处行尚书省正式进入旭烈兀的直接指挥之下。阿儿浑为旭烈兀西征的顺利进军和伊利汗国的建立做出了巨大的贡献。

第十一章　元代两都驿道交通小考

元代实行两都巡幸制度，每年夏初从大都出发前往上都过夏，秋初返回大都，许多文人作为扈从，以他们的亲身经历写下了很多歌咏诗文，其中以周伯琦所写《扈从诗》最为翔实，所记两都驿道有四条："大抵两都相望，不满千里，往来者有四道焉。曰驿路，曰东路二，曰西路。东路二者，一由黑谷，一由古北，古北口路东道，御史按行处也。"伊利汗国宰相拉施都丁在其所编《史集》中也记载了从大都到上都的三条交通路线[①]，提到了"禁地"、"Joju"与"Sing-Ling"三个地名，由于周良霄与余大钧先生的中文转译均有不确之处，致使这三处地名考证有误。今先将《史集》波斯文刊本中相关部分译为中文，然后在周良霄先生笺证的基础上，利用其他中文资料，对这三处地名做出考释。

一、禁　　地

元代皇帝每年夏初从大都前往上都多走黑谷辇路，大体路线是从大

① 剌失德丁：《成吉思汗的继承者——〈史集〉第二卷》，周良霄译注，天津：天津古籍出版社，1992 年，第 328—329 页；（波斯）拉施特主编：《史集》第二卷，余大钧、周建奇译，北京：商务印书馆，1985 年，第 324 页。两都之间的驿道，参看陈得芝：《元岭北行省诸驿道考》，《蒙元史研究丛稿》，北京：人民出版社，2005 年，第 5 页，原载《元史及北方民族史研究集刊》1977 年第 1 期；陈高华，史卫民：《元上都》，长春：吉林教育出版社，1988 年，第 32—49 页。

都西北行，至龙门站与驿路分岔，转北行出黑谷，至牛群头与驿路合辙。《史集》中关于这条路线有如下记载：

و از قشلاق تا آنجا سه راه است

wa az qashlaq tā ānjā sah rāh ast
从冬营地到那里有三条道路。

یکی راهی که آنرا جهت شکار غروق کرده اند

yak-ī az rāh-ī ki ān-rā jihat-i shikār ghurūq karda-and
第一条道路由于狩猎的缘故，人们已经把它作为禁地。

و بغیر از ایلیچی ترالیق دیگری بران راه نرود

wa ba-ghīr az īlīchī-i trālīq[①] dīgar-ī bar-ān rāh na-rūd
除了有圣旨的使臣外，其他人不允许走这条路。

根据上述记载，这条道路是由于狩猎才成为禁地的，《通制条格》卷 28《杂令》“围猎”条云：“中统三年十月，钦奉圣旨：‘道与中书省忽鲁不花为头官员，圣旨到日，照依旧来体例，中都四面各伍佰里地面，除打捕人户外，依年例合纳皮货的野物打捕外，禁约不以是何人等，不得飞放打捕鸡兔。这地面里头，若有养鹰鹞飞放的人每，飞放的心有呵，咱每根底问了，教靠着咱每飞放也者。这般省谕了呵，咱的言语别了的，不有罪过那甚么？’”[②]自从蒙古人控制中都以后，将中都周围五百里划为围猎禁地，而到了大德元年（1297），禁地范围从五百里扩大到八百里，“如今自大都周围八百里休打捕兔儿者，打捕鹰房子每许令交飞放道来的人每于各处标拨到的地面里合打的时分打捕者，除这的每外，不拣是谁，休打捕者”[③]。元代政府对大都周围的围猎禁地

① ترالیق（trālīq），据（波斯）拉施特主编：《史集》第二卷，余大钧、周建奇译，北京：商务印书馆，1985 年，第 324 页校勘记，此词有 یارالتو（yārāltū）异写形式，余大钧先生据俄译本译为“诏书”，则此词应为 یارلیق（yārlīq）。蒙古人常将以 y 开头的突厥语借词读成以 j 开头，此词即《蒙古秘史》第 203 节中的“札儿里黑（jarliq）”，旁译为“圣旨”，见亦邻真：《元朝秘史》（畏兀体蒙古文复原本），呼和浩特：内蒙古大学出版社，1987 年，第 94 页。
② 方龄贵校注：《通制条格校注》，北京：中华书局，2001 年，第 666 页。
③ 《元典章》卷 38《兵部》“禁止打捕兔儿”条，陈高华等点校，天津、北京：天津古籍出版社、中华书局，2011 年，第 1327 页。

作了相关管理规定，“断事官、达鲁花赤官人每、回回、汉儿诸色人等，今后折么诸般鹰鹞，都休放着，东至滦州，南至河间府，西至中山府，北至宣德府，以前得上司言语来底休放着。”“如今正月初一日为头至七月二十日，不拣是谁，休打捕者”，而且处罚极为严苛，“若有违犯底人呵，将他媳妇、孩儿每、头匹、事产都断没也者”①。马可波罗对此也称：“此地周围二十日程距离之内，无人敢携犬行猎……此禁在阳历三月迄阳历十月之间有之。”②两都之间距离不过六百里，根据元代政府大德八年（1304）的规定，两都之间确如《史集》所记，是围猎禁地，而将غروق译为“禁路”是不准确的。

二、Joju

元代皇帝每年秋初从上都返回大都多走西路，大体路线是从上都西南行至抚州，过野狐岭，经宣平、宣德到达大都。其实这是《史集》所记载的第二条道路：

و راهی دیگر بجانب شهر چوچو که بر کنا ر آب سنگین فرورروند

wa rāh-ī dīgar ba-jānab shahr-i chūchū③ ki bar kinār-i āb-i sngīn farūrūand

另一条路朝向人们顺着桑干河河谷到达的 chūchū

و در آنجا انگور و میوه بسیار باشد

wa dar ān-jā angūr wa mīwa bisyār bāshid

在那里有很多葡萄和水果

و شهر کی دیکر بآن شهر نزدیک نام سیمالی و اکثر مردم آن سمرقندیان اند

wa shahr ki dīgar bi-ān shahr nazdīk nām-i sīmālī wa aksar

---

①《元典章》卷 38《兵部》“禁地内放鹰”条和“禁治打捕月日”条，陈高华等点校，天津、北京：天津古籍出版社、中华书局，2011 年，第 1324、1326 页。

②《马可波罗行纪》，冯承钧译，北京：中华书局，2004 年，第 373 页。

③ چوچو（chūchū），伯劳舍本作جوجو（jūjū），俄译本作خوجو（khūjū）。

mardam ān Samarqand-yān and

此城附近另有一城，名为荨麻林[①]，其大多数居民是撒马尔罕人。

و باغهای بسیار برسم سمرقند ساخته اند

wa bāgh-hā-yi bisyār ba-rasm Samarqand sākhata-and

犹如撒马尔罕一样，人们建造了很多花园。

关于چوچو，余大钧先生译为“涿州”，周良霄先生转写为 Joju，指出涿州在大都之南，为南辕北辙之误，他采用伯希和的观点，认为چوچو为فوجو（抚州）。此句波斯语原文中，چوچو后有“人们顺着桑干河河谷到达”一句作为修饰语，为我们寻找此地提供了重要线索。《嘉庆重修一统志》关于桑干河有以下记载：“桑干河，自山西天镇县流入，东径西宁县南、蔚州北，又东径宣化县南界，又东径保安州南，与洋河会，又东南入顺天府宛平县界。”[②]保安州，“唐新州。辽改奉圣州。金为德兴府。元初因之……仍至元三年，以地震改保安州。领一县：永兴。”[③]其地在今河北涿鹿东北[④]，境内有鸡鸣山，登山可以看到“桑干黑浪落绝壁，霜静天澄更觉雄。”[⑤]王恽指出奉圣州“当两都往来之冲，其地望尤重于昔。”[⑥]宋元时代已经有人将涿鹿与涿州混为一地，郑樵在考证三皇都时，说“黄帝都有熊，又迁涿鹿。有熊，今郑州新郑。涿鹿即涿州。”[⑦]揭傒斯在《敕赐汉昭烈帝庙碑》一文中说：“昭烈及关将军皆涿人。今州南十里楼桑村，即昭烈故宅”，作诗时却有“涿鹿兮范阳”一句[⑧]，范阳在元代属涿州而非涿鹿，揭傒斯和郑樵一

① 荨麻林，今张家口西约三十千米的洗马林，参阅（法）伯希和：《荨麻林》，冯承钧译，《西域南海史地考证译丛》第三编，北京：商务印书馆，1995 年，第 54—70 页。

② （清）穆彰阿：《嘉庆重修一统志》卷 39《宣化府》，北京：中华书局，1986 年，第 9 页。

③ （明）宋濂：《元史》卷 58《地理志》，北京：中华书局，1976 年，第 1351 页。

④ 严耕望：《唐代交通图考》，上海：上海古籍出版社，2007 年，第 1389 页。

⑤ （元）郝经：《鸡鸣山行》，引自贾敬颜：《五代宋金元人边疆行记十三种疏证稿》，北京：中华书局，2004 年，第 319 页。

⑥ （元）王恽：《秋涧先生大全集》卷 58《大元奉圣州新建永昌观碑铭并序》，上海：商务印书馆，1919 年《四部丛刊初编》本，第 589 页。

⑦ （宋）郑樵：《通志》卷 41《都邑略》，上海：商务印书馆，1935 年，第 553 页。

⑧ （元）揭傒斯：《揭文安公文萃》卷 2《敕赐汉昭烈帝庙碑》，上海：商务印书馆，1936 年《丛书集成初编》本，第 38 页。

样，将涿鹿与涿州混淆了。伯希和所考证的抚州，“辽秦国大长公主建为州，章宗明昌三年复置刺史，为桓州支郡，治柔远。”[①]其地在今河北张北[②]，离桑干河相去甚远。人们顺着桑干河河谷只能到达涿鹿，不可能到达抚州。余大钧先生所译“涿州”，应是“涿鹿”的讹误，拉施都丁很可能和郑樵、揭傒斯一样，将涿鹿和涿州混为一地了。

三、Sing-Ling

元代官员来往于两都之间，使用最多的是驿路，并留下了大量纪行诗文，根据《站赤》及《析津志》记载，驿路出独石口后，经牛群头、明安驿、李陵台、桓州四站到达上都。《史集》中关于这条路线有如下记载：

و راهی دیگر ست بر کریوه که آنرا سینکلینک میگویند

wa rāh-ī dīgar ast bar garīwa ki ān-rā sīnklīnk mi-gūyand
又有一条道路，朝向人们称为 sīnklīnk 的山岗

و چون از آن کریوه می گذرند همه صحرای مرغزاز و پایلاق است

wa chūn az ān garīwa mi gazarand hama saharā-ī marghzar wa yaïlaq ast
当人们越过这个山岗后，所有沙漠都是草原和夏营地

从《史集》的描述看，سینکلینک山岗为农耕区和游牧区的分界线，周良霄先生在没有找到对应汉语名称的情况下，将其译为“新岭”，并引用黄溍《檐子洼·偏岭》“险尽得平陆，连天暗丰草”一诗，认为这个山岗可能是“偏岭”。其实“偏岭”又名“天岭”，胡峤《陷辽记》云：“又三日，登天岭。岭东西连亘，有路北下，四顾冥然，黄云白

① 《金史》卷 24《地理志》，北京：中华书局，1975 年，第 566 页。
② 谭其骧：《中国历史地图集》第六册《宋·辽·金时期》，北京：中国地图出版社，1982 年，第 46—47 页；贾敬颜：《五代宋金元人边疆行记十三种疏证稿》，北京：中华书局，2004 年，第 339 页。

草，不可穷极。契丹谓峤曰：‘此辞乡岭也，可一南望而永诀。’同行者皆痛哭，往往绝而复苏。”[①]契丹人称天岭为汉人的“辞乡岭”，此岭在唐代即为“蕃界”。按波斯语原文سینک对应汉字应以-ng 收声，根据《广韵》，“新”“偏”“天”均以-n 收声，两者不能勘同，“乡”可以构拟为 siang，正好与سینک对应。笔者认为سینکلینک应与汉语“乡岭”对应，“辞乡岭”在编入《史集》或《史集》的传抄中，可能脱去了对应汉语“辞”字的字母。根据贾敬颜先生的考证，天岭在今河北赤城县独石城北四十五里。

四、结　论

《史集》中所记两都之间的三条交通路线相当于周伯琦《扈从诗》中的黑谷辇路、西路和驿路，《史集》没有提到古北口路。“（中统三年）闰（九）月丁亥，立古北口驿。庚寅，敕京师顺州至开平置六驿。”[②]古北口驿站设置于中统三年（1262），当为平定阿里不哥之乱而设。元世祖曾在至元二十年（1283）十月，取道古北口路到达上都。

笔者认为波斯文غروق应译为《元典章》中的“禁地”，指大都周围禁止围猎的范围。余大钧先生将 Joju 译为“涿州”是正确的，但拉施都丁所讲的“涿州”应是“涿鹿”的讹误。周良霄先生将 Sing-Ling 译为“新岭”，此名在中文史料中并没有出现，在语音上也与波斯语原文不合，Sing-Ling 应与汉语“乡岭”对应，波斯文写法中可能脱去了对应汉语“辞”字的字母。

---

① 贾敬颜：《五代宋金元人边疆行记十三种疏证稿》，北京：中华书局，2004 年，第 16 页。
② 《元史》卷 5《世祖纪》，北京：中华书局，1976 年，第 87 页。

第十二章　合剌温只敦地望新考

合剌温只敦，《元朝秘史》第183节写作“合剌温磧都”，第206节写作“合剌温只敦”；《圣武亲征录》写作“哈剌浑只敦山”，《元史》写作“哈剌浑山”；《史集》写作“Qrāūūn Jīdūn”，余大钧先生译作“哈剌温只敦”。此地名出现在蒙古文、中文、波斯文史料中，学者们的考证结果也不尽相同。在《元朝秘史》的研究中，李文田认为它是肯特山的一个支脉，策·达木丁苏隆和札奇斯钦沿用了李文田的观点；那珂通世认为它是大兴安岭，王国维援引《元史》、洪钧翻译的《史集》等资料，对那珂通世的观点作了补充；最近罗依果提出“合剌温只敦”意为“黑色的山脊”，其地在大兴安岭索约勒诗山的西麓。而《史集》中提到的“哈剌温只敦”，邵循正先生认为它就是《元史》卷134《撒吉思传》中的“黑山”，其地在金源边堡前后；李治安先生则认为其地大体位于汪吉河上游①。笔者试图对上述史料再做比勘、考

① 《元朝秘史》，李文田注，鲍思陶点校，济南：齐鲁书社，2005年，第114页；策·达木丁苏隆编译：《元朝秘史》，北京：中华书局，1956年，第159页；札奇斯钦：《元朝秘史新译并注释》，台北：联经出版事业公司，1979年，第243页；（日）那珂通世译注：《成吉思汗实录》，东京：大日本图书株式会社，1907年，第341页；王国维：《观堂集林》卷15《金界壕考》，彭林点校，石家庄：河北教育出版社，2003年，第365页；额尔登泰，乌云达赉，阿萨拉图：《〈元朝秘史〉词汇选释》，呼和浩特：内蒙古人民出版社，1980年，第170页；余大钧译注：《元朝秘史》，石家庄：河北人民出版社，2001年，第273页；Igor de Rachewiltz,*The Secret History of the Mongols: a Mongolian Epic Chronicle of the Thirteen Century*,Boston:Brill Academic Publisher,2006,P.660；邵循正：《剌失德丁<集史·忽必烈汗纪>译释（上）》，《邵循正历史论文集》，北京：北京大学出版社，1985年，第30页；李治安：《忽必烈草原领地考》，《史学集刊》2005年第7期，第78页。

辨，以解决合剌温只敦地望的问题。

一、“黑山”不专指一山

北宋大中祥符年间，路振曾经出使契丹，撰有《乘轺录》云：“炭山，即黑山也。地寒凉，虽盛夏必重裘。宿草之下，掘深尺余，有层冰，莹洁如玉，至秋分，则消释。山北有凉殿，虏每夏居之。”[①]炭山，清代称之为黑龙山、富谷山，在今河北沽源县境内[②]。

北宋著名科学家沈括曾于熙宁八年（1075）出使辽国，晚年所著《梦溪笔谈》对黑山的描写十分详细：

> 昔人文章用北狄事，多言黑山。黑山在大幕之北，今谓之姚家族，有城在其西南，谓之庆州。予奉使，尝帐宿其下。山长数十里，土石皆紫黑，似今之磁石，有水出其下，所谓黑水也。”[③]庆州，“本太保山黑河之地，岩谷险峻。穆宗建城，号黑河州，每岁来幸，射虎障鹰，军国之事多委大臣，后遇弑于此。以地苦寒，统和八年，州废。圣宗秋畋，爱其奇秀，建号庆州……有黑山、赤山、太保山、老翁岭、馒头山、兴国湖、辖失泺、黑河。[④]

黑山故址在今昭乌达盟巴林右旗白塔子[⑤]。庆州在黑山西南，则沈括所记黑山在今内蒙古巴林右旗白塔子东北。

1247 年，真定总管府参佐张德辉前往漠北觐见忽必烈，“河之北有大山，曰窟速吾，汉言黑山也。自一舍望之，黯然若有茂林者，迫而视之，皆苍石也。盖常有阴霭之气，覆其上焉。”河即克鲁伦河，张德辉

---

① 贾敬颜：《五代宋金元人边疆行记十三种疏证稿》，北京：中华书局，2004 年，第 69 页。
② 严耕望：《唐代交通图考》，上海：上海古籍出版社，2007 年，第 1682 页。
③ （宋）沈括：《梦溪笔谈》，胡道静校证，上海：上海古籍出版社，1987 年，第 749 页。
④ 《辽史》卷 37《地理志》，北京：中华书局，1974 年，第 444 页。
⑤ 陈述，朱子方主编：《辽会要》，上海：上海古籍出版社，2009 年，第 688 页。

所望见的黑山应是肯特山或者其中的一座山峰[1]。

"黑山"一名也见于《元史·撒吉思传》："撒吉思，回鹘人，其国阿大都督多和思之次子也。初为太祖弟斡真必阇赤，领王傅。斡真薨，长子只不干蚤世，嫡孙塔察儿幼，庶兄脱迭狂恣，欲废嫡自立。撒吉思与火鲁和孙驰白皇后，乃授塔察儿以皇太弟宝，袭爵为王。撒吉思以功与火鲁和孙分治：黑山以南撒吉思理之，其北火鲁和孙理之。"[2]此传本之于欧阳玄《高昌偰氏家传》："多和思二子，次曰撒吉思，风仪魁伟，识度宏廓，莅事宽猛适宜。初为诸王斡真必阇赤，领王傅事。王薨，长子质卜早世，嫡孙塔察儿幼，庶兄脱忒狂恣，欲废嫡自立。撒吉思与火鲁和孙驰白皇后帖列聂氏，乃授塔察儿以皇太弟宝，袭爵为王。撒吉思以功与火鲁和孙分陕：黑山以南撒吉思理之，以北火鲁和孙理之。"[3]《元史·撒吉思传》中"皇后"即太宗昭慈皇后脱列哥那，在窝阔台死后主持朝政（1241—1246）。据此，撒吉思和火鲁和孙分治帖木格·斡赤斤的封地是在脱列哥那摄政期间。二人以黑山为界，可见黑山处于斡赤斤封地中间地带且具有显著特征，其地在今贝尔湖附近[4]。

绘制于宋代的《西夏地形图》，在威福军旁写有黑山，其地在今河套以北的阴山山脉[5]。

总之，在宋元时代文献中多次出现的黑山，并不专指某一山，凡是看上去像黑色的，都可用黑山命名，将它简单地比附为《元朝秘史》中的"合剌温山"是错误的。

---

① 贾敬颜：《五代宋金元人边疆行记十三种疏证稿》，北京：中华书局，2004年，第344页。

② 《元史》卷134《撒吉思传》，北京：中华书局，1976年，第3243页。

③ （元）欧阳玄：《圭斋文集》卷11《高昌偰氏家传》，《欧阳玄全集》，汤锐校点整理，成都：四川大学出版社，2010年，第325页。

④ 贾敬颜：《兴安岭的古名》，《东北古代民族古代地理丛考》，北京：中国社会科学出版社，1993年，第137页。

⑤ 《地图的见证——中国疆域变迁与地图发展》，北京：中国地图出版社，2011年，第61页；聂鸿音：《黑山威福军司补证》，《宁夏师范学院学报》2008年第8期。

二、弘吉剌部与合剌温只敦

弘吉剌部，是蒙古迭儿列斤部之一。铁木真幼年与弘吉剌部别部首领特薛禅之女定亲。后来弘吉剌部归附铁木真，在铁木真统一蒙古和对外征服战争中立下了赫赫战功。铁木真建国后，对弘吉剌部进行了分封，并相约“生女为后，生男尚公主，世世不绝”。元朝皇室和弘吉剌部成为世代姻亲。

《元史·特薛禅传》记载了弘吉剌部最初的分布地区：

> 初，弘吉剌氏族居于苦烈儿温都儿、斤、迭烈木儿、也里古纳河之地。①

温都儿（ündür），《蒙古秘史》第201节旁译为“高”。苦烈儿温都儿，《蒙兀儿史记》作苦烈业而山，并言：“此山高可二十丈，南傍根河，山之北更有小山，高可十丈，其阳有古城，周可二里，东西南三门，门外各影壁一坐，城内近北有土坛遗址，前圆后方，城所倚山，俯临特勒布尔河。”②弘吉剌，在《金史》中又写作“广吉剌”，金章宗即位后，完颜宗浩曾经率领军队攻打广吉剌部，“宗浩前军至忒里葛山，遇山只昆所统石鲁、浑滩两部，击走之，斩首千二百级，俘生口车畜甚众。进至呼歇水，敌势大蹙，于是合底忻部（即合答斤部——笔者注）长白古带、山只昆部长胡必剌及婆速火所遣和火者皆乞降。宗浩承诏，谕而释之。胡必剌因言，所部迪列土近在移米河不肯偕降，乞讨之。乃移军趋移米，与迪列土遇，击之，斩首三百级，赴水死者十四五，获牛羊万二千，车帐称是。……撒与广吉剌部长忒里虎追蹑及之，

① 《元史》卷118《特薛禅传》，北京：中华书局，1976年，第2919页。本书第一次印刷时，苦烈儿温都儿和斤之间没有断开，第六次印刷时，已经断开，较为合理，故笔者采纳后者。

② （清）屠寄：《蒙兀儿史记》卷3《成吉思可汗本纪二》，上海：上海古籍出版社、上海书店，1989年，第51页。

于窊里不水纵击大破之。"[①]窊里不，可以还原为蒙古语 qurba，是 qurban 脱去尾音-n 的形式，qurban 在蒙古语里是"三"的意思。窊里不水，意为"三河"，《辽史·穆宗本纪》载：应历三年（953）八月己未，"三河乌古、吐蕃、吐谷浑、鼻骨德皆遣使来贡。"[②]辽代乌古部的游牧地与弘吉剌部相当，乌古部可能包含有后来的弘吉剌、亦乞列思等部落[③]。清代学者所著《各省水道图说》卷 15 记载了呼伦贝尔地区的水系："哈拉尔河上源曰特诺克河，出呼伦贝尔城东山，二水合西流，北合札敦河，又合北来一水，又西依奔河，出其东南山，二水合西北流，南合辉河来会，又东北经呼伦贝尔城东，墨勒根河出其东山，二水合西流来会，又东北渚于呼伦池。贝尔池上源曰喀尔喀河，出呼伦贝尔城东南特尔根山。"[④]哈拉尔河，又作开拉哩河，"在齐齐哈尔城西北，与呼伦布雨尔（即呼伦贝尔——笔者注）接界。源出西北兴安岭，西流会额尔古讷河（即额尔古纳河——笔者注）。"[⑤]今为海拉尔河；忒里葛山，即《各省水道图说》中的特尔根山，在呼伦贝尔城东南；呼歇水，今辉河，"在呼伦布雨尔（即呼伦贝尔——笔者注）南三十里。源出东南兴安岭，西北流察罕陀罗海界，东折入伊棉河。"[⑥]伊米河，《各省水道图说》作依奔河，《嘉庆重修一统志》作伊棉河，为哈拉尔河支流，今为伊敏河。从特尔根山到伊敏河，完颜宗浩前军的行军路线，是由南往北的，窊里不水一定在今伊敏河以北。辉河汇入伊敏河，伊敏河汇入海拉尔河，从海拉尔河往北，有根河、得尔布尔河、额尔古纳河，这三条河在苦烈业而山交汇。窊里不水指的正是今天的根河、得尔布尔河、额尔古纳河三条河。撒与忒里虎也就是在这里率军将合答斤部打败的。《元史·特薛禅传》中的"苦烈儿温都儿、斤、迭烈木儿、

① 《金史》卷 93《宗浩传》，北京：中华书局，1975 年，第 2073—2074 页。
② 《辽史》卷 6《穆宗纪》，北京：中华书局，1974 年，第 71 页。
③ （日）箭内亘：《兀良哈及鞑靼考》附录，陈捷、陈清泉译，上海：商务印书馆，1932 年，第 17—18 页；韩儒林主编：《元朝史》，北京：人民出版社，2008 年，第 27 页。
④ （清）王锡祺辑：《小方壶舆地丛钞》第四帙，杭州：杭州古籍书店，1985 年，第十册，第 622 页。
⑤ （清）穆彰阿：《嘉庆重修一统志》卷 71《黑龙江》，北京：中华书局，1986 年，第 2922 页。
⑥ （清）穆彰阿：《嘉庆重修一统志》卷 71《黑龙江》，北京：中华书局，1986 年，第 2928 页。

也里古纳河”指的正是今天的苦烈业而山、根河、得尔布尔河、额尔古纳河。在弘吉剌部南迁后，此地成为成吉思汗二弟合撒儿封地，屠寄所记故城应为合撒儿家族所建，在今内蒙古海拉尔市以北 185 千米处[①]。

法国圣方济各会士鲁布鲁克曾于 13 世纪 50 年代出使蒙古，觐见蒙哥合罕。他回国后写成《鲁布鲁克东行纪》一书，详细记载了他在蒙古各地的见闻，他说：“而每个首领，按他手下人数的多寡，都知道他牧地的范围，以及冬夏、春秋游牧的地方。因为在冬季他们下到南方较暖和的地区去，夏季他们则上到北方较寒冷的地方。他们在冬天降雪的时候到缺水的牧地放牧，以为雪水可以给他们当水用。”[②]苦烈业而山纬度较高，夏天空气凉爽，其地是弘吉剌部的夏营地。而弘吉剌部的冬营地见于《史集·成吉思汗纪》：

> 成吉思汗与王罕（即汪罕——笔者注）经过[兀惕古]城墙[地区]，到名叫阿卜只合阔迭格（即阿卜只阿阔迭格儿——笔者注）的冬营地驻冬。这个冬营地过去曾属于弘吉剌惕部(即弘吉剌部——笔者注）所有，当忽必烈合罕与阿里-不哥（即阿里不哥——笔者注）作战时，他们曾在这个地方厮杀过。这是一片无水的沙漠，当地居民只能饮用雪水。[③]

阿卜只阿阔迭格儿，是“一片无水的沙漠”，适合驻冬，此地是弘吉剌部的冬营地。《史集·忽必烈合罕纪》也提到了此地：

> 是役合罕自率军趋“川勒”之边，以阻阿里不哥，至所谓阿卜只阿阔迭格儿之地，火察“孛勒答黑”丘前，析门台纳兀儿之滨，遂战。阿里不哥军败，外剌部众多死。[④]

---

① 盖山林：《蒙古族文物与考古研究》，沈阳：辽宁民族出版社，1999 年，第 54 页。

② 《柏朗嘉宾蒙古行纪　鲁布鲁克东行纪》，耿昇、何高济译，北京：中华书局，1985 年，第 209 页。

③ （波斯）拉施特主编：《史集》第一卷第二分册，余大钧、周建奇译，北京：商务印书馆，1983 年，第 166 页。

④ 邵循正：《剌失德丁〈集史·忽必烈汗纪〉译释（上）》，《邵循正历史论文集》，北京：北京大学出版社，1985 年，第 43—44 页。

“川勒”（chūl），波斯语意为“沙漠”，析门台纳兀儿即昔木土湖，可见阿卜只阿阔迭格儿离昔木土湖不远。忽必烈取得这场胜利后，曾对昔木土湖进行册封，“（至元四年春正月）癸丑，敕封昔木土山为武定山，其神曰武定公；泉为灵渊，其神曰灵渊侯。”① “一九一四年百万分之一《中国舆图》上标名沙博尔台沙漠，为‘无水冬季牧场’；其南缘有一片沼泽，名霍朱布拉克，疑即昔木土湖之地②”。霍博尔台沙漠即忽必烈与阿里不哥作战之处，其地在今内蒙古乌珠穆沁旗之北中蒙边界北侧，则阿卜只阿阔迭格儿也应该在这片沙漠中。

弘吉剌部有分支豁鲁剌思、亦乞列思等部，这些部族生活在一起，因为在部族的根源上，他们是同一部族，“他们的禹儿惕都在合剌温-只敦（即合剌温只敦——笔者注）的那边与亦乞列思、豁鲁剌思部落在一起。”③从弘吉剌部的夏营地苦烈业而山到冬营地霍博尔台沙漠，其东边正是今大兴安岭，而不仅仅是它的一处山峰——索约勒诗山，可知“合剌温只敦的那边”指的是今大兴安岭的西边，合剌温只敦即今大兴安岭。

铁木真和汪罕曾经有过合作，如上所述，两人同在弘吉剌部的冬营地驻冬。但随着铁木真势力日益强大，汪罕及其子桑昆对铁木真产生了疑忌。在此之前铁木真曾为长子术赤向桑昆之女求婚而遭到拒绝，1203年春，汪罕父子假装答应婚约，邀请铁木真前来参加订婚宴，乘机杀害铁木真。铁木真得到密报，慌忙整军备战。汪罕在密谋泄露以后，率军猛攻，双方战于合兰真沙陀（今内蒙古乌珠穆沁旗北）。铁木真终因寡不敌众，被迫退往巴勒渚纳（Baljuna）湖（今克鲁伦河下游）休整。《圣武亲征录》载：“上既遣使于汪可汗（即汪罕——笔者注），随进兵掳掠弘吉剌别部溺儿斤以行。至班朱尼河，饮水誓众。”④班朱尼河

① 《元史》卷6《世祖纪》，北京：中华书局，1976年，第113页。

② 陈得芝：《元岭北行省建制考（中）》，《蒙元史研究丛稿》，北京：人民出版社，1985年，第144页。

③ （波斯）拉施特主编：《史集》第一卷第一分册，余大钧、周建奇译，北京：商务印书馆，1983年，第261—262页。

④ 王国维：《圣武亲征录校注》，《王国维遗书》第13册，上海：上海古籍书店，1983年，第47页。

即巴勒渚纳湖，铁木真兵败后，率领军队掠夺弘吉剌部别部溺儿斤，进而到达班朱尼河休整。“成吉思在巴勒渚纳住时，有弟合撒儿将他妻并三子也古、也松格、秃忽撇在王罕（即汪罕——笔者注）处，罄身领几个伴当来寻成吉思。寻至合剌温只敦，缘岭寻不见，乏了粮食，吃生牛皮筋，行至巴勒渚纳海子（即巴勒渚湖——笔者注），寻见兄成吉思。”①合兰真沙陀之战后，铁木真之弟合撒儿一家也被汪罕军队冲散，合撒儿领着他的三个儿子沿着合剌温只敦，直到巴勒渚纳湖才找到铁木真。由于弘吉剌部及其分支住在一起，铁木真是经过弘吉剌部的营地才到达巴勒渚纳湖的，而弘吉剌部营地的西面是合剌温只敦即今大兴安岭，所以合撒儿是沿着大兴安岭找到其兄铁木真的。

三、木华黎与合剌温只敦

成吉思汗即位后，在 1204 年整顿军马、建立千户制的基础上，将全蒙古百姓划分为九十五千户，分别授予共同建国的贵戚、功臣，任命他们为千户长，使世袭管领。成吉思汗又任命博尔术为右手万户，“这西边直至金山，你做万户管者。”②金山，其汉字音写蒙文作“阿勒泰”，旁译山名，今之阿尔泰山。接着，他又任命木华黎为左手万户，“东边至合剌温山（即合剌温只敦——笔者注），你就做左手万户，直至你子孙相传管者。”③西至金山由博尔术管领，下辖的千户主要有他亲领的阿鲁剌惕部一千户、博尔忽所领许慎部一千户、豁儿赤所领八邻部三千户等；东至合剌温山（即合剌温只敦——笔者注）则由木华黎管领，下辖的千户主要有他亲领的札剌亦儿部三千户、者勒蔑所领兀良合部一千户、按陈兄弟所领弘吉剌部五千户等④。众所周知，蒙古高原，

① 《元朝秘史》第 183 节总译，呼和浩特：内蒙古人民出版社，1980 年校勘本，第 994 页。
② 《元朝秘史》第 205 节总译，呼和浩特：内蒙古人民出版社，1980 年校勘本，第 1012 页。
③ 《元朝秘史》第 206 节总译，呼和浩特：内蒙古人民出版社，1980 年校勘本，第 1013 页。
④ 姚大力：《草原蒙古国的千户百户制度》，《蒙元制度与政治文化》，北京：北京大学出版社，2011 年，第 12—14 页。

西部以阿尔泰山为界，东部以大兴安岭为界。金山即今阿尔泰山，与之相对的合剌温只敦即今大兴安岭。

1211年春，成吉思汗决定先发制人，亲自率领大军进攻金国，陆续将隶属于木华黎左手万户的诸千户迁往漠南，给诸千户划分经界，把漠南地区作为经略中原的基地。1214年，成吉思汗把弘吉剌部迁往漠南，“岁甲戌，太祖在迭篾可儿时，有旨分赐按陈及其弟火忽、册等农土，农土犹言经界也。”[①]后来弘吉剌部首领在漠南的新封地创建城邑，“至至元七年，斡罗陈万户及其妃囊加真公主请于朝曰：‘本藩所受农土，在上都东北三百里答儿海子，实本藩驻夏之地，可建城邑以居。’帝从之。遂名其城为应昌府。二十二年，改为应昌路。元贞元年，济宁王蛮子台亦尚囊加真公主，复与公主请于帝，以应昌路东七百里驻冬之地创建城邑，复从之。大德元年，名其城为全宁路。”[②]弘吉剌部夏营地在应昌路，今内蒙古克什克腾旗达尔罕境内，达来诺尔湖西畔，冬营地在全宁路，今内蒙古翁牛特旗。1217年，成吉思汗封木华黎为太师、国王，将灭亡金国的任务全权委任与他。“丁丑，以佐命功诏封王为太师、国王、都行省承制行事，赐誓券，子孙传国，世世勿绝。分弘吉剌、亦乞列斯、兀鲁兀、忙兀等十军，及兀叶儿契丹、蕃、汉等军隶麾下。且谕旨曰：‘太行之北，朕自经略，太行之南，卿其勉之。’遂建行省于云、燕，以图中原。”[③]为了配合木华黎专征金国，成吉思汗将弘吉剌部等蒙古军和兀叶儿军队划归木华黎指挥。札剌亦儿部、兀鲁兀部也在此时迁到了漠南，“上都路，唐为奚、契丹地。金平契丹，置［桓］州。元初为札剌儿部（即札剌亦儿部——笔者注）、兀鲁郡王营幕地。”[④]元上都在今内蒙古正蓝旗。“岁己亥，塔思薨，速浑察袭爵，即上京之西阿儿查秃置营。”[⑤]塔思、速浑察均为木华黎之孙。阿儿查秃（archa-tu），据《华夷译语》卷上“草木门”，为蒙古语“有柏

① 《元史》卷118《特薛禅传》，北京：中华书局，1976年，第2919页。
② 《元史》卷118《特薛禅传》，北京：中华书局，1976年，第2920页。
③ （元）苏天爵：《元朝名臣事略》卷1《太师鲁国忠武王》，姚景安点校，北京：中华书局，1996年，第4页。
④ 《元史》卷58《地理志》，北京：中华书局，1976年，第1349页。
⑤ 《元史》卷119《木华黎传》，北京：中华书局，1976年，第2940页。

树”之意，在今张家口边墙之外洗马林口东北二十里的桂柏山，是为木华黎国王大帐所在地，兀鲁兀部应在札剌亦儿部营地的东面[①]。

成吉思汗时代，木华黎的驻守之地被称为“哈剌温只敦”，《史集》载：“而在全体札剌亦儿诸部中，在成吉思汗时代，木华黎国王是最著名、最大的，［他］出自札阿惕部。他执掌成吉思汗的全部左翼军队。人们以国王的头衔称呼他的后裔们。其意义在契丹人的语言中应为‘伟大的汗’。当成吉思汗派他带兵驻守在一个人们现今称为合剌温只敦的地方时，契丹人给了他这个称号。”[②]合剌温只敦即《蒙古秘史》中的合剌温山。成吉思汗建国后，任命木华黎为左手万户，1211年，成吉思汗发动进攻金国的战争后，木华黎大帐已经移往漠南，驻扎在今张家口以北的桂柏山。大兴安岭，作为蒙古高原和松辽平原的分水岭，北起黑龙江畔，南至西拉木伦河上游谷地，全长1200多千米，而张家口以北的桂柏山并不属于大兴安岭。据此，合剌温只敦在1211年成吉思汗攻金以前，是指今大兴安岭，1211年以后，随着木华黎麾下诸部迁往漠南，今河北张家口边墙以北的山岭也被称为合剌温只敦。

四、忽必烈与合剌温只敦

1251年，蒙哥合罕即位后，将汉地军国大事托付给二弟忽必烈，命令他统帅蒙古、汉军灭掉南宋。忽必烈于1252年春天来到金莲川（今滦河上游一带），他在此召见汉军世侯史天泽询问汉地情况。忽必烈在权衡了蒙古和南宋在综合国力尤其是经济上的悬殊对比后，他决定首先攻占云南，完成对南宋的包围，此计划最后由他的先锋兀良合台实现。1254年，忽必烈远征云南回来以后，得到蒙哥合罕允许，开始营建开平府（后升为上都，今内蒙古正蓝旗）：“岁丙辰，诏开府于岭北滦水之

① 姚大力：《关于元朝几个“东诸侯”的考释》，《蒙元制度与文化》，北京：北京大学出版社，2011年，第424页。

② 刘迎胜：《〈史集·部族志·札剌亦儿传〉研究》，《蒙古史研究》第4辑，呼和浩特：内蒙古人民出版社，1993年，第6页。

阳，筑城壁，营宫室焉。王恭承明命，乃经界理疆，申画郊圻。”[①]此后不久，有人向蒙哥合罕进谗言说忽必烈王府深得中原人心，蒙哥合罕将忽必烈罢免，派阿兰答儿对王府进行钩考。“迨蒙哥合罕决亲伐南家思，令曰，忽必烈跋涉劳苦，前者帅师远征，平定敌部，今可使留处其在蒙地合剌温只敦之诸‘斡耳朵’，以资休息。”[②]南家思指南宋，1257年，蒙哥决定发动对南宋的战争，却以忽必烈“跋涉劳苦”为由，解除了他的兵权，让他在合剌温只敦的斡耳朵休息。蒙哥合罕让塔察儿取代忽必烈带领左翼军团进攻樊城，然而塔察儿的左翼军团因为连月霖雨不得不班师，蒙哥合罕无奈再次启用忽必烈，“既而传旨于众曰，忽必烈奏言休息已足，奈何坐视蒙哥合罕亲率师出征而己家居安息乎。今可使之将塔察儿那颜原统诸军，进攻南家思。忽必烈奉命，乃以精兵数万人及塔察儿那颜所统之‘札忽惕’军十万人前进。”[③]“己家居安息”一句波斯语原文作 man dar khāna nishasta bāsham[④], khāna 波斯语意为“家”，由此可见合剌温只敦是忽必烈的家居之地，而他此前受蒙哥合罕之命，在今滦河之北修筑城池、营建宫室，建开平府治所居住，则合剌温只敦应在开平府的“经界理疆”之内。

1259年，蒙哥合罕在四川前线死去，他的两个弟弟忽必烈与阿里不哥开始了争夺大汗之位的战争。1260年，阿兰答儿军队被击败后，忽必烈率军向蒙古进发。《史集》记载到：“忽必烈合罕到达哈剌和林境内时，遇到了阿里-不哥（即阿里不哥——笔者注）的全部四个斡耳朵（帐殿）和曲律们的斡耳朵，便把这些斡耳朵都送了回去，并在汪吉—沐涟附近过了冬。”[⑤]《史集》中“过了冬”一词波斯语原文作

---

① 转引自樱井智美：《〈创建开平府祭告济渎记〉考释》，《元史论丛》第10辑，北京：中国广播电视出版社，2005年，第364页。

② 邵循正：《剌失德丁〈集史·忽必烈汗纪〉译释（上）》，《邵循正历史论文集》，北京：北京大学出版社，1985年，第29页。

③ 邵循正：《剌失德丁〈集史·忽必烈汗纪〉译释（上）》，《邵循正历史论文集》，北京：北京大学出版社，1985年，第31页。

④ Rashīd al-Dīn, *Jāmi ʻal Tawārīkh*, Printed Text by Muhammad Rawshan and Mustafa Mūsavī, Tehran: Nash-i Alburz, 1994-1995, p.870.

⑤（波斯）拉施特主编：《史集》第二卷，余大钧、周建奇译，北京：商务印书馆，1985年，第298页。

zamistān kard，为一般过去时第三人称单数，表示忽必烈在冬天曾经到过汪吉河，而《元史》载：中统元年（1260）冬十二月，“帝至自和林，驻跸燕京近郊。”[①]据此，忽必烈并未在汪吉河过完冬季，《史集》与《元史》所记并不矛盾。阿里不哥因为军队瘦弱饥饿，不得不派遣使臣要求停战，忽必烈答应了他的请求。他又因为害怕忽必烈前来进攻，率军返回老营谦谦州休整，而忽必烈亦率军南下，与阿里不哥的军队脱离接触。

> 他（忽必烈）遣回了急使，自己也就在哈剌温-只敦（即合剌温只敦——笔者注）地方他的帐殿里停驻下来。他准许军队分散开回到自己的禹儿惕（分地），并将阿里-不哥（即阿里不哥——笔者注）的斡耳朵以及成吉思汗曲律们的斡耳朵遣回各自的禹儿惕，并命令那些斡耳朵驻扎在各自的禹儿惕，他让他的一个侄儿也松格带着十万军队留在兀鲁思边境，命令［他们］驻留在那里，等阿里-不哥（即阿里不哥——笔者注）到达时，同他一起前来。[②]

忽必烈到达合剌温只敦后，派也松格带领十万大军防守兀鲁思边境。元成宗铁穆耳的母后阔阔真曾经说过：“汉地、南家思国和我们的兀鲁思都很广大，而海都和都哇的地方则较远，如果你出征，那就需要一两年才能把那件事顺利解决。”[③]汉地指原金朝统治区，南家思国指原南宋统治区，“我们的兀鲁思”则指大蒙古国（Yeke Mongol Ulus），也松格所防守的兀鲁思边境即蒙古同金朝之间的界壕。蒙、金之间的界壕，有一条自今根河南岸依兰哈达以西，沿河行，折向西南，有一条在额尔古纳河右岸，自额尔德尼山至绰罗图山以西[④]。如果忽必烈将斡耳朵安在汪吉河上游，此地离阿里不哥的老营谦谦州不远，在也松格率领

① 《元史》卷 4《世祖纪》，北京：中华书局，1976 年，第 68 页。

② （波斯）拉施特主编：《史集》第二卷，余大钧、周建奇译，北京：商务印书馆，1985 年，第 298—299 页。

③ （波斯）拉施特主编：《史集》第二卷，余大钧、周建奇译，北京：商务印书馆，1985 年，第 386 页。

④ 贾敬颜：《从金朝的北征、界壕、榷场和宴赐看蒙古的兴起》，《元史及北方民族史研究集刊》1985 年第 9 期，第 13 页。

大军防御界壕，诸王军队又被遣散的情况下，忽必烈在汪吉河上游已是孤家寡人，只要阿里不哥前来偷袭，忽必烈必定束手就擒。忽必烈于1260 年 12 月到达燕京郊区，其行军路线是从北往南的，只有在越过界壕以后，他才会命令也松格率军防守。可见合剌温只敦并不在界壕以北的汪吉河上游，而应该位于也松格所防守界壕以南，换言之，此地与前述蒙哥合罕命令忽必烈休息之地实为同一地区。

五、结　　论

宋元时代文献中的黑山并不专指一山，将黑山与合剌温只敦勘同是错误的。在 1211 年成吉思汗发动对金国的战争以前，蒙古人活动于界壕以北，合剌温只敦指今天的大兴安岭，李文田将其与肯特山勘同，完全是出于臆测，并没有史料依据。1211 年以后，木华黎麾下的诸千户迁往漠南，今张家口边墙以北地区遂成为蒙古经略中原的重要基地。由于木华黎是成吉思汗任命的以合剌温只敦为屏蔽的左翼万户，后又被封为太师、国王，今张家口边墙以北地区的山岭离大兴安岭并不远，南宋使臣彭大雅描述过这一带的地形特征，“其地出居庸（燕之西北百余里）则渐高渐阔，出沙井（天山县八十里）则四望平旷，荒芜际天，间有远山，初若崇峻，近前则坡阜而已，大率皆沙石。”[①]这些山岭可以看成大兴安岭向西南方向的延伸，因此也被称为合剌温只敦。1251 年，蒙哥即位后，将南伐宋朝的任务交给忽必烈，忽必烈到达此地正是为了统率木华黎的左翼军团，后来他在此地建立开平府，从而拉开了他统一中国的序幕。

① 王国维：《黑鞑事略笺证》，《王国维遗书》第 13 册，上海：上海古籍书店，1983 年，第 3 页。

附录　中国学者《史集》述评

《史集》是 14 世纪时由伊利汗国宰相拉施都丁（1247—1318）主编，用波斯文写成的世界通史。按照原书目录，《史集》分为三部，第一部为《蒙古史》，第二部为《完者都汗传》和《世界史》，第三部为《诸域志》。第一部《蒙古史》又分为三卷，第一卷为《部族志》，第二卷包括《成吉思汗先世传》《成吉思汗传》《成吉思汗的继承者》，第三卷为《波斯蒙古史》。拉施都丁编修《史集》时，召集了由蒙古人、汉人、克什米尔的喇嘛、法国天主教士和波斯人组成的编辑小组，他广泛采用了原始资料、各民族的口头传说，这些资料在今天大多已经亡佚，因此他主编的《史集》就成为研究蒙元史、内陆亚洲史等领域的重要史料。中国学者自 19 世纪末开始利用《史集》，一百多年来，一代又一代的学者致力于《史集》的翻译与笺证，取得了丰硕的成果，但也存在不少问题。兹将中国学者的研究情况综述如下。

一、清代学者的研究

中国最早利用《史集》的学者是洪钧（1839—1893），字陶士，号文卿，江苏吴县（今江苏苏州）人。洪钧于同治七年（1868）中状元，任翰林院修撰，后出任湖北学政，主持陕西、山东乡试，并视学江西。

后来在出使俄国期间，恰逢俄国学者贝勒津将《史集·部族志》（1858）和《史集·成吉思汗传》（上卷，1868，下卷，1888）翻译为俄文，并刊布了这两卷的波斯语原文，洪钧对西北史地十分熟悉，意识到《史集》可以和《元史》互相参照，遂请使馆译员金楷利等人将贝勒津俄译本重译，取名为《拉施特书》，此后开始利用这些资料撰写《元史译文证补》。《元史译文证补》共30卷，卷1《太祖本纪译证》取材于贝勒津翻译的《成吉思汗传》；卷28《蒙古部族考》取材于贝勒津翻译的《史集·部族志》，这一部分由于洪钧死后稿本亡佚，只存目录；其余部分取材于《多桑蒙古史》，并未直接利用《史集》。洪钧一书译文内容省略太多，又经过波斯文—俄文—中文三重翻译，不可以完全相信，所用译名如人名、地名、部族名等非汉语名词翻译随意，十分混乱。但他开创了中国学者利用《史集》等域外史料研究中国史的先例，所采用的多种文字史料互相比勘的研究方法更为后世学者所沿用。

洪钧死后，他请人翻译的外文资料稿本，几经辗转，到了柯劭忞手中。柯劭忞（1850—1933），字凤荪，号蓼园，山东胶州人。光绪十二年（1886）进士，历任翰林院编修、侍读、侍讲，京师大学堂总监督，清朝灭亡后以遗老自居，出任清史馆代馆长、总纂。柯劭忞治学广博，一生用了三十多年的时间研究元史，于1922年完成157卷的《新元史》，体例虽与《元史》相同，细目与内容则据当时尚未尽佚的《永乐大典》、金石文字以及元代政书、文集等资料进行增订修正，可以说是集明清元史研究的大成之作，后被大总统徐世昌下令列入“正史”，成为第二十五史，当时日本东京帝国大学也因此书授予柯劭忞名誉文学博士学位。柯劭忞了解到《元史译文证补》遗漏尚多，又据洪钧稿本编为《译史补》六卷，卷目为《盖喀图补传》、《不赛因补传》、《喀尔奔特补传考异》、《译史碎金》、《拔都传考异》和《蒙古部族考》，柯劭忞请人据《多桑蒙古史》译出的《盖喀图补传》，为洪钧所未见。他自称“部族”部分来自洪钧请人翻译的贝勒津俄译本《部族志》，经过研究，实为德国学者冯·埃尔德曼《不动摇之铁木真》一书的导论。柯劭忞《新元史》遵循传统的修史方法，史学观点陈旧，对《史集》等域外史料的利用也和洪钧一样，都是通过请人翻译实现的，在译文、译名方面都存在问题。

二、中华民国时期的研究

自 19 世纪以来，欧洲形成了以研究亚洲和非洲为主要对象的东方学，巴黎的亚洲学会、伦敦的皇家亚洲学会、美国的东方协会、莱比锡的德意志东方学会等组织相继成立，各国东方学家在考古和古代铭文解读、东方语言学和东方历史研究等领域，运用考古学、历史学与历史比较语言学等科学方法，取得了很大成就。鸦片战争以后，清朝政府“闭关锁国”的大门被打开，面对西方列强侵略的不断加深，为了寻求救国救民之路，一些有识之士开始到西方留学，学习先进的技术、制度、思想，以后甚至出现了全盘西化的社会思潮。

在这些留学生中，有后来成为学术大师的陈寅恪（1890—1969），江西修水人，宣统二年（1910）自费留学，先后到德国柏林大学、瑞士苏黎世大学、法国巴黎高等政治学校游学，在第一次世界大战爆发后回国。1918 年，陈寅恪得到江西官费的资助，再度出国游学，先在美国哈佛大学随篮曼教授学习梵文和巴利文，1921年，又转往德国柏林大学随路德施教授攻读东方古文字学，向黑尼士学习蒙古语，在留学期间，他勤奋学习，具备了运用梵、巴利、波斯、突厥、西夏等语文进行东方学研究的能力。1926 年陈寅恪回国担任清华大学国学研究院导师，将东方学与传统考据学结合展开研究，陈寅恪于 1929 年发表《元代汉人译名考》（后收入《金明馆丛稿二编》，上海古籍出版社，1980），将《史集》伯劳舍波斯文刊本（莱顿，1911）和卡特麦尔法译本（巴黎，1873）中的部分内容予以翻译，考证《史集》中的 Djavkout 为蒙、中文史料中的“札忽歹”。他直接运用波斯文、蒙古文、中文史料互相比勘的方法从事学术研究，标志着我国元史研究进入到一个新的阶段。

陈寅恪执教清华大学国学研究院时，与王国维一起指导学生韩儒林、邵循正、翁独健等人致力于蒙元史研究。韩儒林（1903—1983），字鸿庵，河南舞阳人，1919—1922年，韩儒林就读于开封留学欧美预备学校，主要学习法文，为日后留学欧洲打下了语言基础。1925年，韩儒林进入北京大学哲学系本科学习，对历史学产生了浓厚兴趣，在陈寅恪、陈垣等名师指导下，研读伯希和等东方学家的著作。1933年，韩儒林赴欧洲留学，先后在比利时鲁汶大学、法国巴黎大学和德国柏林大学就读，师从伯希和学习蒙古史、突厥史及波斯、蒙、藏、突厥等文字。1936年，韩儒林学成归国。1940年，韩儒林发表《成吉思汗十三翼考》（后收入《穹庐集》，上海人民出版社，1982），翻译了《史集》中关于成吉思汗十三翼的记载，直接运用波斯文、蒙文、中文史料互校，改正了贝勒津波斯文《成吉思汗传》刊本中的译名错误。他曾经托人抄录贝勒津波斯文《史集·部族志》刊本，打算撰写《〈拉施都丁史集部族志〉研究》，后来稿件不幸遗失，仅有数篇札记发表。

邵循正（1909—1972），字心恒，福建侯官（今福州）人，1930年进入清华大学研究院改习历史，以《中法越南关系始末》二十余万字获得硕士学位。1934年初，邵循正赴欧洲留学，先在法国巴黎法兰西学院、东方语言学院师从东方学大师希学习蒙古史和波斯文；第二年转入德国柏林大学继续研究蒙古史。1936年，邵循正回国，担任清华大学历史学系讲师，讲授蒙古文，发表《〈元史〉、〈剌失德丁集史·蒙古帝室世系〉所记世祖后妃考》，以《元史》、伯劳舍1911年刊布的《史集》第二卷波斯文校勘本和巴黎国家图书馆藏写本《贵显世系》互相参校，校正了《史集》的讹脱。后来他又发表《剌失德丁〈集史·忽必烈汗纪〉译释（上）》，同样以《史集》伯劳舍刊本为工作本进行翻译，再取《元朝秘史》《元史》和元人文集等资料，参照法、德、英国等学者的研究成果进行考证注释，订正了伯劳舍刊本中波斯文拼写上的音点误读和自洪钧以来中国学者翻译上的错误，对《史集》记载的史事提出了许多精辟而独到的见解，是早期中国学者关于《史集》最成功的研究。此外，他还有许多学术观点生前并未公布，只留下残稿，后来由他的弟子整理，收入《邵循正历史论文集》（北京大学出版社，1985）和《素馨集》（北京大学出版社，1993）。由于伯劳舍刊本所据底本为巴黎图书馆藏抄本，并非最佳抄本，有许多内容错误，由于研究条件有限，邵循正仅能利用这个刊本，所以他未能改正这些错误。

邵循正、韩儒林的研究，继承了陈寅恪开创的直接从波斯文《史集》进行翻译的工作，使《史集》中文译注达到了一个新的高度。

与此同时，张星烺、岑仲勉、冯承钧也在从事《史集》的研究工作。张星烺（1889—1951），字亮尘，江苏泗阳人，1906 年赴美国哈佛大学化学系学习，1912 年回国。1930 年，张星烺编著的《中西交通史料汇编》出版，第 6 编收有《拉施特〈史集·契丹国传〉》，译自英国学者亨利玉尔所编的《古代中国闻见录》（1916 年增订本）。张星烺对《史集·契丹国传》中的人名、地名加以注释，订正了其中的记载错误。1932 年，上海暨南大学秘书兼文书主任隋唐史专家岑仲勉在张星烺译注的基础上发表《〈拉施特史〉十二省之研究》（后收入《中外史地考证》，中华书局，2004），对张星烺的考证作了补充。

冯承钧（1887—1946），湖北汉口人，字子衡，早年在比利时读中学，后进入法兰西学院师从伯希和，并得到东方学家沙畹、沙海昂、鄂卢梭、牟里的指导。1920 年，他出任北京大学、北京师范大学教席，任职之余，潜心译述，鉴于《史集》对蒙元史研究的重要性，1934 年，冯承钧将《多桑蒙古史》7 卷全部译为中文，由于《多桑蒙古史》大量征引《史集》，甚至把《史集》的许多篇目作为附录，读者可以凭借此书略窥《史集》全貌。多桑不懂中文，所据《史集》的波斯文抄本也不是最好的版本，冯承钧广泛查阅《元朝秘史》《元史》等蒙古文、中文史料，更正了多桑翻译《史集》中的许多错误，他的考证至今仍有很高的学术价值。而他在翻译中为解决译名问题总结出“名从主人”的方法，更是翻译包括《史集》在内域外文献的重要参考。

三、中华人民共和国成立以来的研究

中华人民共和国成立后，党和政府高度重视科学研究工作，于 1949 年 11 月 1 日成立了中国科学院，1956 年，党中央召开全国知识分子问题会议，制定了《1956 年至 1967 年科学技术发展远景规划》，并发出“向科学进军”的号召。广大知识分子深受鼓舞，订立了“向科学进军”的个人规划，抓紧时间，在科研岗位上做出更多的成绩。中国学者开始利用苏联科学院自 1952 年起陆续出版的《史集》俄译本和波斯文集校本，并计划将《史集》俄译本翻译成中文，这一工作受到“文化大革命”冲击而中断。“文化大革命”结束后，时任中国社会科学院民族研究所副所长的翁独健积极组织学者展开对包括《史集》、志费尼《世界征服者史》在内的波斯文史料的翻译和校注工作。1981 年，韩儒林主编《中国通史参考资料》（中华书局，1981）第 6 册翻译了俄译本《史集・部族志》的部分内容，并对地名略加注释。1986 年，内蒙古大学蒙古史研究室余大钧、周建奇教授根据俄译本翻译的三卷《史集》由商务印书馆出齐，成为目前内容最全的中文译本，中国学者终于一睹《史集》蒙古史部分的汉语译文全貌。由于俄译者不懂中文，仅能利用《元史》等中文史料的俄译本，在汉语译名上存在不少问题。余大钧根据《元史》等中文史料，对俄译本中的译名错误进行了订正。

1971 年，英国杰出的伊朗学家波义耳用英语翻译出版了《史集》第二卷《成吉思汗的继承者》，以伯劳舍 1911 年刊布的《史集》第二卷波斯文校勘本为底本，参考俄译本，更正了伯劳舍刊本中波斯文拼写和内容上的错误。1980 年，南京大学历史系陈得芝教授根据波义耳英译本发表了《〈史集〉铁穆耳合罕本纪译注》（《元史及北方民族史研究集刊》第 4 期），由于波义耳也不能直接利用中文史料，在译名和译文上也有问题。陈得芝参考伯劳舍刊本和俄译本，更正了英译本中的错误，又征引《元史》、元人文集等资料和伯希和等人的研究成果作了考释。1992 年，中国社会科学院近代史研究所研究员周良霄根据波义耳英译本转译的《成吉思汗继承者——《史集》第二卷》由天津古籍出版社出版，他参考俄译本和余大钧汉译本，进一步解决英译本中的问题，又按照邵循正注释《史集》的体例，充分利用蒙古文、中文史料和国内外学者的研究成果，对《史集》所载史事进行疏证。由于余大钧、周良宵都不能直接使用波斯文，《史集》汉译本中的译名仍有误读，译文也有一些不确之处。

1993 年，南京大学历史系刘迎胜教授根据苏联科学院出版的波斯文集校本《史集·部族志》发表了《〈史集·部族志·札剌亦儿传〉研究》（《蒙古史研究》第 4 辑）。在译名方面，他详细比较了集校本注释所引各种《史集》抄本的写法，参照中外学者的研究成果，订正了赫塔古罗夫俄译本中的误读。在译文方面，由于他是从波斯语原文直接翻译，这就为读者提供了一个更加接近拉施都丁原著风貌的汉译本。2007 年，北京大学伊朗文化研究所王一丹教授出版了《波斯拉施特〈史集·中国史〉研究与文本翻译》，是根据她的博士论文《〈史集·中国史〉校注》进行翻译的，底本为德黑兰古勒斯坦宫图书馆藏《史集》抄本，参考了其他抄本和刊本，是中国学者首次将《史集·中国史》由波斯文直接译为中文。2013 年，北京大学伊朗文化研究所举办了“波斯语文献与蒙元时代国际学术研讨会”，其中，有北京大学历史系博士生陈春晓《来自中国的消息——拉施都丁〈迹象与生命〉所记中国植物》、南京大学历史系华涛教授《〈史集〉中“中国”的名称及其含义》等六篇会议论文涉及拉施都丁本人和《史集》的研究，集中体现了中国学者研究《史集》的最新成果。2013 年，中国社会科学院民族研究所刘正寅研究员发表了《〈史集·部族志·乞儿吉思〉研究》（《中国边疆史地研究》2013 年第 1 期）和《〈史集·部族志〉巴儿忽惕诸部研究》（《元史及民族与边疆研究集刊》，上海古籍出版社，2014），将苏联科学院出版的波斯文集校本《史集·部族志》中的部分内容首次由波斯文直接译为中文，纠正了俄译本、余大钧汉译本中的一些错误，并对文中涉及的名物制度、史实等有关问题作了深入研究。

1995 年，伊朗学者若山和穆萨维在德黑兰出版了《史集》蒙古史波斯文校注本，共四册，第一册、第二册为《史集》蒙古史的波斯语原文，第三册为注释，第四册为索引，比较全面地利用了各国学者尤其是苏联学者在《史集》研究领域取得的研究成果，是迄今为止伊朗出版的《史集》蒙古史部分最好的校注本。1998 年，美国学者 Thackston 将《史集》蒙古史三卷全部译为英文。2004 年，韩国首尔大学金浩东教授将《史集》译为韩文出版。日本学者本田实信、杉山正明、吉田顺一、赤坂恒明、四日市康博等人致力于《史集》各种抄本的比较研究，并发表了一系列研究成果。新的波斯文校注本和译本的出版，为中国学者根据波斯文原文直接翻译和考释提供了更好的条件。今后中国学者研究《史集》，应该充分吸收各国学者的研究成果，将《史集》的各种抄本、刊本搜集齐备，整理出更加完善的波斯文校本，以此为基础进行重新翻译，并继承洪钧开创的利用蒙古文、中文等相关资料开展互证互补的研究方法，对《史集》中的民族、人物、地理、事件等有关问题进行注释。

参 考 文 献

一、引用史料

（一）中文史料

北京辽金城垣博物馆编：《北京元代史迹图志》，北京：北京燕山出版社，2009 年。

（元）程钜夫：《雪楼集》，宣统二年（1910）阳湖陶氏涉园刊本。

道光《巨野县志》，清道光二十年（1840）修二十六年（1846）续刻本。

（唐）段成式：《酉阳杂俎》，方南生点校，北京：中华书局，1981 年。

方龄贵，王云：《大理五华楼新出元碑选录并考释》，昆明：云南大学出版社，2000 年。

方龄贵校注：《通制条格》，北京：中华书局，2001 年。

（元）黄溍：《金华黄先生文集》，上海：上海古籍出版社，2011 年。

（元）揭傒斯：《揭文安公文萃》，上海：商务印书馆，1936 年《丛书集成初编》本。

（宋）乐史：《太平寰宇记》，王文楚等点校，北京：中华书局，2007 年。

（元）黎崱：《安南志略》，武尚清点校，北京：中华书局，2000 年。

（元）刘应李：《大元混一方舆胜览》，成都：四川大学出版社，2003 年。

（元）骆天骧：《类编长安志》，黄永年点校，西安：三秦出版社，2006 年。

（清）穆彰阿：《嘉庆重修一统志》，北京：中华书局，1986年。
（元）欧阳玄：《欧阳玄全集》，汤锐校点整理，成都：四川大学出版社，2010年。
（宋）沈括：《梦溪笔谈》，胡道静校证，上海：上海古籍出版社，1987年。
（元）释念常：《佛祖历代通载》，《北京图书馆古籍珍本丛刊》第77册，北京：书目文献出版社，1998年。
（元）释祥迈：《大元至元辨伪录》，《北京图书馆古籍珍本丛刊》第77册，北京：书目文献出版社，1998年。
（汉）司马迁：《史记》，北京：中华书局，1959年。
（明）宋濂等：《元史》，北京：中华书局，1976年。
（元）苏天爵：《国朝文类》，北京：商务印书馆，1958年。
（元）苏天爵：《元朝名臣事略》，姚景安点校，北京：中华书局，1996年。
（元）陶宗仪：《南村辍耕录》，北京：中华书局，1959年。
（元）脱脱等：《金史》，北京：中华书局，1975年。
（元）脱脱等：《辽史》，北京：中华书局，1974年。
王国维：《长春真人西游记校注》，《王国维遗书》第12册，上海：上海古籍书店，1983年。
（元）王士点，商企翁：《秘书监志》，高荣盛点校，杭州：浙江古籍出版社，1992年。
（清）王锡祺：《小方壶舆地丛钞》，杭州：杭州古籍书店，1985年。
（元）王喜：《治河图略》，上海：商务印书馆，1936年《丛书集成初编》本。
（元）王恽：《秋涧先生大全集》，上海：商务印书馆，1919年《四部丛刊初编》本。
（唐）魏徵等：《隋书》，北京：中华书局，1973年。
（元）熊梦祥：《析津志辑佚》，北京：北京古籍出版社，1983年。
（宋）徐梦莘：《三朝北盟会编》，上海：上海古籍出版社，1987年。
许全胜校注：《黑鞑事略校注》，兰州：兰州大学出版社，2014年。
（宋）杨万里：《诚斋集》，上海：商务印书馆，1936年《四部丛刊初编》本。
（元）姚燧：《姚燧集》，北京：人民文学出版社，2011年。
（元）耶律楚材：《湛然居士文集》，北京：中华书局，1986年。
（元）佚名撰，王瑞来笺证：《宋季三朝政要笺证》，北京：中华书局，2010年。

（元）佚名：《宋史全文》，李之亮点校，哈尔滨：黑龙江人民出版社，2005年。
（元）虞集：《道园类稿》，王德毅，潘柏澄主编：《元人文集珍本丛刊》第5册，台北：新文丰出版公司，1985年景印本。
（元）虞集：《道园学古录》，上海：商务印书馆，1922年《四部丛刊初编》本。
《元典章》，陈高华等点校，天津、北京：天津古籍出版社、中华书局，2011年。
张景星等编选：《元诗别裁集》，上海：上海古籍出版社，1979年。
（宋）郑樵：《通志·二十略》，王树民点校，北京：中华书局，1995年。

（二）蒙古文史料

蔡美彪：《八思巴字碑刻文物集释》，北京：中国社会科学出版社，2011年。
策·达木丁苏隆编译：《元朝秘史》，北京：中华书局，1956年。
呼格吉勒图，双龙：《八思巴字蒙古语文献汇编》，呼和浩特：内蒙古人民出版社，2004年。
贾敬颜，朱风：《蒙古译语　女真译语汇编》，天津：天津古籍出版社，1990年。
（日）那珂通世：《成吉思汗实录》，东京：大日本株式会社，1907年。
余大钧译注：《蒙古秘史》，石家庄：河北人民出版社，2001年。
《元朝秘史》，鲍思陶点校，济南：齐鲁书社，2005年。
《元朝秘史》，呼和浩特：内蒙古人民出版社，1980年校勘本。
札奇斯钦：《蒙古秘史新译并注释》，台北：联经出版事业公司，1979年。
Igor de Rachewiltz,*The Secret History of the Mongols:A Mongolian Epic Chronicle of the Thirteen Century*,Boston:Brill Academic Publisher, 2006.
Paul Pelliot,*Histoire Sceréte des Mongols：Restituion du Texte Mongol et Traduction Française des Chapitres I a VI*,Paris:Librairie d'Amérique et d'Orient Adrien-Maisonneuve,1949.

（三）波斯文史料

剌失德丁：《成吉思汗的继承者——《史集》第二卷》，周良霄译注，天津：天津古籍出版社，1992年。

（波斯）拉施特主编：《史集》第一卷，余大钧、周建奇译，商务印书馆，1983 年。
（波斯）拉施特主编：《史集》第二卷，余大钧、周建奇译，商务印书馆，1985 年。
（波斯）拉施特主编：《史集》第三卷，余大钧、周建奇译，商务印书馆，1986 年。
王一丹：《波斯拉施特〈史集·中国史〉研究与文本翻译》，北京：昆仑出版社，2006 年。
（伊朗）志费尼：《世界征服者史》，何高济译，北京：商务印书馆，2004 年。
Atā-Malik Juvaynī,Tārīkh-i Jahān-gūshā,Edited by Mīrzā Muhammad Qazvīnī,E.J.W. Gibb Memorial Series,Vol.16,London:E.J.Brill,1943.
Rashīd al-Dīn,*Jāmi'al Tawārīkh*,Printed Text by Muhammad Rawshan and Mustafa Mūsavī,Tehran:Nash-i Alburz,1994-1995.
Rashīd al-Dīn,*The History of the World Conqueror*,translated by John Andrew Boyle, Cambridge:Manchester University Press,1958.
Rashīd al-Dīn,*The Successors of Genghis Khan*,translated by John Andrew Boyle,New York：Columbia Unversity Press,1971.
W.M.Thackston，*Rashiduddin Fazlullah's Jami t-tawari Compendium of Chronicles: A history of the Mongols*,Harvard University,1998-1999.
Wassāf Shīrāzī,*Tajziyat al-amsār va Tajzīyat al-a'sār,*M.M.Isfahānī,Summarized by'A. Ayatī Tahrīr -i Tārīkh-i Wassāf Shīrāzīal,Tehran,1967.

（四）其他史料

阿布尔·哈齐·把阿秃尔汗：《突厥世系》，罗贤佑译，北京：中华书局，2005 年。
（日）爱宕松南译注：《东方见闻录》，东京：平凡社，1971 年。
《柏朗嘉宾游记 鲁布鲁克东行记》，耿昇、何高济译，北京：中华书局，1985 年。
《古兰经》，马坚译，北京：中国社会科学出版社，2013 年。
《马可波罗行纪》，冯承钧译，北京：中华书局，2004 年。

二、研究论著

（英）C.E.博斯沃思，（塔）M.S.阿西莫夫：《中亚文明史》第 4 卷下，刘迎胜等译，北京：中国社会科学出版社，2010 年。
（美）巴菲尔德：《危险的边疆——游牧帝国与中国》，袁剑译，南京：江苏人民出版社，2011 年。
（俄）巴托尔德：《蒙古入侵时期的突厥斯坦》，张锡彤、张广达译，上海：上海古籍出版社，2007 年。
（美）伯纳德·刘易斯：《历史上的阿拉伯人》，马肇椿、马贤译，北京：华文出版社，2015 年。
（法）伯希和：《蒙古与教廷》，冯承钧译，北京：中华书局，1994 年。
（法）伯希和：《卡尔梅克史评注》，耿昇译，北京：中华书局，1994 年。
《地图的见证——中国疆域变迁与地图发展》，北京：中国地图出版社，2011 年。
岑仲勉：《中外史地考证》，北京：中华书局，2004 年。
陈得芝：《蒙元史研究丛稿》，北京：人民出版社，2005 年。
陈得芝主编：《中国通史》第十三册，上海：上海人民出版社，1997 年。
陈高华，史卫：《元代大都上都研究》，北京：中国人民大学出版社，2010 年。
陈弘法编译：《亚欧草原岩画艺术论集》，北京：中国人民大学出版社，2005 年。
陈久金：《回回天文学史》，南宁：广西科学技术出版社，1996 年。
陈世松等：《宋元战争史》，成都：四川省社会科学院出版社，1988 年。
陈述，朱子方主编：《辽会要》，上海：上海古籍出版社，2009 年。
陈寅恪：《金明馆丛稿二编》，北京：生活·读书·三联书店，2001 年。
陈垣：《陈垣集》，北京：中国社会科学出版社，1995 年。
（英）道森：《出使蒙古记》，吕浦译，北京：中国社会科学出版社，1983 年。
额尔登泰，乌云达赉，阿萨拉图：《〈元朝秘史〉词汇选释》，呼和浩特：内蒙古人民出版社，1980 年。
方国瑜：《中国西南历史地理考释》，北京：中华书局，1987 年。

方慧：《大理总管段氏世次年历及其与蒙元政权关系研究》，昆明：云南教育出版社，2001 年。
冯承钧编译：《西域南海史地考证译丛》第一卷，北京：商务印书馆，1995 年。
盖山林：《蒙古族文物与考古研究》，沈阳：辽宁民族出版社，1999 年。
高荣盛：《元史浅识》，南京：凤凰出版社，2010 年。
（法）雷纳·格鲁塞：《蒙古帝国史》，龚钺译，北京：商务印书馆，1989 年。
耿世民：《古代突厥文碑铭研究》，北京：中央民族大学出版社，2005 年。
（法）韩百诗：《元史·诸王表笺证》，张国骥译，长沙：湖南大学出版社，2005 年。
韩儒林：《穹庐集》，上海：上海人民出版社，1982 年。
韩儒林主编：《元朝史》，北京：人民出版社，2008 年。
韩儒林主编：《中国通史参考资料》第六册，北京：中华书局，1981 年。
（清）洪钧：《元史译文证补》，田虎校注，石家庄：河北人民出版社，1990 年。
黄时鉴：《黄时鉴文集》，上海：中西书局，2011 年。
（日）吉田顺一监修：《蒙古史研究现状与展望》，东京：明石书店，2011 年。
贾敬颜：《东北古代民族古代地理丛考》，北京：中国社会科学出版社，1993 年。
贾敬颜：《五代宋金元边疆行记十三种疏证稿》，北京：中华书局，2004 年。
（日）箭内亘：《兀良哈及鞑靼考》，陈捷、陈清泉译，上海：商务印书馆，1932 年。
（日）箭内亘：《元代经略东北考》，陈捷、陈清泉译，上海：商务印书馆，1934 年。
（日）近藤一成：《宋元史学的基本问题》，北京：中华书局，2010 年。
李逸友：《黑城出土文书（中文文书卷）——内蒙古额济纳旗城报告之一》，北京：科学出版社，1991 年。
（英）李约瑟：《中国科学技术史》，北京：科学出版社，1975 年。
李治安：《元代分封制度研究》增订本，北京：中华书局，2007 年。
刘迎胜：《察合台汗国史研究》，上海：上海古籍出版社，2006 年。
（法）路易·巴赞：《突厥历法研究》，耿昇译，北京：中华书局，1998 年。
（清）钱大昕：《十驾斋养新录》，陈文和、孙显军校点，南京：江苏古籍出版社，2000 年。

（清）钱大昕：《元史氏族表》，上海：商务印书馆，1922年《丛书集成初编》本。
邵循正：《邵循正历史论文集》，北京：北京大学出版社，1985年。
沈曾植：《海日楼扎丛 海日楼题跋》，沈阳：辽宁教育出版社，1998年。
屠寄：《蒙兀儿史记》，上海：上海古籍出版社、上海书店，1989年。
王德毅：《元人传记资料索引》，台北：联经出版事业公司，1977年。
（俄）B.B.沃尔科夫：《蒙古鹿石》，王博、吴妍春译，北京：中国人民大学出版社，2007年。
吴景敖：《元代平滇征缅路线》，《西陲史地研究》，北京：中华书局，1948年。
（美）希提：《阿拉伯通史》，马坚译，北京：新世界出版社，2008年。
夏光南：《元代云南史地丛考》，北京：中华书局，1935年。
萧启庆：《内北国而外中国——蒙元史研究》，北京：中华书局，2007年。
辛德勇：《黄河史话》，北京：社会科学文献出版社，2011年。
严耕望：《唐代交通图考》，上海：上海古籍出版社，2007年。
姚大力：《北方民族史十论》，桂林：广西师范大学出版社，2007年。
姚大力：《蒙元制度与政治文化》，北京：北京大学出版社，2011年。
亦邻真：《亦邻真蒙古学文集》，呼和浩特：内蒙古人民出版社，2001年。
张广达：《文书、典籍与西域史地》，桂林：广西师范大学出版社，2008年。
张星烺：《中西交通史料汇编》，北京：中华书局，2003年。
周振甫译注：《周易译注》，北京：中华书局，1991年。
Christopher Dawson,*Mission to Asia*,Toronto:University of Toronto Press,1980.
Le Strange,*The Lands of the Eastern Caliphate:Mespotamia,Persia,and Central Asia from Moslem Conquest to the Time of Timur*,New York: Cosimo Classics,2011.
Thomas T.Allsen,*Mongol Imperialism:the Policies of the Grand Qan Möngke in China,Russia, and the Islamic Lands,1251-1259*,Berkeley:University of California Press,1987.

三、学术论文

白石典之：《日蒙合作调查蒙古国哈拉和林都城遗址的收获》，《考古》1998年第8期。

波伊勒：《关于术外尼书中若干蒙古宗王的称呼》，黄时鉴译，黄时鉴：《黄时鉴文集》第一卷，上海：中西书局，2011年。

方龄贵：《元世祖征大理路线考》，《民意日报》副刊《文史》1947年4月30日，第64期。

樱井智美：《〈创建开平府祭告济渎记〉考释》，《元史论丛》第10辑，北京：中国广播电视出版社，2005年。

宫海峰：《元代制度中的若干蒙古文化因素的考察》，南京：南京大学博士学位论文，2010年。

洪金富：《从"投下"分封制度看元朝政权的性质》，《"中央研究院"历史语言研究所集刊》1987年第58本第4分。

洪金富：《唐妃娘娘阿吉剌考》，《"中央研究院"历史语言研究所集刊》2008年第79本第1分。

洪金富：《元代文献考释与历史研究——称谓篇》，《"中央研究院"历史语言研究所集刊》2010年第81本第4分。

何启龙：《〈授时历〉具注历原貌考——以吐鲁番、黑城出土元代蒙古文〈授时历〉译本残页为中心》，饶宗颐主编：《敦煌吐鲁番研究》第十三卷，上海：上海古籍出版社，2013年。

贾敬颜：《从金朝的北征、界壕、榷场和宴赐看蒙古的兴起》，《元史及北方民族史研究集刊》1985年第9期。

李治安：《忽必烈草原领地考》，《史学集刊》2005年第7期。

刘迎胜：《〈史集·部族志·札剌亦儿传〉研究》，《蒙古史研究》第4辑，呼和浩特：内蒙古人民出版社，1993年。

刘迎胜：《有关元代使用的几个波斯语词汇——摩合罗、里木与角端》，唐孟生，李政主编：《21世纪东方文化的传承与创新》，北京：北京大学出版社，2017年。

聂鸿音：《黑山威福军司补证》，《宁夏师范学院学报》2008年第8期。

杉山正明：《蒙古帝国的原始形象——关于成吉思汗分封家族的研究》，马冀译，内蒙古社会科学院情报研究所编：《蒙古学译文选——历史专集》，1984年。

邵循正：《剌失德丁〈集史·成吉思汗子窝阔台合罕纪弁首〉译释（残稿）》，张寄谦编：《素馨集》，北京：北京大学出版社，1993年。

石坚军：《忽必烈征大理路线新考》，《中国历史地理论丛》2009 年第 1 辑。
乌兰：《蒙古征服乞儿吉思史实的几个问题》，《内蒙古大学学报》（哲学社会科学版）1979 年第 3—4 期。
乌马里：《眼历诸国记》，李卡宁选译，《蒙古史研究参考资料》新编第 32、33 辑，1984 年。
金浩东：《对于成吉思汗子弟分封的再探讨—— 以分析〈史集〉中的“千户一览”为中心》，《中央亚细亚研究》2009 年第 4 期。
余大钧：《〈蒙古秘史〉成书年代考》，《中国史研究》1982 年第 1 期。
余大钧：《蒙古朵儿边氏孛罗事辑》，《元史论丛》第 1 辑，北京：中华书局，1982 年。
宇野伸浩：《蒙古帝国的斡耳朵》，冯继钦译，《蒙古学资料与情报》1989 年第 2 期。
周良霄：《元代投下分封制度初探》，《元史论丛》第 2 辑，北京：中华书局，1983 年。
周良霄：《元史北方部族表》，《中华文史论丛》2010 年第 1 期。

四、工具书

北京大学东方语言文学系波斯语教研室编：《波斯语汉语词典》，北京：商务印书馆，1981 年。
（德）冯·加班：《古代突厥语语法》，耿世民译，呼和浩特：内蒙古教育出版社，2004 年。
冯承钧原编，陆峻岭增订：《西域地名》增订本，北京：中华书局，1982 年。
（日）栗林均：《〈元朝秘史〉汉字音译旁译汉语对照词汇》，仙台：东北大学东北亚研究中心，2009 年。
《蒙汉词典》，呼和浩特：内蒙古大学出版社，1999 年。
谭其骧：《中国历史地图集》，北京：中国地图出版社，1982 年。
Francis Joseph Steingass,*A Comprehensive Persian-English Dictionary,*reprinted in New Delhi,2005.